강력한 법이 부강한 나라를 만든다

상군서
(商君書)

상　　앙 지음
남 기 현 해역

자유문고

'상군서'란 어떤 책인가?

'상군서(商君書)'는 전국 시대(戰國時代) 진(秦)나라 효공(孝公) 때의 재상(宰相)인 공손앙(公孫鞅)의 저서 이름이다.

공손앙의 저서를 '상군서'라고 한 것은, 공손앙이 진(秦)나라에 변법(變法)을 시행하여 진나라를 전국 시대의 강국(强國)으로 만들었고 그 공로(攻路)를 인정받아 상(商)과 오(於)의 땅에 봉함받아서 상군(商君)이라고 칭하게 되었으며 이로 인하여 그의 저술을 '상군서'라고 한 것이다.

공손앙의 이름은 앙(鞅)이요, 본래 성은 희씨(姬氏)이다. 전국 시대 위(衛)나라에서 태어났으며 위(衛)나라의 서공자(庶公子) 출신이라 했다.

그가 상(商) 땅에 봉해지기 이전에는 공손앙으로 칭해졌는데 공손앙(公孫鞅)이라 한 것에 대한 자세한 기록은 없다.

다만 그가 주왕조(周王朝) 무왕(武王) 때 강숙(康叔)을 위(衛)의 제후로 봉한 제후국의 후손이므로 위앙(衛鞅)이라고 불렀는데, 실상은 상앙(商鞅)으로 널리 알려져 있다.

상앙의 출생 연도나 가문의 내력에 대해서는 별로 알려진 것이 없다. 그가 대략 기원전 390년 경에 태어났으며 위(衛)나라 제후국의 서자(庶子)라고 할 뿐(일설에는 서민 출신) 특별한 기록이 없다. 또 학문의 전수 계통도 불분명하다. 법가의 비조인 관중(管仲)이나 이후 이회(李悝)나 오기(吳起) 등의 영향을 많이 받았을 것이라는 추측만 할 뿐이다. '사기열전'에도 젊어서부터 형명학(刑名學)을 좋아했다고 씌어 있다.

전국 시대 진(秦)나라는 허약했으므로 효공(孝公)이, 제후들의 업신여김을 받자 이에 발분하여 강성한 국가를 건설하려고 천하의 인재들을 초빙하는 영을 공표하였다.

이 때 공손앙도 그 대열에 합류하여 진나라로 들어가서 효공(孝公)의 총신(寵臣)인 경감(景監)을 통하여 효공을 알현했다.

처음의 유세는 실패하고 두 번 세 번 네 번째부터 춘추 오패(春秋五覇)의 일을 설파하여 효공의 마음을 감동시켜 효공에게 중용되었다.

진효공(秦孝公) 3년(기원전 359년)에 공손앙은 변법(變法)을 시행할 것을 건의하여 본인이 직접 초안하여 법령을 만들었다.

'농전(農戰)'을 수행할 수 있는 법령을 반포한 것인데, 이는 공손앙이 처음 시행하는 제1차 변법(變法)이었다. 변법의 내용은 대략 이렇다.

다섯 가구〔五家〕의 민가(民家)를 오(伍)로 삼고 열 가구의 민가를 십(什)으로 삼아서 서로 연대조직체를 만든다.

다섯 가구나 열 가구의 조직 내에서 죄를 범하는 자가 있으면 연대된 조직에 책임을 물어 모두에게 벌을 가하여, 백성들이 일치단결하도록 법망으로 묶는다.

또 공족(公族)들에게 대대로 이어지는 세록제(世祿制)를 없애고 농전(農戰)에 온 힘을 다하여 종사하게 하고, 공로가 있는 자에겐 상을 내리고 관직이나 작위도 준다. 상인이나 기능인들이나 하는 일 없이 빈둥거리는 사람에게는 세금이나 부역을 배가시켜서 백성들이 '농전' 수행에 전력하도록 하는 것이다.

이 제1변법이 시행되자 첫해부터 많은 백성들의 원망이 있었으며 별로 신통한 반응도 없었다.

이에 백성의 호응을 끌어내기 위하여 하나의 방법을 강구했다.

사기(史記) 상앙열전에 보면, 어느 날 상앙은 진(秦)나라 수도의 남문(南門)에 긴 장대 하나를 꽂아 놓고 '누구든지 이 장대를 북문(北門)으로 옮겨 꽂아 놓는 사람에게는 황금(黃金) 10냥을 준다.'라고 하였다.

백성은 믿지 않았다.

긴 장대 하나를 옮겨 놓고 황금 10냥을 얻는다는 것이 믿기지 않았으므로 아무도 그 일을 하려 하지 않았다.

상앙은 다시 그 장대를 옮기는 사람에게 황금 50냥을 준다며 상금을 대폭 올렸다.

어떤 사람이 호기심이 발동하여 장난삼아 장대를 북문으로 옮겨 꽂아 놓았더니 정말 상금으로 황금 50냥을 주었다.

이 일이 있은 이후로 백성들은 나라의 명령에 의심을 품지 않게 되었다.

또 그 당시 태자(太子)가 변법에 기재되어 있는 법을 어기게 되었다.

공손앙은 태자는 다음 보위를 이어받을 사람이라 형을 내릴 수 없다고 말하고, 그의 스승인 공손건(公孫虔)과 공손가(公孫賈)에게 태자를 잘못 가르쳤다는 죄로 그들을 법으로 다스렸다.

이 때부터 백성들은 비로소 신법을 따랐다.

법을 시행한 지 10년 만에 진나라 백성들이 크게 기뻐하고 정치적으로는 대성공을 거두었다.

이 때부터 길가에 떨어진 것을 주워 가지 않았고 산중에는 도적이 없었다.

변법의 성공으로 백성들이 크게 기뻐하자 그 여세를 몰아서 위(魏)나라의 안읍(安邑)을 공격해 항복을 받았다. 그 다음에 다시 위(魏)의 고양(固陽)을 공격하여 투항시켰다.

진효공(秦孝公) 12년에는 공손앙이 다시 위(魏)나라를 공격하여 지난날의 친구인 공자환(公子卬)과 친분을 내세워서 위나라 장수인 공자앙(公子卬)을 꾀어서 사로잡고 위나라 군사를 대파하였다.

공손앙이 승리를 거두자 진나라 효공은 공손앙에게 상(商)과 오(於) 땅 등 15개 성읍을 봉해 주었다. 이후부터 공손앙이라 하지 않고 상군(商君)이라고 칭하게 되었고 상앙(商鞅)이라 부르게 되었다.

이후에도 계속 상앙(商鞅)은 엄격한 형벌과 혹독한 법을 집행하여 진나라는 잘 다스려졌다.

진나라 효공이 죽고 태자가 즉위하여 혜왕(惠王)이 되자 혜왕은 곧바로 상앙을 체포하라는 영을 내렸다.

상앙은 몸을 숨기고 은신하다 어느 날 관하(關下)라는 고을에 이르러 그 곳 민가에 유숙할 것을 청했다.

주인은 그가 상앙(商鞅)인 줄 모르고 그의 청을 거절하여 말하기를 "상자(商子)의 신법(新法)에 신분이 불분명한 사람은 투숙할 수 없다고 했습니다. 만일 이러한 것을 어긴 자는 처벌을 받게 됩니다. 그대를 유숙시킬 수 없으니 양해하십시오."라고 했다.

이로 인하여 상앙은 자신이 만든 법률에 자신이 얽매여 잡혀서, 태자였던 혜왕에게 압송되어 '수레에 사지를 묶어 찢어 죽이는 형벌'을 당하였다.

이와 같이 상앙이 행한 법치의 평가는 좋은 결과를 낳지 못했으나 그가 부국강병을 이룬 것은 사실이다.

상앙의 언행을 살펴보면 그는 정치가였으며 피나 눈물이 없는 철저한 개혁가이자 법치주의자였다.

그가 부르짖은 정치적 주장과 그가 부르짖은 개혁정책은 효공이라는 군주가 있었기에 가능한 것이었지 오늘날과 같은 민주정치에서는 불가능한 일이라 할 수 있다.

그의 법이론은 유학(儒學)에서 인(仁)의 정치가 세분되면 예치(禮治)로 발전하고 예치가 극에 이르면 법치(法治)로 변화되고 법치의 궁극은 이와 같은 인정과 자애를 무시하는 냉혹한 정치를 낳는다는 것이다.

이 세상의 어떤 이론도 시대에 적합한 이론은 있어도 불변의 이론(理論)은 없는 법이다. 공산주의도 민주주의도 법치주의도 자치제도도 시기와 때가 적합하여야, 또 그것을 행할 만한 사람이 있어야 가능한 것이다. 상앙의 편향된 이론이 당시 사회에 먹힐 수 있었던 이유도, 당시의 시대상황에서 보아야지 오늘날의 시각에서 논평한다면 하찮은 이론에 불과한 것이다.

오늘날의 민주적인 사고에서 보면 인권을 억압하고 국민을 무지하게 만드는 상앙의 법이 어떻게 현실사회에 적용될 수 있었을

까?〔상앙의 자세한 행적은 뒤에 번역 게재한 사마천의 사기 상군열전을 참조바람.〕

청(淸)나라 엄만리(嚴萬里)의 교정서에서 말하기를 '상앙이 신법으로 말미암아 어찌 그 자신을 망치고 남의 나라까지 망하게 하는 것을 깨달았으랴!.' 라고 지적한 것은 정확한 것 같다.

또 상앙의 저서의 신빙성에서는 '사기'에서도 언급되었고, '한서예문지'에도 기록되어 있는데도 상앙의 저서이다, 아니다 하는 이론이 분분하다.

일부 학자들은 상앙의 후예가 지은 위작(僞作)이다, 또는 몇 편만 있는데 후대 사람이 끼워넣었다 라고 한다. 또 청(淸)나라의 양계초는 전국 시대 말기의 위탁본이라고 했다.

그러나 사마천(司馬遷)이 이미 상군서의 '개색(開塞)'과 '농전(農戰)'편을 보았다고 했는데 이런 점으로 비추어보면, 분명 상군서가 존재했다는 것은 사실일 것이다.

또 반고(班固)의 '한서예문지'에도 29편으로 기재되어 있다.

이러한 기록으로 보면 분명 존재하였으며 내용이 이상한 부분은 분실된 내용을 후세에 끼워넣은 것이 아닌가 사료된다.

아무튼 상앙의 저서이든 아니든 1천여 년 동안을 '상자(商子)'나 '상군서'로 일컬어 온 것만은 사실이다. 이 점은 우리가 받아들여야 한다. 상세한 내용은 후면에 있는 엄만리(嚴萬里)의 서문을 참조하기 바란다.

2004년 7월

상군서 신교정서(商君書新校正序)

서오(西吳) 사람 엄만리(嚴萬里 : 卿叔) 찬(撰)

'상군서(商君書)'는 본래 총 29편이었다.

현재는 26편이라고 하는데 또 그 2편이 유실되어 실상은 24편이다. 예전부터 전해 오는 '상군서'는 잘못되고 오류가 많아서 읽어보기 어려웠다. 나는 여러 저본(底本)들을 참고하고 또 사방으로 여러 전적(典籍)들을 찾아서 그 잘못된 것을 살피고 참고하지 못할 것들을 의심한 연후에 언(焉)·마(馬)·노(魯)·어(魚)와 같이 글자가 서로 엇비슷하여 틀리기 쉬운 것들을 30~40% 정도 제거하고 교정을 완료하였다. 이에 한 편을 잘 복사하여 보존하는 서가(書架)에 꽂도록 돌려 보내면서 이 서문을 쓴다.

사마천(司馬遷)은 한(漢)나라의 '사기(史記)'를 쓰면서 상앙열전(商鞅列傳)을 만들었는데 상앙의 행적을 기재한 내용이, 상앙이 처음 진(秦)나라 효공(孝公)을 알현한 것과 상군서의 내용이 서로 합치되지 않는다.

상앙이 말하기를 '내 공(公)에게 제왕지도(帝王之道)를 설명했는데 공께서는 그 본뜻을 깨우치지 못하더라.'라고 하고, 또 말하기를 '왕도(王道)는 상앙이 입문하지 못했다.'라고 했다. 상앙 같은 자가 제왕의 도에 밝다고 하였다면, 또한 부득이한 사정에서 그렇게 한 것일 지라도 거듭 스스로 폄하한 것들일 것이며, 임법(任法)을 설명하다보니 부득불 나온 것일 것이다.

또 상군서를 보면 상앙은 실질적으로 제왕들의 죄인일 뿐이다. 나는 그가 처음 효공을 알현하고 다시 두 번이나 등용되지 못했기 때문에 쓸데없는 말을 지어낸 것이 아닌가 생각된다.

　대저 하늘에서 민중을 생활하게 하는데는 한 번은 다스려지고 한 번은 어지러워지게 한다.

　다스려짐이 지극한 데에 이르면 어지러움이 발생하고 어지러움이 지극한 데에 이르면 다스림을 생각하게 되는 것이다.

　제왕이란 자는 어지러운 세상을 다스려서 다스려지는 세상으로 돌이키는 것인데, 어찌 특별히 현실 사정에 어둡고 멀고멀어서 인정의 도에 가깝지 않게 함이 있겠는가? 오직 백성을 물이나 불에서 구제하여 천하와 함께 처음부터 고쳐 나갈 뿐인 것을!

　그러므로 형벌은 가볍게 하고 세금을 박하게 거두며 사농공상(士農工商 : 선비·농민·기술자·상인)으로 하여금 각각 그의 직업에 편안하게 하는 것이다.

　이에 예와 음악을 일으키고 시(詩)와 서(書)를 숭상하게 하여 선으로 변화하게 교육시켜 효도하고 공경하고 진실하고 믿음을 수련하게 하고, 곧고 청렴한 것을 기르게 하여 서로 더불어 인(仁)에 위치하고 의(義)로 행동하게 하는 것이다.

　대개 그의 고통을 구제하고 그가 즐거워하는 것을 주어 사람들의 마음이 돌아오게 하면 하늘의 명(命)도 돌아오는 것이다.

　저 요(堯)임금이나 순(舜)임금은 천하를 서로 전수하였고 은(殷)나라의 탕(湯)임금이나 주(周)나라의 무왕(武王)은 걸왕(桀王)과 주왕(紂王)을 정벌하였는데 그들의 행동은 서로 같지 않지만 그들의 도(道)는 한 가지일 뿐이다.

　이와 같이 민심이 돌아오게 하는 자는 다스려지고, 민심에 배반되게 행하는 자는 어지러워진다.

　그러므로 말하기를 '제왕학(帝王學)을 배우다가 성취하지 못한 자는 왕(王)이 되고 왕(王)을 배우다가 성취하지 못한 자는 패자(覇者 : 제후의 으뜸)가 되고 패자(覇者 : 제후의 우두머리)를 배우다가 성취하지 못한 자는 패가망신한다.'라고 했다.

　대개 힘으로써 사람을 굴복시키는 자는 힘을 다하면 생활의 변화를 가져오게 되고 덕으로써 사람을 감복시키는 자는 덕이 성취되면 성대한 변화를 이루게 된다.

제왕(帝王)의 도는 사람의 성품에 순응하여 서로 함께 편안해지는 것이므로 나라를 향유(享有)하여 오래 오래 유지하며 천하 사람들이 그와 복록을 함께 하는 것이다.

지금 상앙의 저서에 말하기를 '천하에 왕을 하는 자는 형벌을 90％를 쓰고 상(賞)은 10％로를 쓴다.'라고 하고, 또 말하기를 '여섯 종류의 이(蝨 : 기생충)라는 것은 예의, 음악, 시(詩), 서(書), 수(脩), 선(善)이다. 효제(孝弟), 성신(誠信), 정렴(貞廉), 인의(仁義) 등으로 전쟁을 기피하거나 전쟁을 부끄러워하는 열두 가지가 있는 나라는 반드시 빈약하거나 국가가 쇠약해지는데 이른다.'라고 했는데, 이게 어찌 올바른 제왕(帝王)의 도(道)이겠는가? 이는 서로 원수가 되는 도(道)일 뿐이다.

상앙(商鞅)은 형세가 반드시 궁색해지리란 것을 계산하지 못하고 언설이 쉽게 팔리는 데만 얽매여, 그 속에 마음을 두고 생각에만 집착하였다. 편벽되게 그의 법이 반드시 시행된다는 것만 믿어 스스로 속박되어 달려간 나머지 들추어내어 고발하는 것을 부르고 연좌제를 펴고 농사짓고 전투하는 것으로 일체감을 이루어, 앉아서 부유하고 강성한 실상만 거두어들일 뿐, 국가의 원기(元氣)가 쇠약해져가는 것을 돌아보지 못했다. 이로 인하여 진(秦)나라 사람들이 서서히 변화해서 차츰 호랑이나 이리가 되어 가는데도 진(秦)나라 효공(孝公)은 깨닫지 못한 것이다.

효공 이후 여러 대를 지나 진시황(秦始皇)대에 이르러서는 더욱 깨닫지 못했다.

그 성대한 사업을 벌여서 드디어 구주(九州)에 법으로 채찍질하였으나, 이에 견디지 못한 천지사방의 뜻 있는 이들이 연대하여 헐뜯었다. 이에 그 막강했던 진(秦)나라도 산동(山東)의 수자리에서 진시황이 졸하자, 무명의 지사들이 깃발을 한번 게양한 것을 기화로 와해되고 말았다.

일찍부터 상앙이 제왕(帝王)의 도(道)를 견지했더라면 장차 등용되지 못했을 것이지만, 또 등용되었더라도 그의 정치 효과는 법에 맡기는 신속함만 못했을지라도 진나라는 오래도록 편안하고 오래도록 다스려졌을 것이다.

그러나 상앙이 어찌 이른바 제왕의 도를 알 수 있었겠는가? 그가 안다고 했다면 거짓이었을 것이다. 상앙이 제왕의 도를 안다는 것은 요원하고 또 더욱 잘못된 말에 지나지 않는다.

일찍부터 시험한 것은 그가 법에 맡겨서 하는 논리만 편 것이었을 뿐, 그것으로 말미암아 어찌 그가 그 자신을 망치고 남의 나라를 망치는 것을 알았겠는가?

대저 제왕의 도(道)란 가까운 시일에 공이 이루어지지도 않지만, 또한 뒤에 이어지는 피해도 없는 것이다. 군자는 단연코 제왕의 도를 놓고 법에 맡기는 일을 하지는 않는다.

어떤 이가 말하기를 "상앙을 살펴보았을 때 이와 같다면, 마땅히 상앙의 이론을 없애야 하는데 교정(校正)을 보는 것은 옳지 않은 일 아닌가?"라고 하였다. 이것에 나는 대답했다.

"이 상군서는 한(漢)나라의 '예문지'에서부터 내려온 것으로 저서로 기록된 것이 오래되었다. 단 뒤의 군주로 하여금 이와 같은 신하가 있어서 이 상군서를 읽는 자가 호랑이의 색깔이 변화하는 것과 같은 것처럼 부풀려 이야기한다면 상앙의 독소가 진(秦)나라에서 다시 수입되어 그 피해가 후세에 미치는 것이 적지 않을 것이다.

대저 순경(荀卿 : 순자)이 왕도(王道)를 밝혀서 한번 전하여 이사(李斯)에게 이르렀는데 이사는 책을 불사르고 선비를 무덤에 묻는 일을 하였다.

상앙이 제왕(帝王)을 논하면서 두 번이나 진(秦)나라 효공에게 등용되지 못하고 결국은 법을 멸하고 기강을 어지럽게 하였다. 선비의 대항하는 말이나 높은 담론이 행여나 불행히도 세상에 쓰여지게 되면, 그 말로(末路)가 이보다 심각한 데 이르지 않을 것을 그 누가 보장하랴! 또 어느 누가 그 서적을 다 없앨 수 있겠는가?"

청(淸)나라 고종(高宗) 건륭(乾隆) 58년 계축(癸丑) 11월 1일에
엄만리(嚴萬里 : 卿叔)는 쓰다.

상군서 총목(商君書總目)

상군서의 목록은 총 5권 26편으로 구성되었으며 그 내용은 다음과 같다.

제1권 : 총 4편으로 구성되어 있다.
경법제일(更法第一), 간령제이(墾令第二), 농전제삼(農戰第三), 거강제사(去彊第四).

제2권 : 총 3편으로 구성되어 있다.
설민제오(說民第五), 산지제육(算地第六), 개색제칠(開塞第七).

제3권 : 총 7편으로 구성되어 있다.
일언제팔(壹言第八), 착법제구(錯法第九), 전법제십(戰法第十), 입본제십일(立本第十一), 병수제십이(兵守第十二), 근령제십삼(靳令第十三), 수권제십사(修權第十四).

제4권 : 총 4편으로 구성되어 있다.
내민제십오(徠民第十五), 형약제십육(刑約第十六), 상형제십칠(賞刑第十七), 획책제십팔(畫策第十八).

제5권 : 총 8편으로 구성되어 있다.
경내제십구(竟內第十九), 약민제이십(弱民第二十), ㅁㅁ제이십일(ㅁㅁ第二十一), 외내제이십이(外內第二十二), 군신제이십삼(君臣第二十三), 금사제이십사(禁使第二十四), 신법제이십오(愼法第二十五), 정분제이십육(定分第二十六).

‘수당지(隋唐志)’와 당(唐)나라 시대의 주석가(註釋家)들이 인증한 것 등을 관찰해보면 모두 다 ‘상군서(商君書)’라고 이름하였고 ‘상자(商子)’라고 말하지 않았다.

이제 그 옛 명칭인 ‘상군서’로 복원한다.

또 그 편의 명칭은 ‘한서예문지(漢書藝文志)’에서는 29편이라고 했는데 ‘서지(書志)’를 읽어보니 현재 없어진 것이 3편이라고 했다.

‘서록해제(書錄解題)’에서도 현재 28편이라 하고 또 없어진 것이 1편이라고 했다.

그런데 송(宋)나라의 본(本)은 실제로 26편과 27편으로 되어 있다. 나〔卿叔〕는 원전본(元鐫本)을 구했는데 이 본은 ‘경법(更法)에서 시작하여 정분(定分)편’에서 끝났다. 총 26편이다. 중간에 없어진 것이 2편이라 했다. 제16편과 제21편이며, 실상은 24편이다.

현재 함께 돌아다니는 범흠본(范欽本)과 동일하다.

또 진(秦)나라 사린본(四麟本)도 구했는데 이것이 오류를 제일 많이 바로잡아서 가장 좋은 책이었으며 그 편의 차례도 또한 같았다.

이로 인하여 송무전본(宋無鐫本)을 알고 있었는데 혹은 존재하지만 일부에서만 유통되어 범위가 넓지 않았다. 그러므로 원(元)나라 때에 이르러 이미 없어져 버렸다.

구본(舊本)들에는 총목에 결함이 있어서 범본(范本)에 있는 것을 이제 다시 1편으로 삼고 여러 권의 머리 위에 올려 놓는다.

청(淸)나라의 엄경숙(嚴卿叔)이 쓰다.

차 례

상군서 제1권

상군서 제2권

상군서 제5권

상군서 제1권(商君書卷第一)

'상군서' 제1권은 제1편 경법(更法), 제2편 간령(墾令), 제3편 농전(農戰), 제4편 거강(去彊) 등 총 4편으로 구성되었다.

제1편 경법은 '법을 바꾸다.'이다. 세상이 달라진 새로운 시대에서는 새로운 법으로 대체하여 국가를 혁신해야 한다는 것을 역설한 내용이다.

제2편 간령은 '농경지를 개척해야 한다.'의 뜻이다. 진(秦)나라의 넓은 황무지를 개척하여 농업 사회에서 부유함을 이루어야 국가도 강력해져서 천하의 왕자가 될 수 있다는 것을 역설한 내용이다.

제3편 농전은 '농사를 짓고 전쟁에 힘써야 한다.'이다. 사회의 작위나 제도 관직 등 모든 것을 상벌로만 결정지어야 하고 기타의 모든 학설은 배척해야 한다는 내용이다.

제4편 거강은 '강력한 백성을 제거해야 한다.'이다. 백성이 드세면 고분고분하지 않으므로 그 드센 백성을 제거하고 순종을 잘하는 백성으로 대체해야 한다는 것을 논했다.

제1편 법을 바꾸다〔更法第一〕

1. 법과 예절을 바꾸어야 한다

전국 시대(戰國時代)에 진(秦)나라 효공(孝公)이 국가를 평화롭게 하고 안정시킬 계책을 세우려 하였다.

이 때 공손앙(公孫鞅)과 감룡(甘龍)과 두지(杜摯) 등 세 대부(大夫)가 효공(孝公)을 모시고 세상 돌아가는 변화를 모색하고 법을 바르게 할 근본적인 것을 토론하고 백성을 부리는 방법을 구상하였다.

효공이 말했다.

"후계(後繼)를 이어서 사직을 잃지 않는 것은 군주된 자의 도리이고, 법을 고쳐서 백성이 본분에 힘쓰게 하는 것은 신하된 자의 행동입니다. 지금부터 나는 법을 고쳐서 국가를 다스리고, 예절을 바꾸어서 백성을 가르치고자 합니다. 그런데 세상 사람들이 나에 대해 왈가왈부(曰可曰否)할 것이 두렵습니다."

孝公[1]平畫[2] 公孫鞅[3] 甘龍[4] 杜摯[5] 三大夫御於君 慮世事之變 討正法之本 求使民之道 君曰 代立不忘社稷 君之道也 錯法務民主張 臣之行也 今吾欲變法以治 更禮以敎百姓 恐天下之議我也

1) 孝公(효공) : 전국 시대(戰國時代) 진(秦)나라의 25대 제후로 이름은 거량(渠梁)이며 목공(穆公 : 오패의 한 사람)의 15세손.

2) 平畫(평획) : 세상을 평화롭게 할 계획. 곧 국가를 편안하게 하고 안정시킬 계책.

3) 公孫鞅(공손앙) : 전국 시대의 정치가이며 위(衛)나라 사람이다. 성(姓)은

공손(公孫)이고 형명(刑名)의 학(學)을 좋아하였다. 진(秦)나라 효공(孝公)을 섬겨 정승에 오르자 법령(法令)을 고치고 부국강병책(富國强兵策)을 써서 치적을 올렸으며 그 치적으로 상(商) 땅에 봉함을 받아 상군(商君)이라 했다. 그의 법이 너무 준엄하여 귀척(貴戚)들과 대신들의 원망을 사. 효공이 죽은 뒤에 수레에 매어 온몸이 찢기는 차렬(車裂)의 형을 받았다. 저서에는 상자(商子), 곧 상군서(商君書)가 전해지며 이 책의 저자이다.

4) 甘龍(감룡) : 당시 진(秦)나라 대부(大夫)이며 성은 감(甘)씨이고 이름은 용(龍)이라고 했을 뿐 자세한 기록은 없다.

5) 杜摯(두지) : 당시 진나라 대부의 한 사람이며 성은 두(杜)씨이고 이름은 지(摯)라고만 전해질 뿐이다. 상앙의 법 개정에 반대한 대부.

2. 국가를 위해서는 관습법도 바꾼다

공손앙(公孫鞅)이 먼저 대답했다.

"신(臣)은 듣기를 '반신반의(半信半疑)하면서 행동하면 명성을 얻을 수 없고 반신반의하면서 일을 하면 성취되는 일이 없다.'라고 했습니다.

군주께서는 법을 고치겠다는 생각을 빨리 결정하고 확고하게 하시어, 왈가왈부(曰可曰否)하는 온 세상의 의논을 모두 돌아보지 않아야 합니다.

대저 고결한 행동을 하는 자는 진실로 세상에서 따돌림을 당하며 독특한 지혜를 가진 자는 반드시 백성에게 오만하게 보입니다.

속담(俗談)에 이르기를 '어리석은 자는 일을 성사시키는 데에도 어둡고, 사리를 분별할 줄 아는 자는 일이 일어나지 않은 데서도 앞을 내다본다.'라고 했습니다.

백성이란 더불어 함께 일의 시작을 도모할 수는 없으나 성취한 공업을 함께 즐길 수는 있는 것입니다.

곽언(郭偃)의 법에 이르기를 '지극한 덕(德)을 논하는 자는 풍속과 화합하지 않고 거대한 공로를 성취하는 자는 민중과 일을 도모하지 않는다.'라고 했습니다.

법(法)이라는 것은 백성을 사랑하기 위한 방법이요, 예절이라는 것은 일을 편리하게 하기 위한 수단입니다. 그러므로 성인(聖人)은 진실로 국가를 강력하게 할 수 있다면 옛날의 전통적인 법을 본받지 않으며, 진실로 백성을 이롭게 할 수만 있다면 옛날의 전통적인 예절을 따르지 않는 것입니다."

효공(孝公)이 말했다.

"아주 좋은 말씀입니다."

公孫鞅曰 臣聞之 疑行無成 疑事無功 君亟定變法之慮 殆無顧天下之議之也 且夫有高人之行者 固見負於世 有獨知之慮者 必見驚於民 語[1]曰 愚者闇於成事 知者見於未萌 民不可與慮始 而可與樂成 郭偃[2]之法曰 論至德者不和於俗 成大功者不謀於衆法者 所以愛民也 禮者 所以便事也 是以聖人苟可以彊國 不法其故 苟可以利民 不循其禮 孝公曰 善

1) 語(어) : 속담을 뜻한다. 전해 오는 이야기. 또는 속담.
2) 郭偃(곽언) : 당시의 진(晉)나라 대부(大夫)이다. 일설에는 점술가라는 말도 있다.

3. 지혜로운 자만이 법을 만든다

대부(大夫) 감룡(甘龍)이 아뢰었다.

"그렇지 않습니다. 신(臣)은 '성인(聖人)은 백성의 풍속을 바꾸어서 가르치지 않고 지혜로운 자는 법을 바꾸어 다스리지 않는다.'라고 들었습니다.

백성의 관습을 따라서 교육시키는 자는 수고하지 않아도 공로가 이루어지고, 있는 법을 따라서 다스리는 자는 관리들이 법에 익숙하여 백성이 편안하게 되는 것입니다.

지금 만약에 법을 바꾸어서 옛날부터 전해 오는 진(秦)나라의 법을 따르지 않고 예의를 고쳐서 백성을 다시 교육시킨다면, 신(臣)은 온 천하가 주군(主君)에 대해 왈가왈부할까 두렵습니다.

원하옵건대 깊이 살피십시오."

다시 공손앙이 말했다.

"감롱대부(甘龍大夫)께서 말씀하신 것은 세상 사람들이 흔히 하는 말입니다.

대저 보통 사람들은 옛 관습에 익숙해져서 편안하고자 하고 학자들은 자신이 들은 것에 빠져 있을 뿐입니다.

이 두 부류들은 관직에 있게 하여 법을 지키도록 지시하게 할 사람들이요, 함께 법 밖의 것을 의논할 상대는 아닙니다.

하(夏)나라와 은(殷)나라와 주(周)나라 시대에는 예의(禮儀)가 동일하지 않았는데도 제국을 건설하여 왕국을 이어왔습니다. 춘추 시대(春秋時代)의 제환공(齊桓公)과 진문공(晉文公)과 진목공(秦穆公)과 송양공(宋襄公)과 초장왕(楚莊王)의 다섯 패주(覇主)들은 법이 동일하지 않았는데도 제후들의 패자(覇者: 으뜸)가 되었습니다.

그러므로 지혜로운 자는 법을 제정하고 아둔한 자는 그 법에 따라 제재를 받습니다. 어진 이는 예의를 변경시키고 미련한 자는 예의에 구속되는 것입니다.

예의에 구속되는 사람은 함께 사업을 의논하는 데 적당하지 않으며 법에 따라 제재받는 사람은 함께 변화를 논하는 데 적당하지 않습니다. 주군께서는 꺼림칙하게 여기지 마십시오."

甘龍曰 不然 臣聞之 聖人不易民而敎 知者不變法而治 因民而敎者 不勞而功成 據法而治者 吏習而民安 今若變法 不循秦國之故 更禮以敎民 臣恐天下之議君 願孰察之 公孫鞅曰 子之所言 世俗之言也 夫常人安於故習 學者溺於所聞 此兩者 所以居官而守法 非所與論於法之外也 三代[1]不同禮而王 五覇[2]不同法而覇 故知者作法 而愚者制焉 賢者更禮 而不肖者拘焉 拘禮之人不足與言事 制法之人 不足與論變 君無疑矣

1) 三代(삼대): 고대 중국의 하(夏)나라와 은(殷)나라와 주(周)나라를 일컫는다.

2) 五覇(오패) : 춘추 시대의 다섯 패자. 곧 제후의 으뜸을 뜻한다. 제(齊)나라
   환공(桓公)과 진(晉)나라 문공(文公)과 진(秦)나라 목공(穆公)과 송(宋)
   나라 양공(襄公)과 초(楚)나라 장왕(莊王)이 그들이다. 일설에는 진목공(秦
   穆公)과 송양공(宋襄公) 대신 오(吳)나라 합려(闔閭)와 월(越)나라 구천
   (句踐)을 넣기도 한다.

4. 간초령(墾草令)을 발동하다

두지(杜摯)가 공손앙의 말을 듣고 말했다.

"신(臣)은 듣기를 '이익이 백 배가 되지 않으면 법을 바꾸지
않으며 공로가 열 배가 되지 않으면 예의에 쓰이는 그릇을 바꾸
지 않는다.'라고 했습니다.

신은 또 듣기를 '옛부터 계속되는 법은 과오가 없으며 예의를
따르면 사특함이 없다.'라고 했습니다. 주군께서는 이를 헤아리
십시오"

이에 공손앙이 다시 아뢰었다.

"앞서 간 세상에서는 교육이 동일하지 않았는데 어떤 옛 법을
말씀하십니까?

앞서 간 제왕들은 서로 되풀이하지 않았는데 어떤 예의를 따를
것입니까?

상고(上古) 시대 복희(伏羲)씨나 신농(神農)씨의 세상에서는
교육만 하고 처벌하지는 않았습니다. 황제(黃帝)나 요(堯)임금
과 순(舜)임금 시대에는 당사자만 처벌하였을 뿐 넘치지는 않았
습니다.

주(周)나라의 문왕(文王)과 무왕(武王)에 이르러서는 각각
당시의 시대에 따라서 법을 제정하고 사업에 따라서 예의를 제정
하였습니다.

예의나 법은 시대에 맞게 제정되는 것이며, 제재나 명령은 그
시기의 순리에 따르는 것이며, 군대의 병기나 갑옷 등과 제사의
기구들은 각각 그 사용의 편리함을 따라 갖추는 것입니다.

예전부터 이르기를 '세상을 다스리는 데는 한 가지 방법만 사용하는 것이 아니요, 국가를 편안하게 하는 데는 반드시 옛 법만 있어야 하는 것은 아니다.' 라고 했습니다.

은(殷)나라의 탕왕(湯王)이나 주(周)나라의 무왕(武王)은 옛 법을 따르지 않고도 융성하였으며, 하(夏)나라와 은(殷)나라의 멸망은 예의를 바꾸지 않았기 때문에 멸망한 것입니다.

이러한 것으로 보면 옛것을 버린다고 하여 반드시 그르다고 할 수 없으며 예의를 잘 따른다고 해서 무조건 옳다고 할 수 없는 것입니다. 주군께서는 꺼림칙하게 여기지 마십시오"

이에 효공이 말했다.

"아주 좋은 말씀입니다. 내가 들은 바로는 '궁색한 마을에 사는 사람들은 아끼는 것이 많고 정도를 벗어난 학문을 하는 사람은 변명만 늘어 놓고, 아둔한 자가 웃으면 지혜로운 자는 슬퍼하고 미치광이가 즐거워하면 어진 이는 상심한다.' 라고 했습니다.

세상에서 나를 두고 왈가왈부하는 일에 과인(寡人 : 군주 자신)은 관심을 두지 않을 것입니다."

이에 드디어 간초령(墾草令)을 발동하였다.

杜摯曰 臣聞之 利不百 不變法 功不十 不易器 臣聞法古無過 循禮無邪 君其圖之 公孫鞅曰 前世不同敎 何古之法 帝王不相 復 何禮之循 伏羲神農[1] 敎而不誅[2] 黃帝堯舜[3] 誅而不怒[4] 及至 文武[5] 各當時而立法 因事而制禮 禮法以時而定 制令各順其宜 兵甲器備各便其用 臣故曰 治世不一道 便國不必法古 湯武[6]之 王也 不脩古而興 殷夏[7]之滅也 不易禮而亡 然則反古者未必可非 循禮者未足多是也 君無疑矣 孝公曰 善 吾聞窮巷多怪 曲學[8]多 辨 愚者笑之 智者哀焉 狂夫之樂 賢者器焉 拘世以議 寡人不之 疑矣 於是遂出墾草令[9]

1) 伏羲神農(복희신농) : 중국 상고 시대의 황제들. 복희(伏羲)는 상고 시대 중국의 삼황(三皇) 가운데 한 사람. 백성에게 물고기 잡는 법과 사냥하는 법과 농경·목축의 방법을 가르쳤으며 처음으로 역(易)의 팔괘(八卦)를 만들었다

고 하며 태호복희(太皞伏羲)씨라고도 한다. 신농(神農)씨는 중국 고대 전
설 속의 제왕으로 백성에게 농사짓는 법을 처음으로 가르쳐서 농사의 신으로
추앙되며 시장을 개설하여 교역의 길을 열었다고 한다. 농업의 신(神) 또는
의약의 신, 불의 신 등으로 추앙된다. 염제신농(炎帝神農)씨라고도 한다.

2) 敎而不誅(교이부주) : 교육만 시켰을 뿐 처벌하지는 않았다.

3) 黃帝堯舜(황제요순) : 중국 상고 시대의 성천자(聖天子)들. 황제는 황제헌
원(黃帝軒轅)씨라고 한다. 헌원의 언덕에서 태어났다고 하여 붙인 것이다.
요(堯)임금은 중국의 태평성대를 이룬 군주로 도당씨(陶唐氏)라고도 한다.
이름은 방훈(放勛)이며 오제(五帝)의 한 사람이며 제위(帝位)를 아들이 아
닌 순(舜)임금에게 선양했다고 했다. 순(舜)임금은 유우씨(有虞氏)라고 하
고 성은 요(姚)씨이고 이름은 중화(重華)이며 우순(虞舜)이라고도 한다. 요
임금에게 제위를 물려받고 요임금의 두 딸을 아내로 맞아들여 요임금의 태평
성대에 못지 않은 치적을 올린 오제(五帝)의 한 사람이다. 요임금과 순임금
의 시대를 태평성세의 대명사로 부르는데 '요순지치(堯舜之治)'라고 한다.

4) 誅而不怒(주이불로) : 죄인 자신에게만 국한시키고 연좌시키지 않다. 곧 죄
만 미워하고 여타의 것은 적용시키지 않다.

5) 文武(문무) : 문왕(文王)과 무왕(武王). 중국의 주(周)나라를 일으키고 세
운 왕. 문왕은 희씨(姬氏)이며 이름은 창(昌)이다. 은(殷)나라 제후국의 제
후로 주왕(紂王) 때 서백(西伯)으로 칭하였으며 주왕조의 토대를 닦았다. 뒤
에 아들 발(發)이 주왕을 토벌하고 제위에 올라서 문왕(文王)이라는 칭호를
추증했다. 무왕(武王)은 문왕의 아들이며 이름은 발(發)이다. 은(殷)의 주
왕(紂王)이 무도하고 흉악한 일을 저질러서 여러 제후들을 이끌고 목야(牧
野)의 싸움에서 승리하여 주(周)왕국을 건설하였다.

6) 湯武(탕무) : 은(殷)나라를 건설한 탕(湯)왕과 주(周)나라를 건설한 무왕
(武王). 탕왕은 하(夏)나라의 포악무도한 걸왕(桀王)을 내쫓고 은(殷)의 제
국을 건설하였다. 성(姓)은 자(子)씨이고 이금은 리(履)이며 성탕(成湯)이
라고 칭한다.

7) 殷夏(은하) : 중국의 은(殷)나라와 하(夏)나라. 은나라는 탕왕(湯王)이 건
설하였고 하나라는 순(舜)임금에게 제위를 선양받은 우(禹)임금의 아들 계
(啓)가 뒤를 이어 왕조를 세운 나라.

8) 曲學(곡학) : 정도를 벗어난 학문. 올바른 학문이 아니라는 뜻. 사특한 학문.

9) 墾草令(간초령) : 국가를 다스릴 새로운 법령을 발동하다. 곧 국가에 개혁의
바람을 일으켜 초지의 개간에 모든 힘을 기울이라는 법령. 일설에는 '황무지
를 개간하다'로 보는 설도 있다. 간은 힘써 다스리다. 곧 전력을 다하여 다스
리다의 뜻. '전 국민이 농사에 전력해야 한다.'는 뜻으로 보는 이도 있다.

제2편 농토를 개간하라는 명령〔墾令第二〕

I. 관리는 업무를 미루어서는 안 된다

담당 관리는 맡은 업무를 그때그때 처리하고 다음 날로 미루는 일이 없어야 한다. 이렇게 하면 사특한 관리가 백성에게 사사로운 이익을 취득하는 데 이르지 못한다.

모든 관리가 업무를 그때그때 처리하여 서로 헤아리지 못하게 되면 농사짓는 일에 종사하여도 여유로운 날이 있게 된다.

사특한 관리가 백성에게 사사로운 이익을 취득하는 데 이르지 못하게 되면 농업은 무너지지 않는다.

농업이 무너지지 않고 농사에 종사하여도 여유로운 날이 있게 되면 초지(草地)는 반드시 잘 다스려질 것이다.

無宿治[1] 則邪官[2]不及爲私利於民 而百官之情[3]不相稽 則農有餘日 邪官不及爲私利於民 則農不敗 農不敗而有餘日 則草必墾矣

1) 宿治(숙치) : 묵혀서 다스리다. 곧 업무를 늦추다. 사리사욕을 위하여 핑계를 대고 질질 끄는 것.
2) 邪官(사관) : 사특한 관리. 사악한 관리. 곧 민중들을 자신의 이익을 챙기는 구실로 삼는 관리. 탐관오리.
3) 情(정) : 관리가 사무처리하는 심정. 곧 공평한가 불공평한가의 잣대.

2. 세금은 공평하게 거둔다

곡식의 수확량을 되로 되서 세금을 공평하게 거두어들이면 군주와 일체감을 가져서 백성들의 마음도 공평해진다.

모든 것이 군주와 일체감을 가지게 되면 믿음이 있게 되고 믿음이 있게 되면 신하는 감히 사특한 일을 하지 못한다.

백성이 공평한 마음을 갖게 되면 신중하게 되고 신중하게 되면 생업을 바꾸기가 어렵게 된다.

신하들이 군주를 신뢰하게 되면 관리들은 감히 사특한 일을 하지 못한다.

백성이 신중해져서 생업을 바꾸기가 어렵게 되면 아래의 백성들은 군주를 비난하지 않게 되며 중간의 관리들은 괴로움이 없게 된다.

백성이 군주를 비난하지 않고 중간 관리들도 괴로움이 없게 되면 건장한 백성이 농사일에 바쁘게 되더라도 백성은 농사짓는 직업을 바꾸려 하지 않는다.

건장한 백성들이 농사일에 바쁘더라도 농사짓는 일을 바꾸지 않게 되면 젊은 백성들이 열심히 배우려 하고 휴식하려 하지 않게 된다.

젊은 백성들이 열심히 배워서 휴식하려 하지 않으면 방치된 초지(草地)는 반드시 잘 다스려지게 될 것이다.

訾粟而稅[1] 則上壹而民平 上壹[2] 則信 信則臣 不敢爲邪 民平則
愼 愼則難變[3] 上信而官不敢爲邪 民愼而難變 則下不非上 中[4]
不苦官 下不非上 中不苦官 則壯民疾農不變 壯民疾農不變 則
少民學之不休 少民學之不休 則草必墾矣

1) 訾粟而稅(자속이세) : 곡식을 되로 되어 양을 살펴서 공평한 세금을 내게 하
　　는 세법.
2) 上壹(상일) : 군주와 일체감을 갖다. 곧 군주와 하나가 된 마음.
3) 難變(난변) : 변화를 꾀하기 어렵다. 곧 직업을 바꾸기가 어렵다.
4) 中(중) : 백성과 군주의 중간 계급. 곧 관리들.

3. 외세의 청탁에 의해 작위를 주어서는 안 된다

외세의 위력에 눌려 작위를 수여하거나 관직을 주어서는 안 된다. 외세의 위력에 눌려 작위를 주거나 관직을 주는 일이 없으면 백성은 학문하는 것을 귀하게 여기지 않을 뿐만 아니라 또 농업에 종사하는 것을 천하게 여기지 않는다.

백성이 학문하는 것을 귀하게 여기지 않으면 백성은 어리석어지고 백성이 어리석어지면 외국의 세력과 교류를 가질 수 없게 된다. 외국의 세력과 교류를 가질 수 없으면 국가에서 농업만 힘쓰게 하더라도 백성은 편안함을 탐내지 않게 된다.

백성이 농업을 천하게 여기지 않으면 국가는 편안해지고 위태롭지 않게 된다.

국가가 편안하고 위태롭지 않게 되면 국가에서 농업만 전력하더라도 다른 것을 탐내지 않게 되어 방치된 초지(草地)는 반드시 잘 다스려지게 될 것이다.

높은 관리들에게 녹봉을 많이 주고 세금을 많이 거두어들여, 먹기만 하는 사람들이 많아지는 것은 농업을 실패하게 만드는 요인이다.

놀고 먹는 자의 수가 많은 집안을 천하게 여기고 그들을 거듭 사역에 내보내, 사벽하고 음란하고 유람이나 하고 게으른 자들이 먹을 곳을 없애야 한다.

백성이 먹을 곳이 없게 되면 반드시 농사를 짓게 되고 농사를 짓게 되면 방치된 초지는 반드시 잘 다스려질 것이다.

無以外權爵任與官 則民不貴學問 又不賤農 民不貴學則愚 愚則無外交 無外交 則國勉農而不偸¹⁾ 民不賤農 則國安不殆 國安不殆 勉農而不偸 則草必墾矣 祿厚而稅多 食口衆者 敗農者也 則以其食口之數賤而重使之 則辟淫游惰²⁾之民無所於食 民無所於食則必農 農則草必墾矣

1) 不偸(불투) : 탐내지 않다. 곧 편안한 것을 탐내지 않다. 열심히 일한다의 뜻.
2) 辟淫游惰(벽음유타) : 벽은 사벽한 자, 음은 음란한 자, 유는 유람 또는 유세가, 타는 게으름뱅이. 모두 국가의 부흥에 방해되는 부류들이다.

4. 상인들에게 곡식 매입을 금지시켜라

상인(商人)들에게는 곡식을 사들이는 일을 못하게 하고 농민들에게는 곡식을 판매하는 일을 못하게 한다.

농민들에게 곡식을 판매하는 일을 못하게 하면 게으른 농민들은 농사에 힘쓰게 된다.

상인들에게 곡식을 사들이지 못하게 하면 오랜 세월 동안 즐거움이 더해지지 않는다. 오랜 세월 동안 즐거움이 더해지지 않으면 굶주림이 심한 해에는 여유로운 이익이 없게 된다.

여유로운 이익이 없게 되면 상인들은 겁을 먹는다. 상인들이 겁을 먹게 되면 농업을 하고자 한다.

게으른 농민들이 농사일을 부지런히 하고 상인들이 농업에 종사하고자 하면 방치된 초지(草地)는 반드시 잘 다스려질 것이다.

음란한 음악이나 호화로운 의복이 모든 고을에 유통되지 못하게 해야 한다. 음란한 음악이나 호화로운 의복을 없애면 백성들은 통행하고 거동할 때 자신의 차림을 돌아보지 않게 되고 휴식할 때에도 듣지 않게 될 것이다.

음란한 음악을 휴식할 때도 듣지 않으면 정신이 음란해지지 않게 되고 거동할 때 호화로운 의복을 돌아보지 않게 되면 마음이 반드시 일체감을 이룰 수 있게 된다.

마음이 일체감을 이루고 정신이 음란하지 않게 되면 방치된 초지는 반드시 잘 다스려질 것이다.

使商無得糴[1] 農無得糶[2] 農無得糶 則窳惰[3]之農勉疾 商不得糴 則多歲[4]不加樂 多歲不加樂 則饑歲[5]無裕利 無裕利則商怯 商怯則欲農 窳惰之農勉疾 商欲農 則草必墾矣 聲服[6]無通於百

縣⁷⁾ 則民行作不顧 休居不聽 休居不聽 則氣不淫 行作⁸⁾不顧 則
意必壹 意壹而氣不淫 則草必墾矣

1) 糴(적) : 곡식을 매입하는 일. 구매하는 일.

2) 糶(조) : 쌀을 팔다. 곧 곡식을 내다 팔다.

3) 窳惰(유타) : 게으르다.

4) 多歲(다세) : 많은 세월. 또는 풍년의 비유.

5) 饑歲(기세) : 굶주리는 세월. 곧 흉년.

6) 聲服(성복) : 음악과 의복. 곧 음란한 음악이나 화려한 의복. 사치스러운 것.

7) 百縣(백현) : 온갖 고을. 나라 전체의 모든 고을.

8) 行作(행작) : 행동거지. 곧 동작.

5. 품팔이 노동자나 여관을 폐지해야 한다

　품팔이하는 노동자를 고용하지 못하게 해야 한다. 품팔이 노동자를 고용하지 못하게 하면 대부가(大夫家)의 가장(家長)들이 집을 건축하거나 보수하지 못할 것이며 사랑하는 자식들이 놀고 먹을 수 없게 되며 또 게으른 백성은 게으르지 않게 될 것이니, 품팔이하는 백성은 밥벌이 할 곳이 없게 된다. 이렇게 되면 이들은 반드시 농업으로 돌아갈 것이다.

　대부가(大夫家)의 가장(家長)들이 일손이 없어서 집을 건축하거나 보수하지 못하게 되면 농업은 손상을 입지 않게 될 것이고, 사랑스런 자식이나 게으른 백성이 게으름을 피우지 않게 되면 예전부터 내려오는 전답이 황폐해지지 않을 것이다. 그러면 농사짓는 일이 상하지 않게 되고 농민들이 농사에 힘을 다하게 되어 방치된 초지는 반드시 잘 다스려질 것이다.

　여관을 폐지해야 한다. 여관업을 폐지하여 간사한 사람이나 거짓된 사람이나 마음이 조급한 사람이나 사사로이 사귐을 가지는 사람이나 농민의 의심을 사는 백성이 통행하지 못하도록 해야 한다. 이에 여관업을 하는 백성이 식생활을 해결할 수 없게 될 것이고 그렇게 되면 이들은 반드시 농사를 지을 것이다. 이들이 농사를 지으면 초지는 반드시 다스려질 것이다.

산이나 호수는 관리 체계를 하나로 해야 한다. 산이나 호수의 관리 체계를 하나로 통제하면 농사를 싫어하고 게으르고 나태하며 비천하고 욕심 많은 사람들이 식생활을 해결할 수가 없게 된다. 이들이 식생활을 해결할 수 없게 되면 이들은 반드시 농사를 지을 것이다.

이들이 농사를 짓게 되면 방치된 초지는 반드시 잘 다스려질 것이다.

無得取庸[1] 則大夫家長[2] 不建繕 愛子不惰食 惰民不窳而庸民無所於食 是必農 大夫家長不建繕 則農事不傷 愛子惰民不窳 則故田[3] 不荒 農事不傷 農民益農 則草必墾矣 廢逆旅[4] 則姦僞躁心私交疑農[5] 之民不行 逆旅之民無所於食 則必農 農則草必墾矣 壹山澤[6] 則惡農慢惰倍欲[7] 之民無所於食 無所於食則必農 農則草必墾矣

1) 庸(용) : 용(傭)과 같다. 품팔이 노동자.
2) 大夫家長(대부가장) : 대부가(大夫家)의 총책임자. 곧 '주례(周禮)'에서 말하는 가사마(家司馬)의 직책이며 대부(大夫)가 하사받은 영지를 총관리하는 관리 책임자를 가장(家長)이라 한다.
3) 故田(고전) : 전부터 계속 내려오는 전답.
4) 逆旅(역려) : 나그네를 맞이하는 곳. 지금의 여관.
5) 姦僞躁心私交疑農(간위조심사교의농) : 간위는 간사하고 위선적인 사람. 조심은 마음이 조급하여 일정한 직업을 가지지 못하는 사람으로 일확천금을 꿈꾸는 사람. 사교는 사사로운 모임을 주동하는 사람으로 놀기를 좋아하는 사람. 의농은 농민들에게 의혹을 주는 사람.
6) 壹山澤(일산택) : 국가에서 산과 호수를 하나의 체계로 관장해야 한다는 뜻.
7) 惡農慢惰倍欲(오농만타배욕) : 오농은 농사짓기를 싫어하다. 만타는 게으르고 나태하다. 배욕은 비루하고 욕심이 많다.

6. 술과 고기의 가격을 비싸게 해야 한다

술과 고기의 가격을 비싸게 하고 그의 세금을 무겁게 하며, 그 것을 생산하는 데 쓰이는 재료의 가격을 10배나 더 비싸도록 영을 내려야 한다.

그렇게 되면 장사꾼과 상인들이 적어지게 되고 농사짓는 사람은 술을 실컷 마시고 즐길 수 없게 되며 대신들도 배불리 먹고 마음껏 마시지 못하게 된다.

장사꾼과 상인들이 적어지게 되면 위에서 곡식을 낭비하지 않게 되고, 백성이 실컷 마시고 즐길 수 없게 되면 농사에 게으르지 않게 되고, 대신들이 업무를 떠나 배불리 먹고 실컷 마실 수 없게 되면 국가의 업무는 제때에 잘 처리되어서 군주는 과오가 드러나지 않게 된다.

위에서 곡식을 낭비하지 않고 백성이 농사일을 게을리 하지 않게 되면 방치된 초지(草地)는 반드시 잘 다스려질 것이다.

貴酒肉之價 重其租 令十倍其樸¹⁾ 然則商賈²⁾少 農不能喜酣 奭³⁾ 大臣不爲荒飽⁴⁾ 商賈少 則上不費粟 民不能喜酣奭 則農不 慢 大臣不荒 則國事不稽 主無過擧⁵⁾ 上不費粟 民不慢農 則草 必墾矣

1) 樸(박) : 재료. 술을 만드는 재료와 물건을 말한다.

2) 商賈(상고) : 상은 돌아다니는 장사치. 고는 점포를 가지고 있는 상인.

3) 酣奭(감석) : 술을 실컷 마시다. 곧 감서(酣湑)의 뜻.

4) 荒飽(황포) : 배가 터지도록 먹고 마시는 것.

5) 過擧(과거) : 과실, 잘못.

7. 형벌을 무겁게 하고 죄를 연좌해야 한다

모든 형벌은 무겁게 하고 그 죄를 연좌시켜야 한다. 형벌을 무겁게 하고 그 죄를 연좌시키면 소견이 좁고 성질이 급한 백성이라도 싸우지 못하게 된다. 또 성질이 거칠고 사나운 백성이라도 송사를 하지 못하게 되고, 게으르고 나태한 백성이라도 빈둥거리지 못하게 되고, 낭비가 심한 백성이라도 낭비하지 못하게 되고, 교언영색하며 사나운 마음씨를 가진 백성이라도 권모술수를 쓰지 못하게 된다.

이상 다섯 부류의 백성이 나라 안에 살 수 없게 하면 버려진 초지는 반드시 잘 다스려질 것이다.

重刑而連其罪[1] 則褊急[2]之民不鬪 很剛[3]之民不訟[4] 怠惰之民不游 費資[5]之民不作 巧諛惡心[6]之民無變也 五民[7]者不生於境內 則草必墾矣

1) 重刑而連其罪(중형이연기죄) : 형벌을 무겁게 하여 친척에게까지 그 죄를 연좌시키는 것.

2) 褊急(편급) : 소견이 좁고 성미가 급하다.

3) 很剛(흔강) : 성질이 거칠고 도리에 어긋나다.

4) 不訟(불송) : 송사를 하지 못하다. 또는 말싸움을 못하다.

5) 費資(비자) : 낭비가 심하다.

6) 巧諛惡心(교유악심) : 교언영색하고 마음이 사납다.

7) 五民(오민) : 소견이 좁은 사람. 성질이 거친 사람. 게으른 사람. 낭비하는 사람. 교언영색하고 마음이 사나운 사람.

8. 마음대로 이주하지 못하도록 한다

모든 백성을 마음대로 이주하지 못하도록 해야 한다. 모든 백성을 마음대로 이주하지 못하게 하면 백성은 어리석어지고 백성이 어리석어지면 마음대로 다룰 수 있다.

농민들의 농사를 어지럽히는 자들이 밥 먹을 곳이 없게 만들면 그들은 반드시 농사를 짓게 된다.

어리석은 마음을 가진 자와 조급한 성질을 가진 욕심스런 백성이라도 뜻이 하나로 뭉치게 되고, 뜻이 하나로 뭉치게 되면 농민들의 생활은 안정되는데 이는 농업이 안정되는 것이다.

이에 어리석은 백성을 더 견책하게 되면 방치된 초지는 반드시 잘 다스려질 것이다.

使民無得擅徙 則誅愚[1] 亂農農民[2]無所於食而必農 愚心躁欲之民壹意 則農民必靜 農靜 誅愚 則草必墾矣

1) 誅愚(주우) : 어리석은 백성은 다루기 쉽다. 곧 법을 적용하기가 쉽다. 일설에는 주우(誅愚)는 주우(朱愚)라고 했으며 '어리석다'로 풀이하기도 한다.
2) 亂農農民(난농농민) : 농민의 농사를 어지럽히는 자.

9. 귀족의 자제들도 공평하게 부역해야 한다

장자(長子)를 제외한 모든 귀족의 자제들을 균등하게 징집하여 서민들과 똑같이 대대로 부역을 시킨다.

또 관청을 높게 짓고 용관(甬官)을 두어서 공평하게 분배하여 생활하게 하고 부역을 피하지 못하게 하며 대관(大官 : 高官)이라도 반드시 감독을 받게 하여 귀족의 자제들이 유람을 하거나 권세 있는 사람을 섬길 수 없게 만들면 그들은 반드시 농사를 지을 것이다. 그들이 농사를 짓게 된다면 방치된 초야(草野)는 반드시 잘 다스려질 것이다.

均出餘子[1]之使令 以世使之 又高其解舍[2] 令有甬官食槩[3] 不可以辟役 而大官[4]未可必得也 則餘子不游事人[5] 則必農 農則草必墾矣

1) 餘子(여자) : 장자를 제외한 여타의 자식들. 곧 맏아들 외의 자식들.
2) 解舍(해사) : 관사를 뜻함. 곧 관청. 해사(廨舍)를 뜻함.
3) 甬官食槩(용관식개) : 용관은 섬과 되를 재는 관리이며 모든 것을 공평하게 분배하는 관리. 식개는 공평하게 분배하여 먹이다.
4) 大官(대관) : 고관(高官). 고급 관료.

5) 不游事人(불유사인) : 유학(游學)하거나 고관들의 문하에서 식객 노릇을 하
는 것. 곧 집사나 벼슬을 구걸하는 일.

10. 대신들간의 교제를 없애야 한다

나라의 대신(大臣)들이나 모든 대부(大夫)들이 널리 듣고 아
는 것이 많거나 슬기로운 지혜로 사물을 잘 분별하거나 서로 교
제하며 사는 생활을 모두 하지 못하게 해야 하며, 모든 고을에서
서로 교제하는 일을 하지 못하게 해야 한다.

이렇게 하면 농민들이, 변화되어 가는 세태를 듣거나 새로운 방
도를 볼 수 없게 된다.

농민들이 변화되어 가는 세태를 듣거나 새로운 길로 나가는 방
도를 볼 수 없게 되면, 지혜로운 농사꾼은 전해 오는 농사를 떠나
서는 살 수 없다는 것을 알게 되고 어리석은 농사꾼은 무지하여
학문하는 것을 좋아하지 않게 된다.

어리석은 농사꾼이 무지하여 학문하는 것을 좋아하지 않게 되
면 그들은 부지런히 농사에 힘쓰게 되고 지혜로운 농사꾼들도 전
해 오는 농사를 떠나지 않게 되면 방치됐던 초지(草地)는 반드
시 잘 다스려질 것이다.

國之大臣諸大夫 博聞辨慧游居[1]之事 皆無得爲 無得居游於百
縣 則農民無所聞變見方[2] 農民無所聞變見方 則知農無從離其
故事 而愚農不知 不好學問 愚農不知 不好學問 則務疾農 知農
不離其故事 則草必墾矣

1) 博聞辨慧游居(박문변혜유거) : 박문은 멀리 듣고 아는 것이 많다. 변혜는 슬
기로운 지혜로 사물을 잘 분별하다. 유거는 서로 교류하며 살다.
2) 聞變見方(문변견방) : 문변은 새로운 변화를 듣다. 발전된 세상사를 듣다. 견
방은 사람사는 방도를 보다. 곧 자신들이 사는 사회보다 진보된 방법을 보다.

11. 군이 주둔하는 시장에는 여자가 없게 한다

큰 군사가 주둔하는 곳의 시장에는 여자들이 있으면 안 된다. 주둔지의 상인들에게 명령하여 병기를 자급자족하게 하고 군대가 동원되는 것을 살피게 한다.

또 주둔군이 있는 시장에서는 사사로운 양식이 수송되는 일이 없게 하면 간첩들이 숨어서 모의할 곳이 없게 된다.

몰래 양식을 수송하는 자나 사사로운 거래를 금지시키고, 경솔하고 나태한 백성이 주둔군의 시장에서 빈둥거리지 못하게 해야 한다.

양식을 도둑질하는 자도 매매할 곳이 없게 되고 양식 수송을 담당한 자도 사사로운 거래를 할 수 없게 되며 경박하고 게으른 백성이 주둔군의 시장에서 빈둥거릴 수 없게 되면 농민들은 음란해지지 않게 된다. 이렇게 해서 국가의 곡식들이 쓸데없는 곳에 허비되지 않게 되면 초지는 반드시 잘 다스려질 것이다.

令軍市¹⁾無有女子 而命其商令人自給甲兵 使視軍興²⁾ 又使軍市無得私輸糧者 則姦謀無所於伏 盜輸糧者不私稽³⁾ 輕惰之民不游軍市 盜糧者無所售 送糧者不私 輕惰之民不游軍市 則農民不淫 國粟不勞 則草必墾矣

1) 軍市(군시) : 대병력이 주둔한 곳의 시장.
2) 軍興(군흥) : 군대를 동원하여 움직이는 것.
3) 私稽(사계) : 사사로운 거래. 비공식적인 거래. 일설에는 불사계는 '사사로이 저장하지 못하게 하다.' 라는 뜻이 있다고 했다.

12. 모든 고을을 한 방식으로 다스려야 한다

모든 고을을 한 방식으로 다스려야 한다. 모든 고을을 한 방식으로 다스리게 되면 다른 직책으로 옮겨 가는 자라도 감히 그 제도를 고치지 못하게 되고 과오를 저질러 쫓겨난 자라도 능히 그의 과오를 숨기지 못하게 된다.

과오를 숨길 수 없게 되면 관리들의 사특한 짓이 없게 된다.

옮겨 가는 자가 허위로 과장하지 못하게 되고 새로 부임하는 자가 제도를 바꾸지 못하게 되면 관리들이 적더라도 백성은 수고스럽지 않게 된다.

관리들의 사특한 짓이 없게 되면 백성은 오만해지지 않고 백성이 오만해지지 않으면 생업은 폐지되지 않게 된다.

관리들의 수가 적으면 세금 징수가 번거롭지 않게 되고 백성이 수고스럽지 않게 되면 농사에 종사하는 시간이 많아진다.

농사에 종사할 시간이 많고 세금 징수를 많이 하지 않고 생업이 폐지되지 않게 된다면 방치된 초지는 반드시 잘 다스려질 것이다.

百縣之治一形[1] 則從迂者[2] 不敢更其制 過而廢者不能匿其擧[3]
過擧不匿 則官無邪人 迂者不飾 代者[4]不更 則官屬少而民不勞
官無邪則民不敖 民不敖則業不敗 官屬少徵不煩[5] 民不勞則農
多日 農多日 徵不煩 業不敗 則草必墾矣

1) 一形(일형) : 한 형태. 한 방식. 곧 일체적인 것.

2) 從迂者(종우자) : 임무를 마치고 전출되는 자.

3) 擧(거) : 잘하고 잘못한 것을 밝히는 것.

4) 代者(대자) : 새로 부임하는 자.

5) 不煩(불번) : 이중 삼중으로 세금을 거두지 않다. 곧 많이 거두지 않다. 번거롭지 않다.

13. 시장이나 관문의 세금을 무겁게 해야 한다

관문의 통과세나 시장의 물품세는 무겁게 부과해야 한다.

관문의 통과세나 시장의 물품거래세를 무겁게 부과하면 농민은 상인 되는 것을 싫어하게 되고 상인들은 장사하는 일에 대해 망설이는 마음을 지니게 된다.

　농민들이 상인 되는 것을 꺼리고 상인들이 장사하는 일에 대해 망설이는 마음을 지니게 된다면 방치된 초지는 반드시 잘 다스려질 것이다.

　重關市¹⁾之賦 則農惡商 商有疑惰之心 農惡商 商疑惰 則草必墾矣
1)關市(관시) : 관문이나 저자. 관문과 시장.

14. 상인의 식구대로 부역시킨다

　상업에 종사하는 가족들의 숫자대로 부역을 할당한다. 또 땔나무를 하는 자나 수레를 관리하는 자나 잡일하는 자나 아이들까지도 반드시 관가에 이름을 올리게 하여 일을 시키면, 농업은 편안해지고 상업은 괴로워진다.

　농업이 편안해지게 되면 좋은 논밭은 황폐해지지 않는다. 상업이 괴로워지면 물건을 판매하고 매입하고 주고 보내는 예의가 모든 고을에 전달되지 않게 된다. 이로 말미암아 농민들이 굶주리지 않고 행동하는 데도 치장을 하지 않게 된다.

　농민들이 굶주리지 않고 행동하는데 치장하지 않게 되면 공무를 집행하는 데도 반드시 신속해져서, 사사로운 일을 시작해도 거칠어지지 않게 되어 농사일에 반드시 성공하게 된다.

　농사일에 반드시 성공하게 되면 방치된 초야는 반드시 잘 다스려질 것이다.

　以商之口數¹⁾使商 令之廝輿徒重²⁾者必當名 則農逸而商勞 農逸則良田不荒 商勞則去來賚送之禮³⁾ 無通於百縣 則農民不饑 行不飾 農民不饑 行不飾 則公作必疾 而私作不荒 則農事必勝 農事必勝 則草必墾矣
1) 口數(구수) : 식구의 수.

2) 廝輿徒重(시여도중) : 시는 땔나무를 하는 자. 여는 수레를 관리하고 모는 자.
   도는 잡일하는 자. 중(重)은 동(童)의 오자이고 어린아이.

3) 去來賚送之禮(거래뢰송지례) : 상품을 구매하고 판매하며 선물을 주고 또
   보내고 하는 예절. 곧 뇌물의 거래.

15. 양식 수송에는 수레 임차를 금지시킨다

양식을 수송할 때에는 수레를 임차하여 수송하는 일을 금지시
킨다.

또 양식을 수송하는 수레가 돌아올 때는 타인에게 고용되지 못
하도록 해야 한다.

수레나 소로 나르는 짐의 무게는 반드시 관청에 기록하도록 해
야 한다.

이와 같은 방식으로 하게 되면 식량을 수송하고 돌아오는 일이
신속해진다.

수송하는 일이 신속해지면 수송하는 사업이 농사에 방해가 되
지 않게 되고, 수송하는 사업이 농사에 방해가 되지 않게 되면 방
치된 초지는 반드시 잘 다스려질 것이다.

令送糧無取僦[1] 無得反庸[2] 車牛輿重設必當名 然則往速徠疾
則業[3]不敗農 業不敗農 則草必墾矣

1) 僦(추) : 수레를 세내다. 임차하다.

2) 反庸(반용) : 돌아올 때 고용되는 일. 용(庸)는 용(傭)과 통용.

3) 業(업) : 수송하는 사업.

16. 죄인의 사식을 금지시킨다

죄인(罪人)들이 관리에게 청하여 사식 먹는 행위를 하지 못하
게 해야 한다. 죄인들이 사식을 먹지 못하게 되면 간사한 백성이
섬길 두목이 없게 된다.

　간사한 백성이 섬길 두목이 없게 되면 간사한 짓을 하라고 권
해도 힘쓰지 않게 되고 농민들은 손해를 입지 않게 된다.
　이렇게 하면 간사한 백성들이 달라붙어 의지할 곳이 없게 된다.
　간사한 백성들이 달라붙어 의지할 곳이 없게 되면 농민들은 농
사를 그르치지 않게 되고 농민들이 농사를 그르치지 않게 되면 방
치된 초지는 반드시 잘 다스려질 것이다.

　無得爲罪人請於吏而饟食[1]之 則姦民無主 姦民[2]無主 則爲姦
不勉 農民不傷 姦民無樸[3] 姦民無樸 則農民不敗 農民不敗 則草
必墾矣

1) 饟食(향식) : 죄수에게 넣어 주는 사식(私食).

2) 姦民(간민) : 백성을 해치는 나쁜 사람. 생업을 방해하는 사람.

3) 樸(박) : 붙어 있다. 곧 착 달라붙어서 보호를 받다.

제3편 농사와 전쟁〔農戰第三〕

1. 백성에게 권장할 수 있는 것

무릇 백성의 군주된 자가 민중들에게 권장할 수 있는 것은 관직이나 작위(爵位)를 주는 것이며, 국가를 융성하게 하는 것은 농업이나 전쟁뿐이다.

그런데 오늘날의 민중들은 관직이나 작위를 구할 때 모두 농업이나 전쟁으로써 하지 않고 교언영색(巧言令色)이나 허망한 도로써 구하려고 한다. 이러한 자들을 노민(勞民 : 백성을 말로 위안만 하는 자)이라고 이른다.

노민(勞民)이라는 자들은 그의 국가를 반드시 무력하게 만들고 무력하게 만든 자들은 그 국가를 반드시 쇠약해지게 만든다.

국가를 잘 다스리는 자는 그의 백성을 교화시켜서 백성의 일체감을 일으켜 관직과 작위를 얻게 했다. 그러므로 관직에 오르지 않으면 작위를 주지 않았다. 국가에 쓸데없는 말을 제거하여 백성을 순박하게 하였다. 백성이 순박하면 음란한 것이 없어진다.

백성에게 위에서부터 이로운 것이 한 곳에서 나온다는 것을 보여 주면 일체감을 일으키게 되고 일체감을 일으키게 되면 백성은 구차하게 이곳 저곳을 오락가락하지 않게 된다.

백성들이 이곳 저곳을 오락가락하지 않게 되면 힘이 한 곳으로 집중되고 백성의 힘이 한 곳으로 집중되면 국가는 강력해진다.

지금 나라 안의 백성은 다 말한다.

"농업이나 전쟁 같은 것은 가히 회피할 수 있고 관직이나 작위 따위는 가히 얻을 수 있다."

그러므로 영웅 호걸은 다 생업을 변경하여 시(詩)와 서(書)를 힘써 배우며 외부의 권세를 추종하여 위로는 임금에게 추천되는 일을 얻게 되고 밑으로는 관직이나 작위를 구하게 되며, 상인이나 장사치들은 중요한 일을 하는 것이 아닌데도 그것을 하나의 기예로 여겨서 다 농업이나 전쟁 등을 회피하려고 구색을 갖추고 있다. 이러한 것은 국가가 위태해지는 일이다.

백성을 이러한 것들로 교육한다면 그 국가는 반드시 쇠약해지게 된다.

凡人主之所以勸民者 官爵也 國之所以興者 農戰¹⁾也 今民求官爵 皆不以農戰 而以巧言虛道²⁾ 此謂勞民³⁾ 勞民者 其國必無力 無力者 其國必削 善爲國者 其教民也 皆作壹⁴⁾而得官爵 是故不官無爵 國去言⁵⁾ 則民樸 民樸則不淫 民見上利之從壹空出也 則作壹 作壹 則民不偸營⁶⁾ 民不偸營則多力 多力則國彊 今境內之民皆曰 農戰可避 而官爵可得也 是故豪傑皆可變業 務學詩書⁷⁾ 隨從外權 上可以得顯 下可以求官爵 要靡事商賈 爲技藝 皆以避農戰 具備 國之危也 民以此爲教者 其國必削

1) 農戰(농전) : 농업이나 전쟁. 또는 농사를 짓고 전쟁을 하다의 두 가지 뜻으로 볼 수 있다. 여기서는 농사도 짓고 전쟁도 하는, 곧 두 가지 일을 뜻한다고 할 수 있다.
2) 巧言虛道(교언허도) : 교언은 번지르르하게 겉을 꾸미는 말. 허도는 쓸데없는 일. 실천이 없는 도가(道家)의 언어들.
3) 勞民(노민) : 민중을 그럴 듯한 말로 위무하는 것.
4) 作壹(작일) : 모든 민중이 따를 수 있는 교육. 곧 한 마음으로 뭉칠 수 있는 방법.
5) 去言(거언) : 교언을 없애는 것.
6) 偸營(투영) : 경영을 가볍게 여기지 않는다. 곧 농업을 귀하게 여기다.
7) 詩書(시서) : 시(詩)는 '시경'을 뜻하고 서(書)는 '서경'을 뜻한다. 옛날에 관직에 나아가려면 반드시 읽어야 하는 글들.

2. 매관매직을 하는 것이란

국가를 잘 다스리는 자들은 창고 안이 곡식으로 가득 차 있더라도 농사를 가볍게 여기지 않는다. 국가가 거대하고 백성의 수가 많더라도 언어를 함부로 하지 않음으로써 백성은 순박해지고 일체감을 이루게 된다.

백성이 순박해지고 일체감을 이루게 되면 관직이나 관작을 교묘한 말로써 취할 수 없게 되고, 교묘한 말로 취할 수 없게 되면 간사한 무리가 생겨나지 않게 된다. 간사한 무리가 생겨나지 않으면 군주가 이상한 곳에 현혹되는 일이 없게 된다.

지금 나라 안에 있는 백성들이나 관직과 관작을 유지하고 있는 자들은, 조정에서 교묘한 말이나 변명하는 언어를 사용하여 관직이나 관작을 취하는 모습을 보아왔다. 그러므로 백성들은 이들의 관직이나 관작이 떳떳하게 얻은 것이 아니라고 여긴다.

이 때문에 이들은 나아가서는 군주를 왜곡시키고 물러나서는 사사로운 것만 생각하여 그 사복을 채우며, 이로 인하여 그 아래에서는 권세를 팔게 되는 것이다.

대저 군주를 왜곡시키고 사사로운 이익을 생각하는 일이 국가의 이익을 위한 것이 아닌데도 그 일을 하는 이유는 오직 작위나 봉록을 위하기 때문이다.

아래에서 권세를 파는 일은 국가의 충신이 할 짓이 아닌데도 그 일을 하는 것은 재물 장사를 하기 위해서이다.

이 때문에 하급 관리로서 승진을 바라는 자들은 다 말한다.

"재산이 많으면 높은 벼슬도 얻어서 할 수 있다."

또 이런 말도 한다.

"자신이 재물로써 윗사람을 섬기지 않고 영전을 구하는 자들이라면 이들은 살쾡이를 미끼로 써서 쥐를 유인하는 것과 같아서 바랄 수 없는 일이다. 만약 진정으로 윗사람을 섬겨 영전을 구하는 자들이라면 이들은 끊어진 노끈을 잡아당겨서 굽은 나무를 오르려는 것과 같은 것으로 더욱 바랄 수 없는 일이다. 이 두 가지 방법으로 승진을 얻지 못한다면 나는 하급직으로써 백성을 동원하고 재물을 갈취하여 윗사람을 섬겨서 영전할 수 있는 기회를 구하지 않겠는가?"

백성들이 또한 말한다.

"나는 농사에 힘써서 먼저 국가의 창고를 채우고 남은 곡식을 거두어 부모님을 봉양한다. 위로는 군주를 위하여 목숨을 바쳐서 싸우고 군주를 높이고 국가를 편안하게 하였다. 그런데 창고는 비었고 군주는 천박하고 가정은 굶주린다. 이러한 상황이니 관직을 찾아서 구하는 것만 못하다."

친척들이 교류하여 모였다 하면 생각을 바꾼다. 호걸이나 영웅들이 시(詩)와 서(書) 배우기를 힘쓰고 외세의 권력을 추종하며 상업이나 장사치가 중요한 사업이 아닌데도 기예를 삼아서 다 농업이나 전쟁을 기피한다.

백성을 이러한 것들로 교육시킨다면 곡식을 어떻게 많이 얻을 수 있으며 병사들이 어떻게 강력해지겠는가?

善爲國者 倉廩雖滿 不偸於農 國大民衆 不淫於言 則民樸壹
民樸壹 則官爵不可巧而取也 不可巧取則姦不生 姦不生則主不
惑 今境內之民及處官爵者 見朝廷之可以巧言辯說取官爵也 故
官爵不可得而常也 是故進則曲主 退則慮私所以實其私 然則下
賣權1)矣 夫曲主慮私 非國利也 而爲之者 以其爵祿也 下賣權 非
忠臣也 而爲之者 以末貨2)也 然則下官之冀遷3)者皆曰 多貨 則
上官可得而欲也 曰 我不以貨事上而求遷者 則如以狸餌鼠4)爾
必不冀矣 若以情事上而求遷者 則如引諸絶繩而求乘枉木也 愈
不冀矣 二者不可以得遷 則我焉得無下動衆取貨以事上而以求
遷乎 百姓曰 我疾農 先實公倉 收餘以食親 爲上忘生而戰 以尊
主安國也 倉虛主卑家貧 然則不如索官5) 親戚交游合 則更慮矣
豪傑務學詩書 隨從外權 要靡事商賈 爲技藝 皆以避農戰 民以
此爲敎 則粟焉得無少 而兵焉得無弱也

1) 下賣權(하매권) : 아래에서는 매관매직하다.
2) 末貨(말화) : 말은 장사하다의 뜻. 곧 돈을 버는 장사를 하다.
3) 冀遷(기천) : 영전하기를 바라다. 곧 승진을 원하다.
4) 狸餌鼠(이이서) : 쥐를 유인하는데 살쾡이를 미끼로 쓴다. 곧 아무런 소용이
   없다는 뜻.
5) 索官(색관) : 관직을 찾아 구하다. 곧 여기저기 다니면서 관직을 구하는 것.

3. 관리 등용하는 법을 올바르게 해야 한다

국가를 잘 다스리는 자는 관직의 법을 명확하게 한다. 그러므로
관직의 임명을 지혜와 사고에 맡기지 않는다.

위에서는 국가의 일체감을 일으킨다. 그러므로 백성은 사사로
운 곳에 마음이 현혹되지 않게 된다.

백성이 사사로운 곳에 현혹되지 않으면 국력이 하나로 단결된
다. 국력을 하나로 단결시킨 자는 국가를 강력하게 만든다. 그러
나 국가에서 교묘한 말만 좋아하게 되면 국가는 쇠약해진다.

그러므로 농업과 전투에 종사하는 백성이 천 명인데 시(詩)와
서(書)와 변론을 잘하고 슬기로움을 지닌 자가 한 명이라도 있게
되면 1천 명이 농사짓고 전투하는 일을 게을리하게 된다.

농사짓고 전투하는 백성이 1백 명이 있는데 그 속에 기예를 가
진 자가 1명만 있어도 농사와 전투에 종사하는 1백 명이 다 농사
나 전투를 소홀히 하게 된다.

국가에서 농사짓고 전투에 참가하는 자를 대우하게 되면 국가
는 편안해지고, 군주가 농사짓고 전투에 참가하는 자를 대우하게
되면 존경받게 된다.

대저 백성들이 농사짓는 일에 종사하고 전투에 참가하지 않는
이유는 군주가 이상한 말만 좋아하고 관리가 정상적인 관리의 도
를 잃었기 때문이다.

정상적인 방법에 따라 관직을 임명하게 되면 국가는 잘 다스려
지고 군주가 일체감을 일으키는 데 힘쓰게 되면 국가는 부유해진

다. 국가가 부유해지면 국가는 잘 다스려지는데 이것을 왕자(王者)의 도(道)라고 한다.

그러므로 말하기를 "왕도(王道 : 제왕의 도)는 밖에서부터 오는 것이 아니고 군주 자신이 백성과 일체감을 이루는 데 있다."라고 했다.

善爲國者 官法明 故不任知慮 上作壹 故民不儉營[1] 則國力摶 國力摶者彊 國好言談者[2]削 故曰 農戰之民千人 而有詩書辯慧者一人焉 千人者皆怠於農戰矣 農戰之民百人 而有技藝者一人焉 百人者皆怠於農戰矣 國待農戰而安 主待農戰而尊 夫民之不農戰也 上好言而官失常也 常官則國治 壹務則國富 國富而治 王之道也 故曰 王道作外[3] 身作壹而已矣

1) 不儉營(불검영) : 진본에는 불영사(不營私)로 해야 한다고 했다. 사사로운 곳에 현혹되지 않다.
2) 好言談者(호언담자) : 이상한 궤변을 늘어 놓는 자나 변설가들을 가리킨다.
3) 外(외) : 오자(誤字)라고 의심했다.

4. 재능이나 지혜를 헤아려 관직을 주면

지금의 군주는 사람들의 재능이나 지혜를 따져서 관직을 임명한다. 재능이나 지혜를 따져서 관직을 임명하게 되면, 지혜 있는 사람은 군주가 좋아하고 싫어하는 것을 살펴서 군주의 희망에 따라서 관리를 부리고 사물을 통제하여 군주의 마음에 맞게 정치를 하려 한다.

이로써 관리를 등용하는 것에 떳떳한 방법이 없게 된다. 이 때문에 국가는 어지러워지고 일체감을 가지지 못한다. [결문] 또 말 잘하는 사람들의 무법천지가 된다.

이와 같이 되면 백성이 아무리 힘써 노력해도 얻는 것은 적어지며 논과 밭은 황폐함을 벗어나지 못할 것이다.

나라에는 시(詩)와 서(書)와 예(禮)와 악(樂)과 선행과 수양과 인(仁 : 어짊)과 청렴과 변설과 지혜 등 각각의 재주를 지닌 부류들이 있게 마련인데 이들이 등용되게 되면, 군주는 국가를 수호하고 전쟁에 나가도록 백성을 부릴 수가 없게 된다.

나라에서 시와 서와 예와 악과 선행하는 자와 수양한 자와 인한 자와 청렴한 자와 변설에 능한 자와 지혜로운 자 등의 부류들을 등용하여 나라를 다스릴 때에는, 적군이 이르면 반드시 영토를 삭감당하게 될 것이고 적군이 이르지 않더라도 반드시 국가는 피폐해질 것이다.

국가에서 시(詩)를 하고 서(書)를 아는 자와 예의와 음악과 선행하는 자와 수양한 자와 인자한 자와 청렴한 자와 변설에 능한 자와 지혜로운 자 등을 제거하게 되면 적군은 감히 이르지 못할 것이며 비록 적군이 침략해 오더라도 그들을 반드시 물리칠 수 있게 된다.

또 먼저 병력을 일으켜서 적국을 정벌할 때는 반드시 적국을 취할 수 있고 군대를 과시만 하고 침략은 하지 않더라도 나라는 반드시 부유해질 것이다.

힘을 사랑하는 나라는 침공하기가 아주 어렵고, 침공하기 어려운 나라는 반드시 융성한다.

변설만 좋아하는 나라는 침공하기가 아주 쉽고, 침공하기가 아주 쉬운 나라는 반드시 위험에 처하게 된다.

그러므로 성인(聖人)이나 명철한 군주는 능히 세상 만물의 이치를 다 파악하는 것이 아니라 모든 사물의 요체만 알 뿐이며, 그 국가를 다스리는 것도 국가의 요체를 살피는 데 있을 뿐이다.

今上論材能知慧[1]而任之 則知慧之人希主好惡 使官制物 以適主心 是以官無常 國亂而不壹[2] 辯說之人而無法也 如此 則民務焉得無多 而地焉得無荒 詩書禮樂善修仁廉辯慧[3] 國有十者上無使守戰 國以十者治 敵至必削 不至必貧 國去此十者 敵不敢至 雖至必卻 興兵而伐 必取 按兵不伐[4] 必富 國好力者以難攻 以難攻者必興 好辯者以易攻 以易攻者必危 故聖人明君者

非能盡⁵⁾其萬物也 知萬物之要也 故其治國也 察要而已矣

1) 材能知慧(재능지혜) : 재주와 능력. 지식과 슬기.

2) 不壹(불일) : 불일(不壹)의 밑에 탈자(脫字)가 있다고 했다. 곧 변설(辯說) 위에 문맥이 없어졌다.

3) 詩書禮樂善修仁廉辯慧(시서예악선수인렴변혜) : 시(詩)는 시를 잘하는 자. 서(書)는 글에 조예가 밝은 사람. 예는 예의에 통달한 사람. 악은 음악에 통달한 사람. 선은 선량한 모범인. 수는 자신의 수양을 쌓은 사람. 인은 인품이 있고 도덕이 있는 사람. 렴은 청렴결백한 사람. 변은 변설가. 혜는 슬기가 있는 사람 등. 열 가지 부류의 사람들을 지칭함.

4) 按兵不伐(안병불벌) : 병력을 주둔만 하고 침략을 하지 않다. 곧 주둔시켜서 위협만 하다.

5) 非能盡(비능진) : 진본(秦本)에는 비진능(非盡能)으로 되어 있다고 했다.

5. 갑론을박만 할 뿐 요체는 알지 못한다

지금 국가를 위한다는 사람들은, 대부분 국가를 다스리는 요체를 알지 못한다.

조정 안에서 신하들이 통치(統治)를 말할 때에는 의견들이 분분하여 서로 상대방의 방침을 바꾸려고 힘쓴다.

이로써 그의 군주는 분분한 의견에 정신이 흐려지고 관리들은 분분한 의견에 정신이 산란해지고 백성은 태만해져서 농사에 종사하지 않게 된다.

그러므로 그 국가의 백성이 다 변화되어서 변론을 좋아하고 학문만 즐거워하며 상업에 종사하거나 기술직에 종사함으로써 농업과 전쟁을 기피하려 한다. 이와 같은 현실에서는 국가가 쇠망하는 길이 멀지 않을 것이다.

나라에 변고가 있을 때 학문하는 백성은 법을 싫어하고 상업하는 백성은 변화에 능하고 기예를 보유한 백성은 징용되지 않기 때문에 그 국가는 쉽게 무너진다.

대저 농업에 종사하는 자가 적고 유세나 하면서 먹는 자들이 많아지면 그 국가는 피폐하고 위태로워진다.

지금 마디충이나 박각시나방애벌레나 바구미나 나비애벌레 등의 해충들은 봄에 태어나서 가을이면 죽는데 이것들이 한 번 나타났다 하면 많은 백성들이 여러 해 동안 굶주리게 된다.

지금 한 사람이 농사를 지어서 100명이 먹고 살아가는 실정으로, 이것은 마디충이나 박각시나방애벌레나 바구미나 나비애벌레 등의 피해보다도 그 피해가 또한 더 큰 것이라 하겠다.

비록 시(詩)와 서(書)가 한 고을에 한 묶음이 있고, 한 가정에 한 권씩 있더라도 유독 다스리는 데는 별 도움이 되지 않는 것은 잘못된 것을 돌이킬 수 있는 방법이 아니기 때문이다.

이에 선왕은 농사와 전투에 힘쓰도록 모든 것을 반전시켰다.

그러므로 말하기를 "백 사람이 농사를 짓고 한 사람이 한가하게 지내는 국가는 천하에서 왕 노릇을 하고, 열 사람이 농사를 짓고 한 사람이 한가하게 지내는 국가는 강력한 국가가 되고, 절반이 농사를 짓고 절반이 한가하게 지내는 국가는 위태롭다."라고 했다.

나라를 다스리는 자는 백성이 농업에 종사하기를 바란다. 나라에서 농사에 힘쓰지 않으면 제후들과 패권을 다툴 때 능히 스스로를 유지하지 못할 것이다. 이는 힘이 많이 부족하기 때문이다.

힘이 부족하게 되면 강한 제후가 그 나약함을 쥐고 흔들 것이며 또 그 쇠약한 틈을 타 약한 제후의 토지를 깎게 될 것이니, 떨쳐 일어나지 못하게 되어 다시는 일어날 기회가 없게 될 것이다.

今爲國者多無要 朝廷之言治也 紛紛[1]爲務相易也 是以其君惛於說 其官亂於言 其民惰而不農 故其境內之民 皆化而好辯樂學事商賈 爲技藝 避農戰 如此 則不遠矣 國有事 則學民惡法 商民善化 技藝之民不用 故其國易破也 夫農者寡而游食者衆 故其國貧危 今夫螟螣蚼蠋[2] 春生秋死 一出而民數年不食 今一人耕而百人食之 此其爲螟螣蚼蠋亦大矣 雖有詩書 鄉一束 家一員 獨無益於治也 非所以反之之術也 故先王反之於農戰 故曰 百人農

一人居者王 十人農一人居者彊 半農半居者危 故治國者欲民之
農也 國不農 則與諸侯爭權 不能自持也 則衆力不足也 故諸侯
撓其弱 乘其衰 土地侵削而不振 則無及已

1) 紛紛(분분) : 혼란스러운 모양. 뒤섞인 상태.
2) 螟螣蚼蠋(명특구촉) : 명은 마디병충으로 벼줄기 속을 갉아먹어 말라 죽게
하는 벌레. 특은 박각시나방애벌레로 식물의 잎을 갉아먹는 벌레. 구는 왕개
미의 뜻인데 여기서는 바구미. 촉은 나비애벌레로 배추나 무의 잎을 갉아먹
는 벌레. 모두 다 농사를 방해하는 벌레라는 뜻.

6. 성인(聖人)은 나라 다스리는 요체를 안다

성인(聖人)은 국가를 다스리는 요체를 안다. 그러므로 백성으
로 하여금 진심으로 농업에 복귀하도록 한다. 농민들이 진심으로
농업에 복귀하게 되면 백성은 순박해지고 올바르게 된다. 그렇게
되면 백성의 수가 많더라도 부리기가 쉬워진다. 또 믿음으로써 방
어하게 하고 전투하게 할 수 있다.

백성의 일체감을 진작시키면 속이는 일이 적어지고 사는 곳에
서 계속 살게 된다. 백성의 일체감을 진작시키면 표창과 형벌로
써 전진시킬 수 있게 된다. 백성의 일체감을 진작시키면 밖의 전
투에도 활용할 수 있게 된다.

백성이 군주를 어버이같이 여기고 제도에 따라 죽게 하는 일은
아침저녁으로 농업에 종사하게 하는 데에 있다.

백성을 이용할 수 없게 되는 이유는, 유세하고 변론하는 선비들
이 군주를 섬겨서 귀한 신분이 되고 상인이나 장사치들이 자신의
집을 부유하게 만들고 기예를 가진 장인〔技術者〕들이 족히 입에
풀칠하는 것을 보았기 때문이다.

백성이 유세하는 선비나 상인이나 기예(技藝)를 가진 자들의
세 부류가 편안하고 이롭다는 것을 보면 반드시 농사를 회피하게
된다.

농민들이 농업을 회피하게 되면 백성은 자신이 사는 곳을 가벼

이 여기게 된다. 농민들이 자신이 사는 곳을 가벼이 여기게 되면
반드시 군주를 위하여 수비하고 전쟁하는 일을 하지 않게 된다.

무릇 국가를 다스리는 자는 백성이 뿔뿔이 흩어져 단결되지 않
는 것을 근심하는 것이다.

이 때문에 성인은 일체감을 일으켜서 백성이 단결하게 만든다.
나라에서 일체감을 일으켜서 1년 동안 단결하게 하면 10년 동안
강성할 수 있다. 일체감을 일으켜서 단결하여 10년 동안을 이어
갈 수 있으면 100년 동안 강성할 수 있다. 일체감을 일으켜서 100
년 동안 단결하게 하면 1천 년 동안 강성할 수 있다. 1천 년 동안
강성하는 자는 천하의 왕자(王者)가 될 수 있다.

군주는 표창과 형벌을 사용하여 일체감을 일으키는 교육을 보
강시켜야 한다. 이로써 교육하는 것에 일상적인 방법이 있어서 정
치는 성공을 거둘 수 있는 것이다.

聖人知治國之要 故令民歸心於農 歸心於農 則民樸而可正也
紛紛[1]則易使也 信可以守戰也 壹則少詐而重居 壹則可以賞罰
進也 壹則可以外用也 夫民之親上死制也 以其旦暮從事於農 夫
民之不可用也 見言談游士[2]事君之可以尊身也 商賈之可以富家
也 技藝之足以餬口也 民見此三者之便且利也 則必避農 避農則
民輕其居 輕其居 則必不爲上守戰也 凡治國者 患民之散而不可
摶也 是以聖人作壹 摶之也 國作壹一歲者 十歲彊 作壹十歲者
百歲彊 作壹百歲者 千歲彊 千歲彊者王 君脩賞罰以輔壹敎 是
以其敎有所常 而政有成也

1) 紛紛(분분) : 앞의 분분(紛紛)은 혼란스럽다의 뜻이고 여기의 분분(紛紛)은
　　많고 많다는 뜻으로 사용했다.
2) 言談游士(언담유사) : 말 잘하고 유세하는 선비.

7. 현명한 군주는 정치를 개혁한다

천하의 제왕(帝王)이 된 자는 민중을 다스리는 지극한 요체를

터득한 사람이다. 그러므로 상을 주는 것으로 대우하지 않더라도 민중들이 군주를 친밀하게 느끼며 작위와 녹봉으로 대우하지 않더라도 민중들은 사업을 따른다.

형벌을 사용하지 않아도 민중들은 목숨을 바쳐 충성을 다하는 것이다.

국가가 위태하고 군주가 근심하게 되면 유세하는 자들은 대오를 지어 이르지만 편안하고 위태한 것에는 별 보탬이 안 된다.

국가가 위태하게 되고 군주가 근심하는 일이란 강력한 적대국이나 거대한 나라와 상대해야 할 때이다.

군주로서 강력한 적국을 굴복시키지 못하고 대국을 격파할 수 없다면 수비를 잘 갖추고 지형의 편리함을 이용하고 민중의 힘을 단결시켜서 외교적인 수완으로 대우한 연후에 우환을 제거해야 제왕의 일을 성취할 수 있는 것이다.

이러한 것으로 본다면 현명한 군주는 정치를 잘 닦고 민중들의 일체감을 일으켜서, 쓸데없는 것들을 제거하고 부화뇌동하는 학문이나 음성적인 일에 종사하는 것을 중지시키고 모든 민중이 농업으로 일체가 되도록 만들어야 한다. 이런 연후에야 국가는 부유해지고 민중의 힘이 하나로 단결되는 것이다.

王者得治民之至要 故不待賞賜而民親上 不待爵祿而民從事 不待刑罰而民致死[1] 國危主憂 說者成伍[2] 無益於安危也 夫國危主憂也者 彊敵大國也 人君不能服彊敵破大國也 則修守備 便地形 摶民力 以待外事 然後患可以去 而王可致也 是以明君修政作壹 去無用 止浮學事淫[3]之民 壹之農 然後國家可富 而民力可摶也

1) 致死(치사) : 진심으로 충성을 바쳐서 죽음에 이른다.
2) 成伍(성오) : 줄지어서 이르다. 벌떼처럼 몰려오다.
3) 浮學事淫(부학사음) : 부학은 허무맹랑한 학문들. 실용적이지 않은 학문. 사음은 음탕한 일. 곧 내놓고 하지 못하는 일들.

8. 유세객만 들끓게 된다

현재의 군주들은 다 자신의 나라가 위태하고 병사들이 약한 것을 걱정하여서 강력해지려고 유세하는 자들의 말만 듣는다.

그러므로 유세하는 자들이 대오를 이루어 이르며 번거로운 궤변이나 그럴 듯한 말을 꾸며서 군주를 설득하지만 실제로는 쓸만한 내용이 없다.

군주들은 그들의 변설을 좋아하기는 하지만 그 실제적인 것은 추구하지 않는데도 유세자들은 뜻을 얻은 양 도로에서 사실을 왜곡시켜 변설하여 패거리들과 집단을 이루고 있다.

민중들은 그들이 왕이나 공(公)이나 대부(大夫)들에게 발탁될 수 있다는 것을 눈으로 보고는 모두 그러한 것을 배우려 한다.

이들은 패거리를 취합하고 국가에서 유세하면서 조정에 왈가왈부하는 의론만 내놓는데 소시민들은 이러한 것을 즐기고 대인(大人)들도 기뻐한다.

그러므로 백성 중에 농업에 종사하는 자는 적어지고 놀고 먹는 자는 많아지게 된다. 놀고 먹는 자가 많아지게 되면 농업은 위태해지고 농업이 위태해지게 되면 토지는 황폐해질 수밖에 없다.

학자들이 이러한 것을 관례화하여 유세를 배우면 백성은 농업을 버리고 유세나 변설에 종사하게 되어 고상한 말과 거짓된 여론을 만들어낸다.

이로써 농업을 버리고 유세하면서 밥벌이를 하여 서로 높아지려고 하는데 이렇게 되면 민중들은 군주의 곁을 떠나게 되고 신하 노릇을 하지 않는 자들이 무리를 이루게 된다.

이는 국가를 가난하게 하고 병사를 약하게 만드는 것을 교육하는 것이다.

대저 나라에서 백성을 부리는데 말로써 하면 백성은 농업을 육성시키지 않는다.

그러므로 명철한 군주는 좋은 말로써는 병력을 강성하게 하고 토지를 확장할 수 없다는 것을 알고 있다.

　오직 성인(聖人)이 국가를 다스리는 데는, 국가에 일체감을 일으켜서 하나로 단결시켜 백성이 농업에 전력하게 할 따름이다.

　今世主皆憂其國之危而兵之弱也 而彊聽說者 說者成伍 煩言飾辭而無實用 主好其辯 不求其實 說者得意 道路曲辯[1] 輩輩成群[2] 民見其可以取王公大人也 而皆學之 夫人聚黨與 說議於國 紛紛焉 小民樂之 大人說之 故其民農者寡而游食者衆 衆則農者殆 農者殆則土地荒 學者成俗 則民舍農從事於談說 高言僞議[3] 舍農游食而以言相高也 故民離上而不臣者成群 此貧國弱兵之教也 夫國庸民以言 則民不畜於農 故惟明君知好言之不可以彊兵闢土也 惟聖人之治國 作壹摶之於農而已矣

1) 道路曲辯(도로곡변) : 길거리에서 왜곡되게 설명하다. 상황을 왜곡시키다.

2) 輩輩成群(배배성군) : 끼리끼리 모여서 패거리를 만들다. 곧 자기편을 만들다.

3) 高言僞議(고언위의) : 고상한 말로 여론을 꾸미다.

제4편 강력한 것을 제거하다〔去彊第四〕

1. 강력한 것을 제거하면 약해진다

강력한 힘으로 강력한 자를 제거하게 되면 그 나라는 허약해진다. 약한 힘으로 강력한 자를 제거하게 되면 그 나라는 강성해진다. 국가에서 선한 일을 하도록 하면 간사한 자들이 반드시 많아진다.

국가가 부유한데도 국가의 예산을 절약하여 검소하게 행정을 펴 나가는 것을 '겹부자'라고 이르며 '겹부자 국가'는 강력한 국가이다.

국가가 가난한데도 국가를 다스리는데 예산을 풍부하게 사용하는 것을 '겹가난'이라고 이르는데 '겹가난한 국가'는 허약한 국가이다.

군사를 행군시키는데 적군이 감히 행하지 못하는 곳을 가는 것을 강력한 것이라 하고, 사업을 일으키는데 적군이 부끄러워하는 것을 일으키면 이로운 것이다.

군주는 변화가 다양한 것을 귀하게 여기고 국가는 변화가 적은 것을 귀하게 여긴다.

국가에 생산 물자가 많으면 토지를 삭감당하게 되고, 군주에게 물자가 적으면 강성해지고자 한다.

천승(千乘 : 제후국)의 국가에서 천 가지 물자를 지키는 자는 국토를 삭감당한다.

전쟁이나 사업에서 병사를 잘 사용하는 것을 '강력한 것'이라 이르며, 전쟁하거나 국가가 혼란스러운데도 병사를 휴식시키면 국가는 땅을 빼앗기게 된다.

以彊去彊者[1]弱 以弱去彊者[2]彊 國爲善 姦必多 國富而貧治[3]
曰重富 重富者彊 國貧而富治[4] 曰重貧 重貧者弱 兵行敵所不敢
行 彊 事興[5]敵所羞爲 利 主貴多變[6] 國貴少變 國多物 削 主少物
彊 千乘[7]之國守千物者削 戰事[8]兵用曰彊 戰亂[9]兵息而國削

1) 以彊去彊者(이강거강자) : 강력한 힘으로 강력한 자를 제거하면 남는 것은
   허약한 사람뿐이다. 허약한 사람만 남아 있으면 자연적으로 허약해진다. 곧
   힘으로써 굴복시킨 자.
2) 以弱去彊者(이약거강자) : 허약한 것으로 강력한 것을 제거하다. 곧 마음으
   로 굴복시킨 자는 일치단결되어 더욱 강성해진다.
3) 貧治(빈치) : 검소하게 다스리다. 곧 절약하다.
4) 富治(부치) : 재물을 낭비하여 호화롭게 하다.
5) 事興(사흥) : 사업을 일으키다.
6) 多變(다변) : 많은 변화에 대처를 잘 하다. 곧 주위의 여건에 따라 변화를 시
   도하는 것.
7) 千乘(천승) : 수레 1천 대를 징발할 수 있는 거대한 제후국을 뜻함.
8) 戰事(전사) : 외국과의 전쟁이나 국가의 부역.
9) 戰亂(전란) : 외국과의 전쟁이나 국내의 소란.

2. 농민·상인·관료는 정상적인 직업이다

농민과 상인과 관료, 이 세 가지는 국가의 정상적인 직업이다.
이 세 가지 직업에는 기생하며 고혈을 빠는 '슬관(蝨官 : 몸에
기생하며 피를 빠는 이와 같은 부류)'이란 것이 있다.
이 '슬관(蝨官)'의 종류는 여섯 가지이다.
첫째는 '연말의 연회'이다.
둘째는 '먹고 마시는 일'이다.
셋째는 '사치품의 판매'이다.
넷째는 '기호품의 판매'이다.

다섯째는 '의기소침'이다.

여섯째는 '소극적인 일처리'이다.

이상의 여섯 가지가 기생할 곳이 있게 되면 국가는 반드시 쇠약해진다.

농업과 상업과 관직에는 세 부류의 사람이 의지하고 있지만 여섯 종류의 '슬관(蝨官)'은 군주 한 사람에게 달라붙어 있다.

법으로 다스리는 자는 강력해지고 정치로 다스리는 자는 쇠약해진다. 일상적인 관리가 다스리는 자는 관직을 옮긴다.

대강 다스리면 국가는 작아지고 소소하게 다스리면 국가는 커진다. 강성한 것이 거듭되면 쇠약해지고 쇠약한 상태가 거듭되면 강성해진다.

대저 강성한 것으로써 강력한 자를 공격하는 자는 망하고 허약한 것으로써 강력한 자를 공격하는 자는 왕자가 되는 것이다.

국가가 강성한데 전쟁을 하지 않으면 그 독소가 국가 안에 들어와서 예의와 음악과 슬관(蝨官)이 기생하게 되어 국가는 반드시 허약해진다.

국가에서 전쟁을 일으키면 그 독소는 적국으로 수송되어 가고, 국가에는 예의와 음악과 슬관이 사라져서 국가는 반드시 강성해진다. 영화로운 것을 천거하고 공로가 있는 이를 임명하는 것을 강력한 것이라 한다.

슬관(蝨官)이 기생하면 국가는 반드시 허약해진다.

농업하는 사람이 적고 상업하는 사람이 많아지면 귀인(貴人)도 가난해지고 상인도 가난해지고 농민도 가난해진다. 농업인이나 상인이나 관료들이 가난해지면 국가는 반드시 허약해진다.

農商官[1] 三者 國之常官也 三官[2]者生蝨官[3]者六 曰歲 曰食 曰美 曰好 曰志 曰行[4] 六者有樸 必削 三官之樸三人[5] 六官之樸一人[6] 以治法者彊 以治政者削 常官治者遷官 治大 國小 治小 國大 彊之重 削 弱之重 彊 夫以彊攻彊者亡 以弱攻彊者王 國彊而不戰 毒輸於內 禮樂蝨官生必削 國遂戰 毒輸於敵 國無禮樂蝨

官 必彊 擧榮[7]任功曰彊 蝨官生必削 農少商多 貴人貧商貧農貧
三官貧必削

1) 農商官(농상관) : 농업인·상업인·관리. 관리는 공직자.

2) 三官(삼관) : 농업인·상업인·공직자.

3) 蝨官(슬관) : 몸에 기생하는 이가 사람의 피를 빨아 먹는 것과 같이 각각의
   직업에 빌붙어서 고혈을 빠는 관리들을 지칭한다.

4) 曰歲曰食曰美曰好曰志曰行(왈세왈식왈미왈호왈지왈행) : 연말에 연회에
   초청하는 것, 먹고 마시는 것, 옥과 같은 사치품의 판매, 골동품 같은 기호품
   의 판매, 의기소침, 소극적인 일처리. 다 이 곳에서 부정이 이루어지며 '슬관'
   이 기생하는 곳. 일실에는 세는 한 해의 결산. 식은 탐식(貪食)으로 남의 것
   을 빼앗는 것. 미는 연회를 베푸는 것. 호는 칭송하고 아부하는 것. 지는 장부
   의 기록. 행은 사업의 시행이라고 했다.

5) 三人(삼인) : 농업인·상업인·관리.

6) 一人(일인) : 군주.

7) 榮(영) : 오자(誤字)라고 했다.

3. 국가에는 열 가지 나쁜 것이 존재한다

　국가에는 예의가 있고, 연주하는 음악이 있고, 사용하는 시
(詩 : 가사)가 있고, 행정에 사용되는 서(書 : 문서, 칙서)가 있고,
선을 행하는 이가 있고, 몸을 닦은 어진 이가 있고, 효를 행하는
이가 있고, 어른을 공경하는 이가 있고, 청렴결백한 이가 있고, 변
론을 잘하는 이가 있다.

　국가에 이 열 가지 부류의 사람들이 존재한다면 군주는 전쟁을
시킬 수가 없어서 그 나라는 반드시 쇠약해지거나 멸망하는 데 이
르게 될 것이다.

　국가에 이상의 열 가지에 해당하는 사람이 없다면 군주는 전쟁
을 수행할 수가 있으며 전쟁을 하면 반드시 승리하거나 또는 천
하에서 왕 노릇을 하는 데 이를 것이다.

　착한 백성으로 간악한 백성을 다스리게 한 국가는 반드시 국가

가 어지러워지거나 허약한 데 이른다.

간악한 백성으로 착한 백성을 다스리게 한 국가는 그 나라가 반드시 다스려지거나 강성한 데 이르게 된다.

국가에서는 시(詩)를 사용하고, 서(書)를 사용하고, 예의를 사용하고, 음악을 사용하고, 효자를 등용하고, 어른을 공경하는 이를 등용하고 선한 이를 등용하고, 몸을 닦은 이를 등용하게 된다면 그런 나라의 군주는 적군이 이르게 되면 그 나라는 반드시 쇠약해 질 것이며 적군이 이르지 않더라도 그 나라는 반드시 곤궁해질 것이다.

나라에서 여덟 가지 종류에 종사하는 사람을 쓰지 않고 나라를 다스린다면 적국이 감히 넘보지 못하고 침략하지 못할 것이며, 비록 침략해 오더라도 반드시 물리칠 것이다.

반면 군사를 일으켜 적국을 정벌한다면 반드시 탈취할 것이며 탈취하면 반드시 능히 보유할 수가 있을 것이며, 병사를 위무하고 침략하지 않더라도 반드시 나라는 부유해질 것이다.

나라에서 힘을 좋아하게 되면 나날이 침략하기가 어려워지고 나라에서 언변을 좋아하게 되면 나날이 침공당하기 쉬워진다.

침공하기 어려운 나라는 하나를 일으켜서 열을 얻게 되고 침략하기 쉬운 나라는 열 가지를 내서 백 가지를 잃게 된다.

國有禮有樂有詩有書有善[1]有修[2]有孝[3]有弟[4]有廉有辯 國有十者 上無使戰 必削至亡 國無十者 上有使戰 必興至王 國以善民治姦民者 必亂至削 國以姦民治善民者 必治至彊 國用詩書禮樂孝弟善修治者 敵至必削 國不至必貧 國不用八者治 敵不敢至 雖至必卻 興兵而伐 必取 取必能有之 按兵而不攻 必富 國好力日以難攻 國好言 日以易攻 國以難攻者 起一得十 以易攻者 出十亡百

1) 善(선) : 선행을 하는 사람.

2) 修(수) : 자신을 수양한 어진 이.

3) 孝(효) : 부모에게 효도하는 이.

4) 弟(제) : 어른에게 공경하고 형제간에 우애하는 자.

4. 형벌은 무겁게 하고 포상은 가볍게 한다

형벌은 무겁게 하고 포상은 가볍게 하면 군주가 백성을 사랑하는 것이므로 백성은 군주를 위해서 목숨을 바친다.

포상을 무겁게 하고 형벌을 가볍게 하면 군주가 백성을 사랑하지 않는 것이요, 백성도 군주를 위해 목숨을 바치지 않는다.

흥한 나라에서 형벌을 시행하면 백성에게 이로움을 주고 또 두려움을 갖게 하며, 포상을 시행하면 백성에게 이로움을 주고 또 군주를 사랑하게 된다.

나라가 힘이 없는데도 계교만 행하는 자는 반드시 망한다.

겁 많은 백성을 형벌로써만 부리면 반드시 용감해진다. 용감한 백성을 포상으로써 부리면 죽음으로써 보답한다.

겁 많은 백성이 용감해지고 용감한 백성이 죽음으로써 회답하게 되면 그 국가는 대적할 자가 없이 강성해진다. 강성해지면 반드시 천하에서 왕 노릇을 한다.

가난한 자를 형벌로써 부려 농사짓게 하면 부유하게 되고 부자를 포상으로써 부려 포상금을 부담하게 하면 가난해진다.

국가를 다스림에 있어서 가난한 자를 부유하게 하고 부유한 자를 가난하게 만들면 국력이 강성해지고 국력이 강성해지면 천하에서 왕 노릇을 한다.

천하에 왕 노릇 하는 자는 형벌이 90%에 포상은 10%를 사용하며, 강성한 나라는 형벌이 70%에 포상이 30%요, 쇠약한 나라는 형벌이 50%에 포상도 50%이다.

重罰輕賞 則上愛民 民死上 重賞輕罰 則上不愛民 民不死上
興國行罰 民利且畏 行賞 民利且愛 國無力而行知巧者[1]必亡 怯
民使以刑 必勇 勇民使以賞 則死 怯民勇 勇以死 國無敵者彊 彊
必王 貧者使以刑則富 富者使以賞則貧 治國能令貧者富 富者

貧 則國多力 多力者王 王者刑九賞一²⁾ 彊國刑七賞三 削國刑五
賞五

1) 知巧者(지교자) : 꾀나 권모술수. 곧 계략.

2) 刑九賞一(형구상일) : 형벌이 아홉 번이면 포상은 한 번 정도로 국가를 다스
   린다. 곧 형벌 90%에 포상은 10%를 뜻한다.

5. 세 가지를 사용하는 자는 왕이 된다

나라에서 백성의 일체감을 1년 동안 일으키면 그 나라는 10년 동안 강성해지고, 10년 동안 일체감을 일으키면 100년 동안 강성해질 수 있고, 100년 동안 일체감을 일으키면 1천 년을 강성할 수가 있으며, 1천 년 동안 강성한 자는 천하에서 왕 노릇을 할 수가 있다.

국가에 권위가 있으면 하나로써 열 가지를 취하고 명망으로써 실질적인 것을 취할 수 있는 것이며 능히 위엄이 있는 자는 천하에 왕 노릇을 할 수가 있다.

생산하는 데는 능하고 소모시키는 데 능하지 못한 것을 '자공지국(自攻之國 : 자신이 자신을 공격함)'이라고 이르며 그 나라는 반드시 쇠약해진다.

능히 생산도 하고 능히 소모도 시키는 것을 '공적지국(攻敵之國 : 적을 공격할 수 있는 나라)'이라고 이르며 그 나라는 반드시 강성해진다.

그러므로 '관리를 다스리고' '힘을 기르고' '적을 다스리는 것' 등의 세 가지 중에서 나라에서는 두 가지만 사용하고 한 가지를 버리더라도 반드시 강성해질 것이며, 이 세 가지를 모두 사용하는 자는 위엄이 있어서 반드시 천하에서 왕 노릇을 할 것이다.

10개 마을에서 판단을 내리게 하는 국가는 쇠약해지고 5개 마을에서 각각 판단을 내리게 하는 국가는 강성해진다.

그날그날 정무를 처리하는 국가는 천하에서 왕 노릇을 할 수 있고 저녁에 정무를 처리하는 자는 강성해질 것이며 하루를 묵혀 정

무를 처리하는 자는 약해질 것이다.

민중의 인구 수를 등재하여 살아 있는 자는 기록에 올리고 죽은 자는 삭제하여 백성들이 곡식을 빼돌리지 못하게 한다면 들에는 거친 땅이 없게 되어 국가는 부유해질 것이며, 국가가 부유해지면 나라는 강력해진다.

國作壹一歲 十歲彊 作壹十歲 百歲彊 作壹百歲 千歲彊 千歲彊者王 威以一取十 以聲取實 故能爲威者王 能生不能殺 曰自攻之國¹⁾ 必削 能生能殺 曰攻敵之國²⁾ 必彊 故攻官攻力攻敵³⁾ 國用其二 舍其一 必彊 令用三者 威必王 十里斷者國弱 九里⁴⁾斷者國彊 以日治者王 以夜治者彊 以宿治者削 擧民衆口數 生者著死者削 民不逃粟 野無荒草 則國富 國富者彊

1) 自攻之國(자공지국) : 자충국(自衝國). 스스로를 공격하다. 곧 자살골과 같은 것.

2) 攻敵之國(공적지국) : 적을 공격할 수 있는 나라.

3) 攻官攻力攻敵(공관공력공적) : 공관은 관리를 다스리다. 공력은 힘을 기르다. 곧 힘을 좋아하다. 공적은 적을 공격할 수 있는 힘을 기르는 것.

4) 九里(구리) : 오리(五里)의 오자(誤字)라고 했다.

6. 형벌을 사용하여 형벌을 없앤다

형벌을 제정하여 형벌이 없게 하면 국가는 다스려진다. 형벌을 제정하여 또 다른 형벌을 이르게 하면 국가는 어지러워진다. 그러므로 형벌을 시행할 때는 가벼운 것도 무겁게 다스려서 형벌이 없어지게 하여 국가 사업이 성취되면 국가는 강력해진다.

무거운 형벌을 더 무겁게 하고 가벼운 형벌을 더 가볍게 하면 형벌이 다시 이르게 되고 이에 사건이 발생하면 국가는 쇠약해진다.

형벌은 힘을 낳게 되고 힘은 강력한 것을 낳게 되고 강력한 것은 위엄을 낳게 되고 위엄은 자혜로움을 낳게 되고 자혜로운 것은 다시 힘을 낳게 된다.

온 힘을 다하면 용감한 전투가 성취되게 되고 전쟁에서는 지혜
와 계략을 이룰 수 있다.

금(金)이 생산되면 곡식의 값어치가 없어지게 되고 곡식의 값
어치가 없어지게 되어도 금(金)은 생산되게 된다.

기본적인 사물은 본디 흔하여 종사하는 자는 많지만 구매하는
자가 적게 되면 농업은 곤궁해지고 간사한 상인들이 농간을 부리
게 되면 그 나라의 군대는 허약하게 되고 나라는 반드시 쇠약하
여 멸망하는 데 이르게 된다.

금(金) 한 냥이 국가 안에서 생산되면 곡식 12석(石)이 국경
밖으로 사라지게 된다. 곡식 12석이 국내에서 생산되면 금 한 냥
은 국경 밖으로 사라지게 된다.

국가에서 금(金)을 생산하는 것을 좋아하게 되면 금이나 곡식
이 둘 다 효용가치가 없어져서 창고는 두 곳이 다 비게 되어 국가
는 허약해지게 된다.

국가에서 곡식을 생산하기를 좋아하게 되면 금이나 곡식이 둘
다 생산되어서 창고는 둘 다 가득 차게 되고 국가는 강력해질 것
이다.

　　以刑去刑[1] 國治 以刑致刑[2] 國亂 故曰 行刑重輕[3] 刑去事成 國
彊 重重而輕輕[4] 刑至事生 國削 刑生力 力生彊 彊生威 威生惠
惠生於力 擧力以成勇戰 戰以成知謀 金生而粟死[5] 粟死而金生[6]
本物[7]賤 事者衆 買者少 農困而姦勸 其兵弱 國必削至亡 金一兩
生於竟內 粟十二石死於竟外　粟十二石生於竟內 金一兩死於竟
外 國好生金於竟內 則金粟兩死 倉府兩虛 國弱 國好生粟於竟
內 則金粟兩生 倉府兩實 國彊

1) 以刑去刑(이형거형) : 형벌의 무서운 것으로 죄를 범하지 못하게 하여 죄를
　지는 사람이 없게 하다. 곧 형벌이 무섭다는 것을 보이다.
2) 以刑致刑(이형치형) : 형벌을 만들어서 법을 남발하여 형벌이 다시 형벌을
　낳는 일. 곧 형벌이 꼬리를 무는 일.
3) 重輕(중경) : 가벼운 죄를 무겁게 처벌하다.

4) 重重而輕輕(중중이경경) : 무거운 형벌은 더 무겁게, 가벼운 형벌은 더 가볍게 처벌하다.
5) 金生而粟死(금생이속사) : 금(金)이 생산되면 곡식의 효용가치가 죽는다. 곧 화폐가 생산되어 유통되면 곡식이 귀한 가치를 잃는다는 뜻.
6) 粟死而金生(속사이금생) : 곡식의 효용가치는 떨어져도 금은 생산된다. 곧 금은 귀하기 때문이다.
7) 本物(본물) : 농산품으로 생명을 유지하는 것. 곧 곡식을 뜻함.

7. 열세 가지 종류를 알아야 한다

강력한 나라에서는 열세 종류의 수를 헤아릴 줄 알아야 한다.

국가 안의 곡식창고 수와 인구의 수, 건강한 남자의 수와 건강한 여자의 수, 늙은이의 수와 허약한 자의 수, 관료의 수와 관료대기자의 수, 유세하고 변설하며 밥벌이를 하는 자의 수, 국가에 이로운 백성의 수, 말의 수와 소의 수와 말이나 소에게 먹이는 사료의 보관 숫자 등이다.

강력한 나라를 만들고자 하면서 이 열세 종류의 수를 알지 못하면 국토가 비록 이롭고 민중들이 비록 많더라도 국가는 더욱 미약해져서 영토를 삭감당하는 데 이를 것이다.

국가에 원망하는 백성이 없는 것을 '강력한 국가〔彊國〕'라고 이른다.

군사를 일으켜서 정벌에 참가하여 세운 무공에 따라 작위를 주고 직위를 주면 전쟁에서 반드시 승리한다.

군사를 위무하여 농업에 진력하게 하여 곡식을 헌납하는 양에 따라 작위를 주고 관직을 임명하면 국가는 부유해진다.

이에 군사를 일으켜서 적군을 무찌르고 국가의 백성을 위무하여 나라를 부유하게 하는 자는 천하에서 왕 노릇을 하게 된다.

彊國知十三數[1] 竟內倉口[2]之數 壯男壯女[3]之數 老弱之數 官士[4]之數 以言說取食者[5]之數 利民之數 馬牛芻藁[6]之數 欲彊國

不知國十三數 地雖利 民雖衆 國愈弱至削 國無怨民 曰彊國 興
兵而伐 則武爵武任 必勝 按兵而農 粟爵粟任 則國富 兵起而勝
敵 按國而國富者王

1) 十三數(십삼수) : 13종류의 숫자. 곧 창고·인구·장정·장녀·노인·유약자·
   관리·예비관리·유세와 변론하는 자·이로운 백성·말·소·사료 수 등의 열세
   종류.

2) 倉口(창구) : 국가의 창고와 총인구의 수.

3) 壯男壯女(장남장녀) : 장남은 일할 수 있는 건강한 남자. 장녀는 시집갈 수
   있는 여자로 일에 종사할 수 있는 여성.

4) 官士(관사) : 관은 관리의 수. 사는 예비관리. 곧 학업에 종사하는 자들.

5) 言說取食者(언설취식자) : 언변과 변론. 곧 유세하며 밥벌이하는 자.

6) 芻藁(추고) : 사료의 단. 곧 말이나 소를 먹이는 꼴의 묶음.

상군서 제2권(商君書卷第二)

　'상군서' 제2권은 총 3편으로 구성되어 있다.

　제5편 설민(說民), 제6편 산지(算地), 제7편 개색(開塞)이다.

　제5편 설민(說民)은 '백성을 논하다.'이다. 여러 부류의 백성으로 하여금 정치상의 명령을 잘 따르게 하려면 여덟 종류의 기생할 곳을 없애야 한다는 것이다. 백성이 행정 명령을 잘 따를 때 국가가 부강해지는 것을 설파했다.

　제6편 산지(算地)는 국가의 '토지를 계산하다.'이다. 군주는 국토를 계획하고 효율적으로 이용해야 한다는 것이다. 곧 노동력의 부족은 외국에서 불러들이고 국토를 잘 관리하여 적국과의 싸움에 잘 대처하는 것을 담고 있다.

　제7편 개색(開塞)은 '막힌 것을 열다.'의 뜻이다. 왕조의 정치가 막혀서 천하통일이 되지 않으므로 각각의 나라들이 전쟁을 하고 수비에 전념하는데, 법치의 정치를 얻어서 형벌을 앞세우고 법으로 다스려 천하를 통일해야 한다는 것을 담고 있다.

제5편 백성을 논하다〔說民第五〕

1. 백성이 정치를 이기게 되면 망한다

말을 잘하는 사람이나 지모(智謀)가 있는 사람은 어지러움을 조장한다.

예의가 있고 음악이 있는 것은 음란하게 될 징조이다.

자애와 깊은 정은 죄과를 낳을 모태(母胎)이다.

직무를 맡기고 어진 이를 등용하는 것은 간사한 쥐새끼들을 키우는 것이다.

어지러움을 조장하는 일이 있게 되면 그것은 행동으로 옮겨지고, 음란하게 될 징조가 있게 되면 그것이 사용되게 되고, 죄과를 낳을 모태가 있게 되면 태어나게 되며, 간사한 쥐새끼들이 있게 되면 중지되지 않는다.

이상의, 말을 잘하고 지모가 있고 예의가 있고 음악이 있고 자애롭고 깊은 정이 있고 직위를 맡기고 새로 등용하는, 여덟 가지가 있어서 서로 무리를 이루게 되면 백성이 국가의 정치를 이기게 된다.

국가에 이상의 여덟 가지가 없으면 국가의 정치가 백성을 이기게 된다.

백성이 국가의 정치를 이기게 되면 국가는 허약해지고, 국가의 정치가 그 백성을 이기게 되면 병력은 강력해진다.

그러므로 국가에 이상의 여덟 가지가 있게 되면 군주는 백성을 부려 나라를 수호하거나 전쟁하는 데에 동원할 수가 없어서, 그 국가는 반드시 허약해지거나 멸망하는 데에 이르게 될 것이다.

국가에 이상의 여덟 가지가 없게 되면 군주는 백성을 동원해 국
가의 수호나 전쟁에 마음대로 부릴 수 있어서, 그 국가는 반드시
흥성하거나 천하에 왕자(王者) 노릇을 하는 데에 이를 것이다.

辯慧[1] 亂之贊也 禮樂 淫佚之徵也 慈仁[2] 過之母也 任擧[3] 姦
之鼠[4]也 亂有贊則行 淫佚有徵則用 過有母則生 姦有鼠則不止
八者有群 民勝其政 國無八者 政勝其民 民勝其政 國弱 政勝其
民 兵彊 故國有八者 上無以使守戰 必削至亡 國無八者 上有以
使守戰 必興至王

1) 辯慧(변혜) : 변은 말을 잘하다. 곧 웅변이나 변명 등 말로 꾸미기를 좋아하
   는 것. 혜는 지혜와 꾀가 있다. 곧 지혜와 꾀를 잘 내다.
2) 慈仁(자인) : 자는 자애(慈愛)로운 사람. 곧 남을 안쓰럽게 생각함. 인(仁)
   은 깊은 정이 많은 사람. 곧 베풀어 주고 감싸 주는 사람.
3) 任擧(임거) : 임은 관직을 임명하는 것. 거(擧)는 새로운 관리를 천거하는 것.
   곧 재야(在野)에서 인재를 발탁하는 일.
4) 姦之鼠(간지서) : 간사한 쥐새끼들. 간사한 쥐들이란 쥐구멍을 들랑날랑하
   며 나쁜 짓을 하는 것. 곧 쥐구멍을 들랑날랑하면서 사람이 보면 들어가고 안
   보면 곡식을 먹고 하는 것.

2. 분별하여 살피는 자를 간사하다고 한다

착한 사람을 등용하게 되면 백성은 자기와 친한 사람만 친하려
하고, 간악한 사람을 등용하게 되면 백성은 그 제도만 친밀하게
된다.

적당하게 덮어두는 자를 착한 것이라 하고 분별하여 살피는 자
를 간사한 것이라 한다.

착한 사람을 표창하게 되면 과실이 숨겨지고 간사한 사람을 관
직에 임명하게 되면 죄가 처벌받게 된다.

과오가 숨겨지게 되면 백성이 법을 이기게 되고 죄가 처벌받으
면 법이 백성을 이기게 된다.

  백성이 법을 이기게 되면 국가는 어지러워지고, 법이 백성을 이기게 되면 군사력은 강성해진다.

  그러므로 '선량한 백성을 등용하여 국가를 다스리면 그 국가는 반드시 어지러워져서 쇠약하게 되고, 간사한 백성을 등용하여 다스리게 되면 그 나라는 반드시 다스려져서 강력한 데 이르게 된다.'라고 하였다.

  공격하기 어려운 나라는 하나를 일으켜서 열 가지를 얻을 수 있고, 공격하기 쉬운 나라는 하나를 일으켜서 백 가지를 잃게 된다.

  국가에서 힘을 좋아하면 날이면 날마다 공격하기가 어려워지고 국가에서 언변만 좋아하면 날이면 날마다 공격하기가 쉬워진다.

  백성이 말하는 것을 쉽게 여기게 되면 그들을 등용하는 일은 참으로 어렵게 된다.

  국가의 법이 백성이 어렵게 여기는 것을 진작시키고 군대는 백성이 쉽게 여기는 것을 이용하여, 힘으로 공격하는 자는 하나를 일으켜서 열 가지를 얻는다.

  국가의 법이 백성이 쉽게 여기는 것을 진작시키고 군대는 백성이 어렵게 여기는 것을 사용하여, 언어로써 침공하는 자는 열 가지를 내어서 반드시 백 가지를 잃는 것이다.

  用善則民親其親[1] 任姦則民親其制[2] 合而復者[3] 善也 別而規者[4] 姦也 章善則過匿 任姦則罪誅 過匿則民勝法 罪誅則法勝民 民勝法 國亂 法勝民 兵彊 故曰 以良民治 必亂至削 以姦民治 必治至彊 國以難攻 起一取十 國以易攻 起一亡百 國好力 日以難攻 國好言 日以易攻 民易爲言 難爲用 國法作民之所難 兵用民之所易 而以力攻者 起一得十 國法作民之所易 兵用民之所難 而以言攻者 出十必百

1) 親其親(친기친) : 친한 이끼리 친하다. 곧 끼리끼리 모여 친하다.

2) 親其制(친기제) : 그 제도와 친하다. 곧 법령을 지키려고 한다.

3) 合而復者(합이부자) : 적당하게 덮어두다. 곧 적당하게 얼버무리다.

4) 別而規者(별이규자) : 분별하여 살피다. 규(規)자는 규자(規字)의 잘못인

것 같다. 원본에는 규(頯)이나 잘못된 것 같다.

3. 법이 번거로우면 형벌이 증가한다

벌은 엄중해야 하고 작위는 존중되어야 하고 상은 가벼워야 하고 형(刑)은 위엄이 있어야 한다.

작위가 존중되면 군주는 백성을 사랑하게 되고 형벌이 위엄이 있으면 백성이 군주를 위하여 죽게 된다.

그러므로 흥성하는 나라에서 형벌을 행하면 백성이 이롭게 되고 표창하면 군주를 존경하게 된다.

반면 법이 상세하면 형벌이 많아지고 법이 번거로워지면 형벌은 덜어진다.

백성은 다스려 놓으면 어지러워진다. 어지러워진 것을 다스리면 또 어지러워지는 것이다.

그러므로 백성이 그 다스려진 것을 알아서 잘 다스리면 다스려지고, 그 어지러운 것을 다스리면 다시 어지러워진다. 민초들의 심정은 다스려지더라도 그들의 일은 어지러워지는 것이다.

그러므로 형벌을 행할 때 그 가벼운 것을 무겁게 처리하면 가벼운 형벌에 처해지는 자는 발생하지 않을 뿐 아니라 중벌에 처해지는 자도 발생하지 않는다. 이러한 것을 일러 '그 다스려진 것을 다스리는 것'이라고 한다.

형벌을 행하는데 그 중죄는 중형에 처하고 가벼운 것은 가볍게 처리하면 경범(輕犯 : 가벼운 범법자)은 중지되지 않고 중형도 계속 이어져 그치지 않는다. 이러한 것을 일러 '그 어지러운 것을 다스린다'고 하는 것이다.

그러므로 가벼운 것을 중형에 처하면 형벌이 제거되어서 사업이 성사되고 국가는 강력해지며, 중형을 중벌에 처하고 경범은 가볍게 처리하게 되면 형벌이 계속되고 사건이 계속 발생하여 국가는 쇠약해진다.

백성이 용맹하면 그들이 소원하는 것을 상으로 주고, 백성이 겁을 내면 그들이 미워하는 것을 죽인다. 그러므로 겁 많은 백성은 형벌로써 부리면 용감해지고 용맹한 백성은 포상으로써 부리면 죽음으로써 보답한다.

겁 많은 백성이 용감해지고 용감한 백성이 죽음으로써 보답하게 되면 이런 국가에는 대적할 자가 없게 되어 반드시 천하에서 왕자가 될 것이다.

罰重 爵尊 賞輕 刑威 爵尊上愛民 刑威民死上 故興國行罰 則民利 用賞則上重 法詳則刑繁[1] 法繁則刑省[2] 民治則亂 亂而治之 又亂 故治之於其治[3] 則治 治之於其亂[4] 則亂 民之情也治 其事也亂 故行刑重其輕者 輕者不生 則重者無從至矣 此謂治之於其治也 行刑重其重者 輕其輕者 輕者不止 則重者無從止矣 此謂治之於其亂也 故重輕 則刑去事成 國彊 重重而輕輕 則刑至而事生 國削 民勇 則賞之以其所欲 民怯 則殺之以其所惡 故怯民使之以刑則勇 勇民使之以賞則死 怯民勇 勇民死 國無敵者 必王

1) 法詳則刑繁(법상즉형번) : 법이 너무 자세하게 되어 있으면 형벌이 많아진다는 뜻.
2) 法繁則刑省(법번즉형성) : 법이 번거로우면 형벌이 적어지다. 법이 많게 되면 피해 나갈 방법이 많다는 뜻.
3) 治之於其治(치지어기치) : 다스려진 상태를 다스리다. 곧 잘 다스려진 상황을 계속 이어나갈 수 있는 방편으로 다스리다.
4) 治之於其亂(치지어기난) : 그 어지러운 상태를 다스리다. 어지러운 상황을 다스린 방법으로 다스리면 다시 어지러워진다.

4. 국가가 부유해지면 방종해진다

백성이 가난해지면 국가는 허약해지고 국가가 부유해지면 방종해진다.

국가가 방종해지면 고혈을 빠는 '이' 같은 존재들이 있게 되고

'이' 같은 존재들이 있게 되면 국가가 허약해진다.

그러므로 가난한 자는 형벌로써 농사짓게 하여 더하면 부유해
지고, 부자는 포상하게 하여 덜어내면 가난해진다.

나라를 다스리는 일에서 귀(貴)함이란 가난한 자를 부유하게
만들고 부자를 가난하게 만드는 명령을 할 수 있다는 데에 있다.

가난한 자가 부자가 되고 부자가 가난해지면 나라는 강력해지
고, 세 가지 직업인 농업과 상업과 관직에 피를 빠는 '이' 같은 존
재가 없게 된다.

국가가 오래도록 강력하고 피를 빠는 '이' 같은 존재가 없게 되
면 반드시 천하에서 제왕 노릇을 하게 된다.

民貧則弱 國富則淫 淫則有蝨 有蝨則弱 故貧者益之以刑則富
富者損之以賞則貧 治國之擧 貴令貧者富 富者貧 貧者富 富者
貧 國彊 三官¹⁾無蝨 國久彊而無蝨者 必王

1) 三官(삼관) : 농업·상업·관리의 세 가지 직업을 뜻함.

5. 힘은 강력한 것을 솟아나게 한다

형벌은 힘을 솟아나게 하고 힘은 강력한 것을 솟아오르게 하고
강력한 것은 위엄을 솟아나게 하고 위엄은 덕(德)을 솟아나게 하
고 덕은 형벌에서 태어난다.

그러므로 형벌이 많으면 포상이 무거워지고 포상이 적으면 형
벌이 무거워진다.

백성에게는 욕망하는 것이 있고 싫어하는 것이 있다. 욕망하는
것에는 여섯 가지 음란한 것이 있고 싫어하는 것에는 네 가지 어
려움이 있다.

백성이 여섯 가지 음란한 것을 따르면 국가가 허약해지고 네 가
지 어려운 것을 행하면 병력은 강력해진다.

그러므로 천하에 왕이 된 자는 90%의 형벌을 쓰고 포상은 10%
만 쓴다.

90%의 형벌을 사용하면 여섯 가지 음란한 것이 중지되고 10%의 포상을 시행하면 네 가지의 어려움이 시행된다.

여섯 가지 음란한 것이 중지되면 국가에는 간사함이 없어지고 네 가지 어려운 것이 행해지면 병사들에게는 대적할 자가 없게 된다.

백성에게 수만 가지 욕망이 있더라도 이로움은 한 곳에서 나오는 것이다. 백성은 이 하나가 아니면 욕망하는 바를 이룰 수가 없는 것이다. 그러므로 일체감을 일으키게 된다. 일체감을 일으키면 힘이 단결되고 힘이 단결되면 강성해진다. 강성한 것을 사용하면 더욱 강성해진다.

그러므로 능히 힘이 솟구치게 하고 능히 힘을 감소시킬 수 있는 나라를 '적을 공격하는 나라'라고 하는데 그 나라는 반드시 강력해지게 된다.

刑生力[1] 力生彊 彊生威 威生德 德生於刑 故刑多則賞重 賞少則刑重 民之有欲有惡也 欲有六淫[2] 惡有四難[3] 從六淫國弱 行四難兵彊 故王者刑於九而賞出一 刑於九則六淫止 賞出一則四難行 六淫止則國無姦 四難行則兵無敵 民之所欲萬 而利之所出一 民非一則無以致欲 故作一 作一則力摶 力摶則彊 彊而用 重彊 故能生力能殺力 曰攻敵之國 必彊

1) 刑生力(형생력) : 형벌은 힘을 샘솟게 한다. 형벌을 면하려면 열심히 일해야 한다.
2) 六淫(육음) : 여섯 가지 음란한 것. 앞의 '거강(去彊)편'에 나오는 세(歲)·식(食)·미(美)·호(好)·지(志)·행(行) 등의 여섯 가지.
3) 四難(사난) : 네 가지 어려운 일.

6. 힘이 많은데 쓰지 않으면 의지가 궁해진다

사사로운 길을 막아서 그들의 의지를 궁색하게 하고 하나의 문만 개방하여 백성의 욕구를 이루도록 하는데, 백성에게 반드시 그 중요한 것을 먼저 행하게 한다.

그렇게 한 연후에 그들의 욕구를 성취하게 하면 힘이 많아진다. 힘이 많아졌는데 사용하지 않으면 의지가 궁색해진다. 의지가 궁색해지면 사사로운 마음을 가지게 된다.

사사로운 마음을 가지게 되면 힘의 분산으로 허약해진다. 그렇게 되면 힘은 솟구치는데 그 힘을 쏟을 곳이 없게 되는데 이러한 것을 일러 '스스로를 공격하는 나라'라고 하며 그 나라는 반드시 쇠약해진다.

그러므로 이르기를 '천하에서 왕이 된 자는 나라에 힘을 저축하지도 않고 집안에 곡식을 저축하지도 않는다.'라고 하였다.

나라에 힘을 저축하지 않는다는 것은 백성을 항상 사용한다는 것이고, 집안에 곡식을 저축하지 않는다는 것은 군주는 항상 국가의 창고에 비축한다는 것이다.

塞私道¹⁾以窮其志²⁾ 啓一門³⁾以致其欲 使民必先行其所要⁴⁾ 然後致其所欲 故力多 力多而不用則志窮⁵⁾ 志窮則有私 有私則有弱 故能生力不能殺力 曰自攻之國⁶⁾必削 故曰 王者國不蓄力 家不積粟 國不蓄力 下用⁷⁾也 家不積粟 上藏⁸⁾也

1) 塞私道(색사도) : 사사로운 길을 막다. 곧 개개인의 이익을 위한 길을 방지한다는 말.
2) 志(지) : 개인의 의지. 곧 마음.
3) 一門(일문) : 하나의 문. 곧 다방면의 문을 폐쇄하여 하나로 일치시키는 것을 뜻함.
4) 要(요) : 국가의 중요한 일들.
5) 力多而不用則志窮(역다이불용즉지궁) : 힘이 쌓여 있는데 사용하지 않으면 의지가 막혀 궁색하게 된다. 힘이 있는데 사용하지 않으면 무기력해지고 또 개인적인 사사로운 마음이 발동되어 힘이 분산된다.
6) 自攻之國(자공지국) : 스스로 공격하는 나라. 축구에서 자살골과 같은 것.
7) 下用(하용) : 백성을 항상 부려서 힘을 비축시키지 않다. 곧 힘이 쌓여서 무기력하지 않게 한다.
8) 上藏(상장) : 군주가 국가의 창고에 저장시킨다. 개인의 집안에 쌓이게 되면

백성은 일을 하지 않는다.

7. 포상은 중복되지 않아야 한다

국가를 다스리는데, 집안에서 판단하는 나라는 천하에서 왕 노릇을 하고, 관리가 판단하는 나라는 강력해지고, 군주가 판단하는 나라는 허약해진다.

가벼운 죄라도 무겁게 처벌하여 형벌을 제거시킨다. 정상적인 관료를 임명하여 다스려서 형벌을 살피고 공로가 있는 자를 살펴서 포상이 중복되지 않게 한다. 간사한 무리가 있으면 반드시 고발하게 하여 백성의 마음으로 결단하게 한다.

이에 군주가 명령을 하면 백성은 호응할 줄 알게 된다.

그릇들이 집에서 이루어지지만 관청에서 행해지는 것은 일이 집에서 판단되는 것이다.

그러므로 천하의 왕 노릇 하는 자는 형벌과 포상을 백성이 마음으로 판단하게 하고 기물들의 용도는 집안에서 판단하게 한다.

이와 같이 다스림이 흰히 보이게 되면 군주와 함께 하게 되고 다스림이 어둡게 되면 백성은 생각을 달리 하게 된다.

군주와 함께 하게 되면 모든 것이 행해지고 마음을 달리 하면 모든 일이 중지된다.

행해지면 다스려지고 중지되면 어지러워진다.

국가가 다스려지면 집안에서 판단하게 되고 국가가 어지러워지면 군주가 판단하게 된다.

국가를 다스리는 자는 백성이 판단하는 것을 귀중하게 여긴다. 그러므로 10개 마을에서 보고 판단하는 나라는 허약하고, 5개 마을에서 보고 판단하는 나라는 강력해지고, 집안에서 판단하는 나라는 여유로움이 있게 된다. 그러므로 이르기를 '하루의 일과 시간 안에 다스리는 자는 천하에 왕 노릇을 한다.' 라고 했다.

관청에서 판단하게 되면 부족하게 되므로 이르기를 '밤늦게까지 다스리는 자는 강력해진다.' 라고 했다.

군주가 판단하게 되면 어지럽게 되므로 이르기를 '하룻밤을 묵혀 다스리는 자는 허약해진다.' 라고 했다.

그러므로 도(道)가 있는 나라에서는 다스리는 것을 군주의 허락을 받아서 다스리지 않으며 백성은 관리의 허락을 받아 일을 처리하지 않는 것이다.

國治 斷家王 斷官彊 斷君弱 重輕刑去 常官則治 省刑要保[1] 賞不可倍也 有姦必告之則民斷於心 上令而民知所以應 器[2]成 於家而行於官 則事斷於家 故王者刑賞斷於民心 器用斷於家 治明[3]則同 治闇[4]則異 同則行 異則止 行則治 止則亂 治則家斷 亂則君斷 治國者貴下斷 故以十里斷者弱 以五里斷者彊 家斷則有餘 故曰 日治者王 官斷則不足 故曰 夜治者彊 君斷則亂 故曰 宿治者削 故有道之國 治不聽君 民不從官

1) 省刑要保(성형요보) : 형벌을 살피고 포상자를 조사하다.

2) 器(기) : 그릇. 곧 국가에서 사용되는 기물(器物)들.

3) 治明(치명) : 다스림이 투명하여 훤히 보이는 것.

4) 治闇(치암) : 다스림이 어두워서 앞을 볼 수 없는 것.

제6편 토지를 계산하다〔算地第六〕

1. 세상의 군주된 자의 근심거리

세상의 군주된 자가 근심해야 할 일은, 군사를 사용하는 데 그 힘을 헤아리지 못하고 황무지를 개척하는 데 그 땅을 헤아리지 않는 것이다.

그러므로 국토는 협소하면서도 많은 백성을 가지고 있는 자가 있는데, 이는 백성이 그 땅을 점령한 것이다.

또 국토는 넓은데 적은 수의 백성을 가지고 있는 국가가 있는데 이는 토지가 그 백성을 이기고(점령) 있는 것이다.

백성이 토지를 이기고 있으면 개척하는 데 힘쓸 것이고 국토는 넓은데 백성의 수가 적으면 외국의 노동인력을 불러들여야 한다. 많은 백성에게 토지를 개척하게 하면 토지는 갑절로 늘릴 수 있다. 〔문장이 결여됨〕

백성이 토지를 초과하면 국가의 공력은 적어지고 군사력은 약해지며, 토지가 백성보다 넘쳐나면 산림이나 호수에서 나오는 산물(産物)의 재(財)를 이용할 수가 없다.

대저 토지가 넓으면 천연 자원이 버려지게 되고 토지가 좁으면 백성들이 빈둥거리며 음란을 이루는데, 이러한 것들은 오늘날의 군주가 힘을 잘못 쓴 데서 오는 과오이고 또 위와 아래가 함께 일삼은 것들이다. 그러므로 백성이 많아도 병력은 허약해지고 땅은 광대하더라도 국력은 쇠약해진다.

국가를 위하여 토지를 맡아 다스린 자는 산림(山林)이 국토의 10분의 1을 차지하게 하고, 늪지대와 호수가 10분의 1을 차지하게 하고, 계곡이나 시내가 10분의 1을 차지하게 하고, 도(都)와 읍(邑)의 좁은길과 큰길이 10분의 4를 차지하게 하는데 이러한 것은 앞서 간 왕(王)들이 정한 올바른 법칙이다.

또한 국가를 위하여 전답의 등급을 작게 나누었다.

500묘(畝)의 전답에서 나오는 소출로 한 번의 공공적인 부역을 넉넉하게 대우하였는데 이러한 땅은 마음대로 하지 못하였다.

사방 100리(里)의 땅 안에서 싸움에 나가는 병사 1만 명을 차출하였는데 적은 등급에 속한다.

이로써 전답을 개척하여 족히 그 백성을 먹이고, 도(都)와 읍(邑)의 도로를 이루어서 그 백성을 살게 하고, 산림과 늪지와 호수와 계곡에서 족히 그 이익을 제공하게 하고, 늪지대와 호수의 제방을 막아서 짐승과 물고기를 기르게 한 것이다.

그러므로 군사가 출병할 때는 식량을 공급하고도 재산의 여유가 있으며, 병사가 휴식할 때에는 백성을 진작시켜 곡식을 저축하여 오래도록 여유가 있게 하였다.

이러한 것을 이른바 '토지를 맡아 다스려서 사역에 대비하는 법령'이라고 하는 것이다.

凡世主之患 用兵者不量力 治草萊¹⁾者不度地 故有地狹而民衆者 民勝其地²⁾ 地廣而民少者 地勝其民³⁾ 民勝其地 務開 地勝其民者 事徠⁴⁾ 開則行倍 民過地則國功寡而兵力少 地過民則山澤財物不爲用 夫棄天物 遂民淫者 世主之務過也 而上下事之 故民衆而兵弱 地大而力小 故爲國任地者 山林居什一 藪澤⁵⁾居什一 谿谷流水居什一 都邑蹊道⁶⁾居什四 此先王之正律⁷⁾也 故爲國分田數小⁸⁾ 畝⁹⁾五百足待一役¹⁰⁾ 此地不任也 方土百里 出戰卒萬人者 數小也 此其墾田足以食其民 都邑遂路足以處其民 山林藪澤谿谷足以供其利 藪澤隄防足以畜¹¹⁾ 故兵出糧給而財有餘 兵休民作而畜長足 此所謂任地待役之律也

1) 草萊(초래) : 황무지를 뜻함.
2) 民勝其地(민승기지) : 땅이 좁아서 백성이 오밀조밀 땅을 다 차지하여 땅이

부족한 것을 이르는 말.

3) 地勝其民(지승기민) : 토지가 너무 넓어서 백성이 있는 것 같지 않은 것. 곧 너무 넓어서 다 관리할 수가 없다는 뜻.

4) 事倈(사래) : 땅을 일구게 하기 위해 이민을 받아들이다.

5) 藪澤(수택) : 늪지대와 호수를 뜻함.

6) 都邑蹊道(도읍혜도) : 도(都)는 '주례(周禮)'에 보면 경대부(卿大夫)나 왕자(王子)들의 식읍이고, 읍(邑)은 대부(大夫)들의 식읍이라고 했다.

7) 正律(정률) : 정해진 법칙. 올바른 규칙.

8) 數小(수소) : 등급이 적다. 소소한 분류라는 뜻.

9) 畝(묘) : 사방 여섯 자를 기준하여 1보(一步)라고 하고 100보(百步)를 1묘(一畝)라고 한다. 500묘는 엄청 큰 땅이다.

10) 一役(일역) : 한 번의 공공적인 사역.

11) 以畜(이축) : 이축 이하의 문구(文句)가 탈락했다고 했다.

2. 용병의 도는 포상이 균일해야 한다

지금 세상의 군주들은 토지를 사방으로 수천 리나 보유하고 있지만 식량은 군역에 사용하고 창고를 채우는 데도 부족한 실정이면서 군사들은 이웃 나라와 대적하고 있다.

나는 이런 까닭으로 지금 세상의 군주들을 걱정한다.

토지가 광대한데도 개척하지 않는 자는 토지가 없는 것과 동일한 것이다. 백성이 많은데도 사용할 줄 모르는 자는 백성이 없는 것과 마찬가지이다.

그러므로 국가를 위하는 도리는 초지(草地)를 개간하는 일에 힘쓰는 것이며 군사를 운용하는 도리는 포상을 하나로 통일하여 균등하게 하는 데에 있다.

사사로운 이로움을 밖에서부터 막으면 백성은 농업에 귀속되어 힘쓰게 된다. 백성이 농업에 종사하게 되면 순박해지고 백성이 순박해지면 명령을 두려워하게 된다.

사사로운 상을 아래에서부터 금지시키면 백성의 힘이 적에게 집중되게 되고 백성의 힘이 적에게 집중되면 승리하는 것이다.

어떻게 이러한 것을 알 수 있겠는가?

대저 백성의 정은 순박하면 고된 일이 있더라도 힘쓰는 일을 쉽게 생각하고, 궁색해지면 지혜를 짜내서 이익을 저울질하게 된다.

힘쓰는 일을 쉽게 생각하면 죽음을 가볍게 여기게 되고 발탁되어 쓰이는 것을 즐기게 된다. 이익을 저울질하게 되면 형벌을 두려워하고 고통스러운 것을 쉽게 여긴다.

고통스러운 것을 쉽게 여기면 토지에 힘을 다하게 되고, 자신의 힘이 쓰이는 것을 즐겁게 여기면 전쟁에서 힘을 다하게 된다.

나라를 다스리는 자가, 능히 토지를 일구는데 힘을 다하게 하고 백성이 죽음을 무릅쓰면서 힘을 다하게 할 수 있으면 명예와 이로움이 함께 이루어질 것이다.

今世主有地方數千里 食不足以待役實倉 而兵爲隣敵 臣故爲
世主患之 夫地大而不墾者 與無地同 民衆而不用者 與無民同
故爲國之數 務在墾草 用兵之道 務在壹賞 私利塞於外 則民務
屬於農 屬於農則樸 樸則畏令 私賞禁於下則民力摶於敵 摶於
敵 則勝 奚以知其然也 夫民之情 樸則生勞而易力 窮則生知而
權利 易力則輕死而樂用[1] 權利則畏罰而易苦 易苦則地力盡 樂
用則兵力盡 夫治國者 能盡地力而致民死者 名與利交至

1) 樂用(낙용) : 발탁되어 사용되는 것을 즐거워하다. 곧 자신의 힘이 사용되는
   것을 긍지로 삼다.

3. 백성은 고통스러우면 즐거움을 찾는다

백성의 성품은 배고프면 먹을 것을 구하고, 힘들면 편안한 것을 찾고, 고통스러우면 즐거움을 찾고, 치욕스러우면 영화로움을 구하는 것이다. 이러한 것이 백성의 실정이다.

백성이 이익을 구할 때는 예의의 법도를 잃고, 명예를 구할 때는 성품의 본질을 잃어버린다.

어떻게 그렇다는 것을 논할 수 있는가?

지금의 도적들은 위로는 군주나 고관들이 금지하는 것들을 범하고 있고 아래로는 신하나 자식으로서의 예의를 잃고 있다. 그러므로 명예는 부끄럽게 되고 자신은 위태함에 처하는데도 오히려 중지하지 않고 있는 것은 이익 때문이다.

옛날의 선비들은 의복은 따뜻한 것을 구하지 않고 먹는 것은 배부른 것을 구하지 않으면서 자신의 의지를 고통스럽게 하고 그 사지(四肢)를 수고롭게 하고 그 오장(五臟 : 폐장·심장·비장·간장·신장)을 손상시켜 가면서도 더욱 마음을 여유롭게 하고 귀로 듣는 것을 넓게 하였다. 이러한 것이 사람이 살아가는 정상적인 법칙이 아닌데도 이렇게 한 것은 명예 때문이었다.

그러므로 이르기를 '명예와 이로움이 모이는 곳에 백성이 이르게 된다.' 라고 하였다.

民之性[1] 饑而求食 勞而求佚 苦則索樂 辱則求榮 此民之情也 民之求利 失禮之法[2] 求名 失性之常[3] 奚以論其然也 今夫盜賊[4] 上犯君上[5]之所禁 而下失臣子[6]之禮 故名辱而身危 猶不止者 利也 其上世之士 衣不煖膚 食不滿腸 苦其志意 勞其四肢[7] 傷其五臟[8] 而益裕廣耳[9] 非生之常也 而爲之者 名也 故曰 名利之所湊 則民道之[10]

1) 性(성) : 성품. 타고난 자질.

2) 失禮之法(실례지법) : 예의를 잃어버리다. 곧 체면을 차리지 않다.

3) 失性之常(실성지상) : 정신까지 이상한 상태. 본성의 정상적인 상태를 잃다.

4) 盜賊(도적) : 도는 재물만 취하는 도둑. 적은 사람까지 해치는 강도.

5) 君上(군상) : 군주와 상관. 곧 군주나 고급관리인 상관.

6) 臣子(신자) : 신하와 자식.

7) 四肢(사지) : 손과 다리.

8) 五臟(오장) : 폐장(肺臟)·심장(心臟)·비장(脾臟)·간장(肝臟)·신장(腎臟)을 말한다. 폐장은 백(魄)을 감추고 있고 심장은 정신을 감추고 있고 비장은 의(意)를 감추고 있고 간장은 혼(魂)을 감추고 있고 신장은 지(志)를

감추고 있다고 한다.

9) 益裕廣耳(익유광이) : 문장 안에 탈자(脫字)가 있다고 했다.

10) 道之(도지) : 도(道)자는 의심컨대 오자(誤字)라고 했다.

4. 공적이나 명예를 이루는 것은 술수이다

군주가 명예와 이익의 권세를 거머쥐고 능히 공적이나 명예를 성취하는 것은 군주의 술수이다.

성인(聖人)은 권세를 살펴서 그 자루를 부여잡고 방법을 살펴서 백성을 부린다.

방법이라는 것은 신하와 군주간의 술수이며 국가를 운영하는 요체이다. 그러므로 만승(萬乘)인 천자(天子)의 나라가 운영하는 술수를 잃고 위태롭지 않거나, 신하와 군주간에 술수를 잃고 어지러워지지 않은 나라는 있지 아니하였다.

지금 세상의 군주는 땅을 개척하고 백성을 다스리고자 하면서도 그 술수를 살펴보지 않고, 신하들은 자신들의 사무를 완성하고자 하면서도 자신들의 계획을 세우지 않는다.

그러므로 나라에는 복종하지 않는 백성이 있고 생활을 영위해 나가면서도 명령을 따르지 않는 신하가 있게 된다.

성인(聖人)이 나라를 다스릴 때에는, 국내에 들어와서는 백성이 농업에 종사하도록 하고 전쟁에 나아가서는 백성이 전쟁을 수행하도록 한다.

대저 농업은 백성들이 고통스러워하는 것이요, 전쟁이란 백성들이 위험하게 여기는 것이다.

그 고통스러운 것을 범하고 위험스러운 곳으로 행하는 이유는 명예와 이익을 계산하기 때문이다.

그러므로 백성이 생활할 때에는 이로운 것을 계산하고 죽음에는 명예를 생각하게 된다.

이 명예와 이익이 산출되는 곳을 가히 살피지 않을 수 없다.

이익이 토지에서 나오게 되면 백성은 토지에 힘을 다하게 되고,

명예가 전쟁에서 나오게 되면 백성은 죽음에 이르러도 싸운다.

나라에 들어와서는 백성에게 농업에 힘을 다하게 하면 토지가 황폐해지지 않고 전쟁에 나가서는 백성에게 죽음에까지 이르도록 한다면 적군에게 반드시 승리한다. 적군에게 반드시 승리하게 되면 토지는 황폐해지지 않게 된다.

이에 부유해지고 강력해지는 공적은 군주 자리에 앉아서도 이룰 수 있게 된다.

主操名利之柄¹⁾而能致功名者 數²⁾也 聖人審權以操柄 審數以使民 數者 臣主之術而國之要也 故萬乘³⁾失數而不危 臣主失術而不亂者 未之有也 今世主欲辟地⁴⁾治民而不審數 臣欲盡其事而不立術 故國有不服之民 生有不令之臣 故聖人之爲國也 入令民以屬農 出令民以計戰 夫農 民之所苦 而戰 民之所危也 犯其所苦 行其所危者 計也 故民生則計利 死則慮名 名利之所出 不可不審也 利出於地 則民盡力 名出於戰 則民致死 入使民盡力 則草不荒⁵⁾ 出使民致死 則勝敵 勝敵而草不荒 富彊之功可坐而致也

1) 柄(병) : 자루. 곧 권세를 잡다. 권세의 자루를 잡다의 뜻.
2) 數(수) : 수단·술수·계획 등의 방법적인 것. 또는 권모술수의 뜻도 된다.
3) 萬乘(만승) : 전차 1만 대를 낼 수 있는 나라. 곧 중국의 천자(天子) 나라를 뜻함.
4) 辟地(벽지) : 땅을 개척하다. 땅을 확장하다.
5) 草不荒(초불황) : 풀이 거칠어지지 않다. 전답이 황폐해지지 않다.

5. 모든 것은 권세를 잡은 자의 죄이다

지금은 그렇지가 못하다.

오늘날의 군주가 전력을 다하는 것들은 다 국가의 급한 일들이 아니다.

자신에게 요(堯)임금이나 순(舜)임금의 행동이 있을지라도 공

로는 탕(湯)임금이나 무왕(武王)의 업적에도 미치지 못하는 것
은 권세의 자루를 잡은 사람의 죄이다.

나는 청컨대 그 과실을 말해 보겠다.

대저 국가를 다스리면서 권세를 놓아 두고 이 말 저 말만 따라
서 맡기게 되면 자신은 수양이 될지라도 이루는 공로는 적어지게
된다.

시(詩)나 서(書)나 말 잘하는 선비들을 부리게 되면 백성은 유
세하면서 그의 군주를 가볍게 여긴다.

처사(處士 : 은둔한 선비)를 부리게 되면 백성은 군주와 멀어져
서 군주를 비난하게 된다.

용사(勇士)를 부리게 되면 백성은 다투고 그 군주가 금지한 것
을 가볍게 여긴다.

손재주를 가진 선비들을 등용하게 되면 백성은 표독스러워지
고 쉽게 옮겨 다닌다.

보부상이나 점포에서 장사하는 상인들이 편안해지고 이익을 많
이 내면 백성은 그들에게 연줄을 대고 그 군주를 평가하게 된다.

이상 다섯 종류의 백성이 국가에 등용되면 전답은 황폐해지고
군사력은 허약해지게 된다.

그럴듯한 이야기만 일삼는 선비의 자산(밑천)이란 입에 있고,
처사(處士)의 자산이란 의지에 있고, 용사(勇士)의 자산이란 기
력(氣力)에 있고, 손재주를 가진 선비의 자산이란 손에 있고, 장
사꾼이나 상인들의 자산이란 신체에 있다.

이들은 천하를 한 집안으로 삼아서 자신의 자산으로 에워싸려
한다.

백성은 자신의 자산이 많아지면 두루 나라 밖의 외세와 결탁하
게 된다. 많은 자본의 힘에 의지하여 천하 각지에 집을 두고 돌아
다니게 되면 요(堯)임금이나 순(舜)임금이라 하더라도 제재하
기 어렵게 된다.

그러므로 은(殷)나라의 탕(湯)임금이나 주(周)나라의 무왕
(武王)은 이러한 것을 금지시켜서 공로를 세우고 명예를 성취한

것이다.

성인(聖人)들은 능히 세상에서 하기 쉬운 것으로써 그 어려운 것을 성취한 것이 아니라 반드시 그 어려운 것으로써 그 하기 쉬운 것을 성취한 것이다.

백성이 어리석으면 지혜로써 그들을 이길 수 있고 세상이 지혜로우면 힘으로써 그들을 이길 수 있는 것이다.

신하가 어리석으면 힘으로 하기는 쉬우나 계교로써 하기는 어렵고 세상이 교활하면 지혜로써 하기는 쉽지만 힘으로 이기기는 어렵다.

그러므로 신농(神農) 임금은 씨 뿌리고 밭 가는 농사를 가르쳐서 천하에서 왕 노릇을 하였는데 천하가 그 지혜를 스승으로 삼았기 때문이다.

탕(湯) 임금이나 무왕(武王)이 강력한 힘을 이루어서 폭군인 걸왕(桀王)과 주왕(紂王)을 정벌하자 그 때서야 제후들이 그 힘에 복종하였다.

지금 세상은 교활하고 백성은 음란해져서 바야흐로 탕(湯) 임금이나 무왕의 때를 본받아야 한다.

그런데 신농 임금이 농사일을 교육시킨 지혜를 따라 시행하면서 또 세상의 금지사항까지 따르고 있다.

그러므로 천승(千乘)의 제후국들이 미혹되고 어지러워졌는데 이는 힘쓰는 정책들이 잘못되었기 때문이다.

今則不然 世主之所以加務者 皆非國之急也 身有堯舜[1]之行而功不及湯武[2]之略者 此執柄之罪也 臣請語其過 夫治國舍勢而任說說[3] 則身脩而功寡 故事詩書談說[4]之士 則民游而輕其君 事處士[5] 則民遠而非其上 事勇士 則民競而輕其禁 技藝之士用 則民剽而易徙 商賈之士佚且利 則民緣而議其上 故五民加於國用 則田荒而兵弱 談說之士資在於口 處士資在於意 勇士資在於氣 技藝之士[6]資在於手 商賈之士資[7]在於身 故天下一宅而圓身資 民資重於身 而偏託勢於外 挾重資 歸偏家 堯舜之所難也 故

湯武禁之 則功立而名成 聖人非能以世之所易勝其所難也 必以
其所難勝其所易 故民愚則知可以勝之 世知則力可以勝之 臣愚
則易力而難巧 世巧則易知而難力 故神農[8]敎耕而王 天下師其
知也 湯武致彊而征 諸侯服其力也 今世巧而民淫 方倣湯武之時
而行神農之事 以隨世禁 故千乘惑亂 此其所加務者過也

1) 堯舜(요순) : 중국 상고 시대(上古時代)의 성천자(聖天子)들. 요임금이 제
   위를 아들인 단주(丹朱)에게 물려주지 않고 순임금에게 물려주었고 순임금
   은 아들에게 물려주지 않고 우(禹)임금에게 물려주어 요순의 태평성세를 이
   루었다. 태평한 세상을 이로부터 요순지치(堯舜之治)라고 한다.

2) 湯武(탕무) : 탕은 하(夏)나라의 폭군인 걸(桀)을 멸망시키고 은(殷)나라
   를 창업한 탕왕(湯王)을 말한다. 무는 은(殷)나라의 폭군인 주(紂)를 멸망
   시키고 주(周)나라를 창업한 무왕을 말한다. 무왕은 문왕(文王)의 아들이며
   이름은 발(發)이다.

3) 說說(설설) : 이런 저런 이야기. 곧 말이 많은 선비들을 지칭함. 담설과 같다.

4) 談說(담설) : 설설(說說)과 같다. 곧 이야기를 잘하는 선비들.

5) 處士(처사) : 재야에 있는 학자들. 곧 은둔한 학자들.

6) 技藝之士(기예지사) : 손재주를 가진 자들. 기술을 보유한 자. 기능인.

7) 資(자) : 자본. 밑천. 취할 수 있는 장점을 뜻한다.

8) 神農(신농) : 상고 시대의 전설적인 황제(皇帝). 백성에게 농사를 가르쳐서
   농업을 장려하고 시장을 개설하여 교역의 길을 열었다는 왕. 농업의 신, 의약
   의 신, 역(易)의 신, 또는 불의 신(神)으로 추앙하고 있다. 염제신농씨(炎帝
   神農氏)라고도 한다.

6. 밝은 군주는 세 가지를 관찰한다

백성은 생활을 영위하면서, 길이를 재보아서 긴 것을 취하고 무
게를 저울질하여 무거운 것을 취하고 이쪽 저쪽을 살펴서 이로운
쪽을 찾게 된다.

명철한 군주가 이러한 세 가지를 신중히 관찰하면 나라를 다스
려서 국가의 기강을 세울 수 있고 백성의 마음도 얻을 수 있다.

국가에서 백성에게 요구하는 것이 적어도 백성이 국가의 요구를 피해가는 방법은 많은 것이다.

국내로 들어와서는 백성으로 하여금 농업에 종사하도록 하고 전쟁에 나가서는 백성으로 하여금 전쟁과 하나가 되도록 만들어야 한다.

성인(聖人)의 다스림은 금지하는 법을 많이 두어서 능력 있는 이를 억제하고, 힘에 맡겨서 속임수를 궁색하게 만드는 것이다.

금지하는 법을 많이 두어서 능력 있는 이를 억제하고 힘에 맡겨 속임수를 궁색하게 하는 두 가지가 두루 사용되면 국내의 백성이 일체감을 이루게 된다. 백성이 일체감을 이루게 되면 농업에 종사하게 되고 농업에 종사하게 되면 백성은 순박해진다. 백성이 순박해지면 편안하게 살게 되고 편안하게 살게 되면 출정(出征)하는 것을 싫어하게 된다.

그러므로 성인이 나라를 다스릴 때에는 백성의 자산은 땅에 감추게 하고 밖으로는 위험이 두루 있게 한다. 땅을 자산으로 삼으면 순박해지고 위험이 밖에 있게 되면 의혹되게 된다.

백성이 국내로 들어오면 순박해지고 밖으로 나가면 의혹되면 그 백성은 농업에 힘쓰고 전쟁에 집중하게 된다.

백성이 농업에 힘쓰게 되면 자산이 많아지고 전쟁에 힘을 모으게 되면 이웃 나라가 위태로워진다.

백성의 자산이 많아지게 되면 가히 짊어지고 도망할 수 없게 되고 이웃 나라가 위험하게 되면 자산도 없이 돌아갈 수 없게 된다. 위험한 곳으로 돌아가거나 위험한 외부에 의탁하는 것은 미친 자들도 하지 않을 것이다.

그러므로 성인은 국가를 위해 관례의 풍속에 따라서 법을 세우고 다스렸으며, 국가를 살펴서 본업에 종사하게 하여 이치에 맞게 하였다.

시대의 풍속을 관찰하지 않고 국가의 본분을 살피지 않으면 법률을 제정한다 하더라도 백성이 어지럽게 되며, 일은 바쁘더라도 공로는 적게 된다.

이러한 것이 이른바 내가 말하는 과오라는 것이다.

民之生 度[1]而取長 稱[2]而取重 權[3]而索利 明君愼觀三者 則國
治可立而民能可得 國之所以求民者少 而民之所以避求者多 入
使民屬於農 出使民壹於戰 故聖人之治也 多禁以止能 任力以窮
詐 兩者偏用 則境內之民壹 民壹則農 農則樸 樸則安居而惡出
故聖人之爲國也 民資藏於地 而偏託危於外 資於地則樸 託危於
外則惑 民入則樸 出則惑 故其農勉而戰戢[4]也 民之農勉則資重
戰戢則隣危[5] 資重則不可負而逃 隣危則不歸於無資 歸危外託
狂夫之所不爲也 故聖人之爲國也 觀俗[6]立法則治 察國事本則
宜 不觀時俗 不察國本 則其法立而民亂 事劇[7]而功寡 此臣之所
謂過也

1) 度(탁) : 재어 보다. 길이를 재다.
2) 稱(칭) : 저울질하다. 무게를 달다.
3) 權(권) : 저울의 추. 곧 이곳저곳을 왔다갔다하다.
4) 戰戢(전즙) : 전쟁으로 모아지다. 곧 전쟁에 집중할 수 있다는 것.
5) 隣危(인위) : 이웃 나라가 위태하다.
6) 觀俗(관속) : 풍속을 살피다. 전해 내려오는 습속을 살피다.
7) 事劇(사극) : 일이 많다. 곧 일이 번거롭기만 하다.

7. 상이란 금지하는 것을 돕는 것이다

대저 형벌이란 간사한 것을 빼앗고 금지하는 방편이요, 상(賞)
이란 금지하는 것을 돕는 방편이다.

부끄럽고 욕되고 수고스럽고 고통스러운 것은 백성들이 싫어
하는 것들이요, 출세하고 영화롭고 편안하고 즐거운 것은 백성들
이 갖고자 힘쓰는 것들이다.

그러므로 그 나라의 형벌이 사납지 않고 작위나 봉록을 차지할
가치가 없으면 이러한 나라는 나라가 망할 징조이다.

형을 받아야 할 사람이 면제되거나 법망을 빠져 나가면 소인

(小人)들은 음란한 길을 열어서 형벌을 고통스럽게 여기지 않게 되고 군주에게 요행을 바라게 된다. 군주에게 요행을 바라게 되면 이익도 구하게 된다.

출세와 영화가 나오는 문이 하나가 아니라고 생각하게 되면 군자(君子)들은 권세가를 섬겨서 명예를 이루게 된다.

소인들이 그 금지사항을 피하지 않아 형은 번거롭게 되고, 군자가 법령을 베풀지 않아 벌은 시행된다.

형이 번거로워지고 벌이 시행되는 것은 국가에 간사한 자들이 많은 것으로 이렇게 되면 부자들은 능히 그 재산을 지키지 못하게 되고 가난한 자는 능히 그 사업에 전념하지 못하게 되어 전답은 황폐해지고 국가는 가난해진다.

전답이 황폐해지면 백성에게는 백성을 속이는 자들이 생겨나게 되고, 국가가 가난해지면 군주가 포상할 때 줄 상금이 메마르게 된다.

그러므로 성인(聖人)이 국가를 다스릴 때는, 형벌을 받은 자는 국가에서 지위를 갖지 못하게 하고, 사람을 죽인 자는 관료로 임명되지 못하게 한다.

형벌을 받은 사람이 국가의 반열(班列)에 있으면 군자들이 그 지위를 하찮게 여기고, 그들이 비단옷을 입고 고기를 먹게 되면 소인들은 그 이익만 바라게 된다.

군자들이 그 지위를 하찮게 여기면 공로를 부끄럽게 여기게 되고, 소인들이 그 이로움만 바라게 되면 간사함을 자랑하게 된다. 그러므로 형벌을 사용하고 사형을 집행하는 것은 간사함을 중지시키는 일이요, 관직이나 작위는 공로를 권장하는 것들이다.

지금의 국가에서 작위를 세우는데 백성이 부끄럽게 여기고, 형벌을 베푸는데 백성이 즐거워한다면 이는 대개 '법률로 나라를 다스리는 방법의 근심거리'인 것이다.

그러므로 군자가 권세를 잡아서 하나로 바르게 하여 통치술을 세우고, 관직을 설치하고, 작위를 존중하여 그에 알맞게 하고, 영화로운 것을 논하고 공로를 들어서 임명하면 이것은 위아래의 저울대가 평평한 것처럼 균형을 이루게 되는 것이다.

위아래의 저울대가 평평한 것처럼 균형을 이루게 되면 신하들은 있는 힘을 다하게 되고 군주는 국가의 권력을 전횡할 수 있게 되는 것이다.

夫刑者 所以奪禁邪也 而賞者 所以助禁也 羞辱勞苦者 民之所惡也 顯榮佚樂者 民之所務也 故其國刑不可惡 而爵祿不足務也 此亡國之兆也 刑人復漏[1] 則小人辟淫[2]而不苦刑 則徼倖[3]於民上 徼[4]於民上以利求 顯榮之門不一 則君子事勢以成名 小人不避其禁 故刑煩[5] 君子不設其令 則罰行 刑煩而罰行者國多姦 則富者不能守其財 而貧者不能事其業 田荒而國貧 田荒則民詐生 國貧則上匱賞[6] 故聖人之爲治也 刑人無國位 戮人[7]無官任 刑人有列 則君子下其位[8] 衣錦食肉 則小人冀其利 君子下其位 則羞功 小人冀其利 則伐姦[9] 故刑戮者 所以止姦也 而官爵者 所以勸功也 今國立爵而民羞之 設刑而民樂之 此蓋法術之患也 故君子操權一正以立術 立官貴爵以稱之 論榮擧功以任之 則是上下之稱平[10] 上下之稱平 則臣得盡其力 而主得專其柄

1) 復漏(복루) : 복은 면제시키다. 누는 몰래 빼주다.
2) 辟淫(벽음) : 음란한 것을 열다. 나쁜 짓을 시작하다.
3) 徼倖(요행) : 뜻밖에 얻은 행복. 곧 정상적인 것이 아니고 복권이 당첨되기를 바라는 것과 같다.
4) 徼(요) : 이 글자 아래에 여러 글자의 탈자(脫字)가 있다고 했다.
5) 刑煩(형번) : 형벌이 번거롭다. 곧 너무 많다는 뜻.
6) 匱賞(궤상) : 상을 다하다. 곧 상품으로 줄 것이 다 떨어지다. 국고가 텅 비다.
7) 戮人(육인) : 살인자.
8) 下其位(하기위) : 지위를 낮게 보다. 곧 관직을 하찮게 여기다.
9) 伐姦(벌간) : 간사한 것을 자랑하다. 자기의 부정을 자랑삼아 이야기하다.
10) 稱平(칭평) : 저울에 물건을 달 때 저울추와 물건의 무게가 알맞게 되어 형평을 이루는 것. 곧 공평한 것을 뜻한다.

제7편 막힌 것을 열다〔開塞第七〕

1. 상고 시대에는 어머니만 알았다

하늘과 땅이 갖추어지고 나서 인류가 생활을 시작하였는데 이 때에는 사람들이 그 어머니만 알았을 뿐, 그 아버지가 있는 것을 알지 못하였다.

그들의 사회윤리는 가까운 친척을 친히 하고 사적인 것을 사랑했다. 육친(六親)을 친히 하면 분별이 있게 되고 사적인 것을 사랑하게 되면 백성의 수가 많아질수록 사람들은 험난해진다.

분별을 하고 험난한 것을 힘쓰게 되면 백성은 어지러워진다.

이 때부터 백성은 싸워 이기는 것을 힘써서 힘으로 정벌했다. 승리만 힘쓰게 되면 다투게 되고 힘으로 정벌하게 되면 계속 다투게 된다. 다투는 데 올바른 규칙이 없으면 그 본성에 얻는 것이 없게 된다.

그러므로 '어진 이〔賢者〕'가 중정(中正)의 도를 세워서 사사로움이 없는 것을 표준으로 삼아 백성에게 인(仁)을 설명하였다.

이 때부터 육친만 친히 하는 것이 폐지되고 어진 이를 받드는 도가 확립되었다.

무릇 인자(仁者)는 사랑하는 것으로써 임무를 삼고, 어진 이는 보좌하여 나아가게 하는 것을 도(道)로 삼았다.

백성의 수가 많아지고 제도가 없는데도 오랫동안 어진 이가 보좌해 이끌어 가는 것으로 도를 삼자 어지러움이 있게 되었다.

이에 성인(聖人)이 계승하여서 토지와 재물과 남자와 여자의 분별을 만들었다.

이러한 분별이 정해졌는데 제도가 없다는 것이 불가능해지자 금지법을 마련하였다. 금지법이 마련되었는데 관장할 사람이 없으면 안 되므로 이에 관직을 설치하였다. 관직이 설치되었는데 획일적인 명령이 없으면 안 되기 때문에 이에 군주를 세웠다. 이미 군주가 세워지자 어진 이만 받드는 제도들이 폐지되고 귀한 이를 귀하게 여기는 법이 세워졌다.

이러한 것으로 본다면 상세(上世 : 상고 시대)에는 육친을 친히 하고 사사로운 것을 사랑하였으며, 중세(中世 : 중고 시대)에는 어진 이를 받들고 인(仁)을 설명하였으며, 하세(下世 : 근고 시대)에는 귀한 이를 귀하게 여기고 관리를 존경하였다.

어진 이를 받드는 중세에는 도(道)로써 보좌하여 뛰어나게 했으며, 군주를 세운 하세(下世)에서는 어진 이를 부리기만 하고 등용하지는 않았다.

친한 이를 친하게 여긴 상고 시대에는 사사로운 것으로써 도(道)를 삼았다. 중정의 도를 세운 시대에는 사사로운 것을 위해 행동하지 못하게 하였다.

이 상고 시대·중고 시대·근고 시대의 세 시대가 다르다고 해서 사업이 서로 상반된 것은 아니었다.

백성의 도(道)에 폐단이 있어서 중요한 것을 바꾼 것이며, 세상사가 변화하기 때문에 시행하는 도(道)를 달리했을 뿐이다. 그러므로 이르기를 '왕도(王道)는 법도(法道)가 있다.' 라고 했다.

天地設[1]而民生之 當此之時也 民知其母而不知其父 其道親親[2]而愛私[3] 親親則別[4] 愛私則險[5]民衆 而以別險爲務 則民亂 當此時也 民務勝而力征 務勝則爭 力征則訟 訟而無正 則莫得其性也 故賢者立中正[6] 設無私 而民說仁[7] 當此時也 親親廢 上賢立矣 凡仁者以愛爲務 而賢者以相出[8]爲道 民衆而無制 久而相出爲道 則有亂 故聖人承之 作爲土地貨財男女之分 分定而無制 不可 故立禁 禁立而莫之司[9] 不可 故立官 官設而莫之一 不可 故立君 旣立君 則上賢廢而貴貴立矣 然則上世[10]親親而愛

私 中世[11]上賢而說仁 下世[12]貴貴而尊官[13] 上賢者 以道相出也
而立君者 使賢無用也 親親者 以私爲道也 而中正者 使私無行
也 此三者非事相反也 民道弊而所重易也 世事變而行道異也 故
曰 王道有繩[14]

1) 天地設(천지설) : 하늘과 땅이 베풀어지다. 하늘과 땅이 만들어지다. 곧 창조
   되다.

2) 親親(친친) : 친한 이를 친히 하다. 가까운 사람만 친하게 지내다. 곧 끼리끼
   리 모여서 부족을 이루다. 육친(六親)과 친하게 지내다.

3) 愛私(애사) : 개인적인 이익을 중시하다.

4) 別(별) : 구분을 짓다. 분별하다.

5) 險(험) : 사나워지다. 험하다.

6) 中正(중정) : 치우치지 않은 바른 도 곧 중용의 도(中庸之道).

7) 說仁(설인) : 인을 설명하다. 도덕의 지선(至善)을 설명하다. 지선을 가르치
   다의 뜻.

8) 相出(상출) : 보좌하여 뛰어나게 하다. 곧 보좌하여 나아가다.

9) 司(사) : 관직. 벼슬. 관직의 분류 등.

10) 上世(상세) : 중국의 신화 시대(神化時代) 이전을 뜻함. 곧 모계사회를 이
    룬 시대.

11) 中世(중세) : 복희(伏羲)·신농(神農)·황제(黃帝)·요(堯)·순(舜)의 시
    대를 지칭함.

12) 下世(하세) : 하(夏)·은(殷)·주(周)의 시대.

13) 貴貴而尊官(귀귀이존관) : 귀한 이를 귀하게 여기고 관리를 높이다. 귀한
    이는 대부(大夫)와 경(卿), 제후(諸侯) 등을 가리킨다. 관(官)은 일반 관직.

14) 繩(승) : 법칙(法則)의 뜻. 먹줄이 곧아서 일정한 법칙이 있는 것과 같다.

2. 왕의 도나 신하의 도는 하나일 뿐이다

천하에서 왕 노릇 하는 데도 하나의 규정된 원칙이 있고 신하
노릇 하는 데도 하나의 규정된 원칙이 있다. 그것을 규정한 원칙
은 서로 다를지라도 법도로 삼는 것은 하나일 따름이다.

그러므로 이르기를 '백성이 어리석으면 지혜로써 천하에서 왕 노릇을 할 수 있고, 세상 사람들이 지혜로우면 힘으로써 왕 노릇을 할 수 있다.' 라고 했다.

이것은 백성이 어리석으면 힘은 넉넉하게 남아 있으나 지혜가 부족하기 때문이고, 세상이 지혜로우면 계교는 넉넉하게 여유 있지만 힘이 부족하기 때문이다.

백성이 생을 영위하면서 지혜롭지 못하면 배우게 되고 힘이 다하면 복종하게 된다.

그러므로 신농(神農)씨가 농사짓는 법을 가르쳐서 천하의 왕 노릇을 할 수 있었던 것은 천하 사람들이 그의 지혜를 스승으로 삼았기 때문이며, 은(殷)나라의 탕(湯)임금이나 주(周)나라의 무왕(武王)이 강력한 힘을 길러서 걸(桀)왕과 주(紂)왕을 정벌하자 모든 제후들이 그의 힘 앞에 복종하였던 것이다.

대저 백성은 어리석어서 지혜를 가지지 못하면 질문하게 되고, 세상 사람들은 지혜로워서 자신의 힘이 부족한 것을 알게 되면 복종하게 된다.

그러므로 천하에서 왕 노릇 하는 자는 형벌을 함께 쓰고 제후를 힘으로 정벌하는 자는 덕을 멀리하는 것이다.

夫王道一端¹⁾ 而臣道亦一端 所道則異 而所繩則一也 故曰 民愚則知可以王 世知則力可以王 民愚則力有餘而知不足 世知則巧有餘而力不足 民之生 不知則學 力盡而服 故神農敎耕而王 天下師其知也 湯武致彊而征 諸侯服其力也 夫民愚 不懷知²⁾而問 世知 無餘力而服 故以王天下者幷刑³⁾ 力征諸侯者退德⁴⁾

1) 王道一端(왕도일단) : 천하에서 왕 노릇 하는 데는 일정한 원칙이 있다.

2) 不懷知(불회지) : 지혜를 품지 못하다. 곧 지혜를 가지지 못하다.

3) 幷刑(병형) : 형벌을 함께 사용하여 다스리다.

4) 退德(퇴덕) : 덕을 멀리하다. 곧 싸울 때는 힘으로써 정복할 뿐이다.

3. 성인(聖人)은 옛날을 본받거나 현재를 따르지 않는다

성인(聖人)은 옛것을 모범으로 삼지도 않고 현재의 것을 계승하지도 않는다.

옛것을 모범으로 삼게 되면 시대에 뒤떨어지고 현재의 것을 계승하게 되면 시세의 흐름이 막히게 된다.

주(周)나라는 상(商:殷)나라를 모범으로 삼지 않았고 하(夏)나라는 우(虞)나라를 모범으로 삼지 않았다.

하(夏)나라·은(殷)나라·주(周)나라의 3대(三代)가 시세는 달랐으나 다 천하에서 왕 노릇을 하였다. 그러므로 왕국(王國)을 일으키는 데는 도(道)가 있으나 왕국을 유지하는 데는 다스림을 다르게 하였다.

주(周)나라 무왕(武王)은 정도(正道)에 어긋난 행동으로써 천하를 취하였지만 천하를 취한 뒤에는 정도를 따르는 것을 귀하게 여겼고, 천하를 두고 다투었으나 천하를 차지한 뒤에는 사양하는 것을 높였다. 그는 천하를 취하는 데는 힘으로 하였으나 유지하는 데는 의(義)로써 하였다.

현재의 세상에서는 강대국이 약소국을 집어삼켜 하나로 합치는 것만 일삼고, 약소국은 힘써 지키는 데만 전력한다.

위로는 우(虞)나라와 하(夏)나라의 시대에 미치지 못하고 아래로는 은(殷)나라의 탕임금이나 주(周)나라의 무왕을 계승하도 않는다.

탕임금이나 무왕의 도가 막혔으므로 만승(萬乘:천자국)의 영토를 가진 나라가 싸우지 않는 날이 없고 천승(千乘:제후국)의 나라가 방어에 전력하고 있다.

이러한 것은 도(道)가 막힌 지 오래 되었기 때문이다.

이 세상의 군주들은 이러한 것을 폐지시킬 수가 없다. 그러므로 하(夏)나라·은(殷)나라·주(周)나라의 3대(三代)를 이어 사대(四代)를 가늠할 자가 없다.

현명한 군주가 아니면 능히 경청할 수가 없으니, 오늘 원컨대 그 본보기를 열어 보이겠다.

聖人不法古[1] 不脩今[2] 法古則後於時 脩今則塞於勢 周不法商 夏不法虞[3] 三代[4]異勢而皆可以王 故興王有道 而持之異理 武王 逆取而貴順[5] 爭天下而上讓[6] 其取之以力 持之以義 今世彊國事 兼幷[7] 弱國務力守 上不及虞夏之時 而下不脩湯武 湯武塞 故萬 乘莫不戰 千乘莫不守 此道之塞久矣 而世主莫之能廢也 故三代 不四[8] 非明主莫有能聽也 今日願啓之以效

1) 不法古(불법고) : 옛것을 모범으로 삼지 않다.

2) 不脩今(불수금) : 현재의 것을 그대로 따르지 않다.

3) 虞(우) : 순(舜)임금의 성(姓)이며, 순임금의 나라를 지칭함.

4) 三代(삼대) : 하(夏)나라·은(殷)나라·주(周)나라를 지칭함.

5) 逆取而貴順(역취이귀순) : 순리를 거슬러 천하를 취했으나 순리를 따르는 것을 귀하게 여기다. 곧 뒤에는 순리대로 했다.

6) 上讓(상양) : 겸양을 높였다.

7) 兼幷(겸병) : 하나로 합하다.

8) 不四(불사) : 하(夏)나라·은(殷)나라·주(周)나라를 이어서 4대(四代)에 이르지 못하다.

4. 의(義)는 난폭해지는 도(道)이다

옛날의 백성은 순박하여 인심이 두터웠는데 오늘날의 백성은 교활하고 가식적이다. 그러므로 옛날에는 덕을 앞세워서 다스리는 것이 효과가 있었으며, 오늘날에는 형벌을 앞세워서 법으로 다스리는 것이 효과적이다. 이것은 풍속이 바뀌었기 때문이다.

현재의 세상에서 '의(義)'라고 이르는 것은 백성이 좋아하는 것을 세우고 그 싫어하는 것을 폐지하는 것이요, 현재의 세상에서 '불의(不義)'라고 이르는 것은 백성이 싫어하는 것을 세우고 그 즐거워하는 것을 폐기하는 것이다.

의(義)와 불의(不義)라는 이 두 가지는 명분이 바뀌었고 실체도 바뀌었으니, 가히 살피지 않을 수 없는 것이다.

백성이 즐거워하는 것을 세우면 백성은 그 싫어하는 것에게 해를 당하게 되고, 백성이 싫어하는 것을 세우면 백성은 즐거운 것에 편안해지는 것이다.

무엇으로써 그러한 것을 알 수 있는가?

대저 백성은 근심이 있으면 생각을 하게 되고 생각을 하면 헤쳐나갈 방법이 나오게 된다. 또 사람들이 즐거우면 방탕하게 되고 방탕하게 되면 과실이 있게 마련이다.

그러므로 형벌로써 다스리면 백성에게 위엄이 서게 되고 백성에게 위엄이 서면 간악한 것들이 없어지게 된다. 간사한 것들이 없어지면 백성은 그 즐거워하는 것에 편안해 한다.

의로써 백성을 교육하게 되면 백성은 방종해지고 백성이 방종해지면 어지러워지고 어지러워지면 백성은 그들이 싫어하는 것들에게 해를 당하게 된다.

내가 말하는 '이익'이라는 것은 의(義)의 근본이요, 세상에서 말하는 '의(義)'라는 것은 난폭하게 되는 도(道)이다.

대저 백성을 바로잡는 자들은 그 백성이 싫어하는 것으로써 백성이 좋아하는 것을 끝마치게 하고, 그 백성이 좋아하는 것으로써 백성이 싫어하는 것을 무너뜨리게 한다.

古之民樸以厚[1] 今之民巧以僞[2] 故效於古者 先德而治 效於今者 前刑而法 此俗之所惑也 今世之所謂義者 將立民之所好 而廢其所惡 此其所謂不義者 將立民之所惡 而廢其所樂也 二者名賈實易[3] 不可不察也 立民之所樂 則民傷其所惡 立民之所惡 則民安其所樂 何以知其然也 夫民憂則思 思則出度 樂則淫 淫則生佚[4] 故以刑治則民威[5] 民威則無姦 無姦則民安其所樂 以義敎則民縱 民縱則亂 亂則民傷其所惡 吾所謂利者 義之本也 而世所謂義者 暴之道也 夫正民者[6] 以其所惡 必終其所好 以其所好 必敗其所惡

1) 樸以厚(박이후) : 순박하면서 인정이 두터웠다.
2) 巧以僞(교이위) : 교활하고 가식적이다.
3) 名賈實易(명고실역) : 명분도 바뀌고 실질도 바뀌다. 고(賈)는 무(貿)의 오자(誤字)라고 했다.
4) 佚(일) : 허물의 꽃.
5) 威(위) : 위엄이 서다.
6) 正民者(정민자) : 백성을 바로잡는 자. 곧 백성을 잘 다스리는 자.

5. 두 가지는 세상에서 항상 사용한다

잘 다스려진 국가에는 형벌이 많고 포상이 적다. 어지러운 국가에는 포상이 많고 형벌이 적다.

그러므로 천하에서 왕 노릇 하는 국가는 형벌이 90%에 포상은 10%만 사용하고, 쇠약한 국가에서는 포상이 90%에 형벌은 10%를 쓴다.

대저 잘못에는 중하고 가벼운 것이 있고 형벌에는 가볍고 무거운 것이 있으며, 좋은 것에는 크고 작은 것이 있고 포상에는 많고 적은 것이 있다.

이 두 가지는 세상에서 항상 적용되는 것들이다.

형벌은 죄가 성립된 다음에 가해지게 되면 간사한 것이 제거되지 않고, 포상은 백성이 의롭게 생각하는 것에 베풀어지게 되면 잘못이 중지되지 않는다.

형벌이 능히 간사한 것을 제거하지 못하고 포상이 잘못을 중지시키지 못하는 나라는 반드시 어지러워지게 된다.

그러므로 천하에서 왕 노릇 하는 국가에서는, 형벌은 장차 잘못을 행하려 할 때 사용하므로 큰 간악함이 발생하지 않고 포상은 간악한 것을 고발할 때 베풀기 때문에 조그마한 잘못도 하지 않게 되는 것이다.

백성을 다스리는데 능히 큰 간악함도 발생하지 않게 하고 조그마한 잘못도 저지르지 않게 할 수 있다면 국가는 잘 다스려지게 된다. 국가가 잘 다스려지게 되면 반드시 그 국가는 강성해진다.

한 국가에서 이런 방법을 이행하게 되면 국내가 홀로 다스려지고 두 국가가 이런 방법을 이행하게 되면 전쟁이 조금씩 그치게 될 것이며 천하가 이런 방법을 이행하게 되면 지극한 덕이 다시 일어날 수 있게 된다.

이 때문에 나는 '살육이나 형벌은 덕으로 되돌아오고 의(義)는 사나운 것과 합치한다.'라고 말한 것이다.

治國刑多而賞少¹⁾ 故王者刑九而賞一 削國賞九而刑一 夫過有厚薄 則刑有輕重 善有大小 則賞有多少 此二者世之常用也 刑加於罪所終 則姦不去 賞施於民所義 則過不止 刑不能去姦而賞不能止過者 必亂 故王者刑用於將過²⁾ 則大邪不生 賞施於告姦 則細過不失 治民能使大邪不生 細過不失 則國治 國治必彊 一國行之³⁾ 境內獨治 二國行之 兵則少寢 天下行之 至德復立 此吾以殺刑之反於德而義合於暴也

1) 賞少(상소) : 포상이 적다. 이 아래에 '난국상다이형소(亂國賞多而刑少)'의 7자(七字)가 탈자(脫字)되었다고 했다.

2) 將過(장과) : 앞으로 죄를 저지르려고 하는 것.

3) 行之(행지) : 이행하다. 곧 시행하다.

6. 옛날에는 사람들이 무리를 지어 살았다

아주 옛날에 백성이 모여 살게 되었는데, 집단을 이루면서 어지러워졌으므로 윗사람을 구하게 되었다.

이러한 것 때문에 천하에서는 윗사람이 있는 것을 즐거워하였는데 이는 장차 잘 다스려지기를 바라서였다.

지금은 군주는 있으나 법이 없다. 그 피해는 군주가 없는 것이나 동일하다. 또 법은 있는데 그 어지러운 것을 극복하지 못하고 있다. 이는 법이 없는 것이나 동일하다.

천하 사람들이 군주가 없는 것을 불안해 하면서도 군주의 법을 범하는 것을 즐긴다면 이는 온 세상 사람들이 미혹된 것이다.

대저 천하의 백성을 이롭게 하는 것은 다스리는 것보다 큰 것이 없고 다스림은 군주를 세우는 것보다 편안한 것이 없다.

군주를 세우는 도(道)는 법이 승리하는 것보다 더 넓은 것이 없고 법이 승리하는 방법은 간악한 것을 제거하는 것보다 급한 것이 없다.

간악한 것을 제거하는 근본은 엄격한 형벌보다 더 심오한 것이 없다. 그러므로 천하에서 왕 노릇을 하는 국가는 포상으로써 범죄를 금지시키고 형벌로써 사업을 권장하여, 잘못을 구하고 선을 구하지 않으며 형벌을 빌려서 형벌을 제거시키는 것이다.

古者民藂生而群處$^{1)}$ 亂 故求有上$^{2)}$也 然則天下之樂有上也 將以爲治也 今有主而無法 其害與無主同 有法不勝其亂 與不法同 天下不安無君 而樂勝其法 則擧世$^{3)}$以爲惑也 夫利天下之民者 莫大於治 而治莫康於立君 立君之道 莫廣於勝法 勝法之務 莫急於去姦 去姦之本 莫深於嚴刑 故王者以賞禁$^{4)}$ 以刑勸$^{5)}$ 求過 不求善 藉刑以去刑

1) 群處(군처) : 집단으로 모여 살다.

2) 上(상) : 촌장 또는 존장(尊長). 우두머리 등.

3) 擧世(거세) : 온 세상. 온 천하.

4) 賞禁(상금) : 포상하여 죄를 금지시키다. 죄를 미리 고발하게 하여 포상하다.

5) 刑勸(형권) : 형벌을 써서 본업을 권장하다. 국가의 사업에 종사하게 하고 다른 일은 형벌로 금지하다.

상군서 제3권(商君書卷第三)

　'상군서' 제3권은 총 7편으로 구성되었다.

　제8편 일언(壹言), 제9편 착법(錯法), 제10편 전법(戰法), 제11편 입본(立本), 제12편 병수(兵守), 제13편 근령(靳令), 제14편 수권(修權) 등으로 구성되어 있다.

　제8편 일언(壹言)은 '일체감을 이루는 말'이란 뜻으로 농사를 즐겁게 짓고 전쟁에 즐겁게 참여할 수 있는 방법을 강조했다.

　제9편 착법(錯法)은 '법을 꾸미다.'이다. 법을 만들어 시행하여 국가의 사악한 것을 제거하고 전쟁을 벌여서 백성을 용맹하게 만들고 상을 주어 군사를 강하게 하는 것을 이야기했다.

　제10편 전법(戰法)은 '전쟁하는 법'으로, 전쟁을 정치와 연결시켜서 설명하고 적과 비교했을 때 정치적으로 우세해야 한다고 했다.

　제11편 입본(立本)은 '근본을 세우다.'의 뜻이며 군대를 강하게 하고 적군에게 승리할 수 있는 근본적인 방법을 확립해야 한다는 것을 강조했다.

　제12편 병수(兵守)는 '병력으로 지키다.'의 뜻이며, 전쟁에서 공격형태와 수비형태의 전략과 전술을 간단하게 이야기했다.

　제13편 근령(靳令)은 '신중하게 명령하다.'이며 군주가 자신의 명령이 집행되게 하려면 엄격하게 해야 함을 강조하고 있다.

　제14편 수권(修權)은 '권세를 닦다.'이며 군주가 권력을 쥐고 나라를 다스릴 때 중요한 문제들을 논하고 있다.

제8편 일체감을 이루는 말〔壹言第八〕

1. 나라를 세우려면 제도를 살펴야 한다

무릇 국가를 세우려면 그 제도를 살피지 않을 수 없다.

국가를 세우려고 하면 국가를 다스리는 법률을 신중하게 하지 않을 수 없고 국가의 임무를 신중하게 하지 않을 수 없으며, 사업의 근본에 치중하지 않을 수 없다.

제도가 시기에 적당하면 국가의 풍속이 변화하게 되고 백성이 그 제도를 잘 따르면 다스리는 법이 명백하게 되어 관리들의 사악함이 없어진다.

국가의 직무가 일체감을 가지게 되면 백성이 국가의 쓰임에 응하게 되고, 국가의 본업에 힘을 집중하게 되면 백성은 농업에 종사하는 것을 기뻐하게 되고 전쟁이 있어도 기쁘게 참여하게 된다.

대처 성인(聖人)이 법을 만들고 풍속을 변화시키는 것은, 백성이 아침저녁으로 농사에 종사하게 하기 위한 것이니, 이것을 가히 알지 않을 수 없는 것이다.

백성들이 사업에 순종하고 법에 죽을 수 있는 이유는, 군주가 영화와 명예를 설치하고 포상과 형벌을 명확하게 설치하여 번지르르한 말이나 권세가의 집에 의탁하지 않아도 공로를 이룰 수 있기 때문이다.

백성들이 농업을 기쁘게 생각하고 전쟁에 기꺼이 참여할 수 있는 이유는, 군주가 농업이나 전쟁에 참여한 사(士)를 높이 여기고 말만 번지르르하거나 기술을 가진 백성을 낮게 보며 유세가나 학자들을 천시하기 때문이다.

그러므로 백성이 일체감을 일으켜 힘쓰게 되면 그 가정은 반드시 부자가 되고 자신은 국가에서 명예를 드날릴 수 있게 된다.

군주는 공적(公的)인 이익을 열어놓고 사가(私家 : 권세가)의 길을 막아서 백성이 힘을 일으키게 하고 권문세가의 수고로움이 국가에 드러나지 않게 하면 권문세가에서는 군주에게 청탁을 하지 못하게 된다.

이와 같이 하면 공로가 있는 신하가 권장되고 군주의 명령이 시행되어 황무지는 개척되고 방탕한 백성은 행동을 중지하게 될 것이며 간악한 일이 싹틀 명분이 없어지게 된다.

국가를 다스릴 때 능히 백성의 힘을 단결시켜서 일체감을 이루는 데 힘쓰는 자는 강력해지고, 능히 본업에 충실하게 하고 말단적인 것을 금지시키는 자는 부유하게 된다.

凡將立國 制度不可不察也 治法¹⁾不可不愼也 國務²⁾不可不謹也 事本³⁾不可不摶也 制度時則國俗可化 而民從制 治法明則官無邪 國務壹則民應用 事本摶 則民喜農而樂戰 夫聖人之立法化俗 而使民朝夕從事於農也 不可不知也 夫民之從事死制也 以上之設榮名置賞罰之明也 不用辯說私門⁴⁾而功立矣 故民之喜農而樂戰也 見上之尊農戰之士 而下辯說技藝之民 而賤游學⁵⁾之人也 故民壹務 其家必富 而身顯於國 上開公利而塞私門 以致民力 私勞不顯於國 私門不請於君 若此而功臣勸 則上令行而荒草闢 淫民止而姦無萌 治國能摶民力而壹民務者彊 能事本而禁末⁶⁾者富

1) 治法(치법) : 국가를 운영하는 법령들. 국가를 다스리는 법.
2) 國務(국무) : 국가의 사무.
3) 事本(사본) : 사업의 본질. 곧 필수 사업.
4) 私門(사문) : 사가(私家)의 뜻으로 권력가를 뜻하며 대부가(大夫家)를 가리킨다.
5) 游學(유학) : 유세가를 뜻한다.
6) 末(말) : 본업이 아닌 것. 상공(商工)인이나 유세가, 기술자의 뜻이 포함됨.

2. 힘을 단결시키는 일과 힘을 소모시키는 일

성인(聖人)이 국가를 다스리는 데에는 능히 힘을 단결시키기도 하고 능히 힘을 소모시키기도 한다.

제도를 잘 살피면 백성의 힘을 단결시킬 수 있다. 힘을 단결시켜 변화를 일으키지 못하면 행동으로 이루어지지 않는다. 행동했는데 부유함이 없으면 어지러움이 발생한다.

그러므로 나라를 다스리는 자는 그 힘을 단결시켜서 국가를 부유하게 만들고 병력을 강력하게 하며, 그 힘을 소모시켜서 적을 무찌르고 백성을 권장하는 것이다.

개방만 하고 막지 않으면 나쁜 것이 자라나고 성장하게 되는데 그것을 꺾지 않으면 또 간사한 것이 합류하게 된다.

막기만 하고 개방하지 않으면 백성은 멍청해지고 멍청해졌는데 사용하지 않으면 힘이 많아진다. 힘이 많아졌는데도 공격하지 않으면 간사한 짓이나 슬(蝨 : 이) 같은 것이 자라나게 마련이다.

그러므로 힘을 단결시켜서는 일체감을 이루는 데 쓰고, 힘을 소모시키는 일은 적을 공격하는 데 쓴다.

나라를 다스리는 자는 백성들이 일체감을 이루는 것을 귀하게 여긴다. 백성들이 일체감을 이루면 순박해지고 순박해지면 농사를 짓게 되고 농사를 지으면 쉽게 부지런해지고 부지런해지면 부유해진다.

부자가 되면 작위를 얻는 데 쏠리게 하여 음란하지 않게 만든다. 또 음란한 자는 형벌에 쏠리게 하여 농업에 힘쓰게 한다.

그러므로 능히 힘을 단결시켜서 능히 사용하지 못하는 자는 반드시 어지러움이 있게 되고, 능히 힘을 소모시키기만 하고 능히 단결시키지 못하는 자는 반드시 망하게 된다.

그러므로 현명한 군주는 힘을 단결시키고 힘을 소모시키는 두 가지 사실을 골고루 알아서 그 국가를 강성하게 한다.

힘을 소모시키고 단결시키는 이 두 가지를 두루 알지 못하는 자는 그 국가를 허약하게 만든다.

夫聖人之治國也 能摶力 能殺力 制度察則民力摶 摶而不化則
不行 行而無富則生亂 故治國者 其摶力也 以富國彊兵也 其殺
力也 以事敵勸民也 夫開而不塞¹⁾則短長 長而不攻則有姦 塞而
不開²⁾則民渾 渾而不用則力多 力多而不攻則有姦蝨 故摶力以
壹務³⁾也 殺力以攻敵也 治國者貴民壹 民壹則樸 樸則農 農則易
勤 勤則富 富者廢⁴⁾之以爵 不淫 淫者廢之以刑而務農 故能摶力
而不能用者必亂 能殺力而不能摶者必亡 故明君知齊二者 其國
彊 不知齊二者 其國削

1) 開而不塞(개이불색) : 열어 놓기만 하고 막지 않다. 곧 활동하게 하고 구금
   하지 않다.
2) 塞而不開(색이불개) : 규제만 하고 개방하지 않다.
3) 壹務(일무) : 한결같이 힘쓰다. 곧 한쪽으로 집결시키다. 또는 힘쓰다.
4) 廢(폐) : 한쪽으로 쏠리게 하다.

3. 옛것에 안주하며 때를 엿보지 않아서이다

백성이 다스려지지 않는 것은 군주의 도가 저급해서이며 법이
명확하지 않은 것은 군주가 어지러움을 키우기 때문이다.

그러므로 현명한 군주는 군주의 도가 저급하지도 않고 어지러
움을 키우지도 않는다.

권력을 손에 잡고 좋은 법을 만들어서 그 법으로 다스리면 군
주가 간악한 것을 알게 되므로 관리들이 간악한 짓을 하지 못하
게 된다. 이에 포상과 형벌로 판단하고 기물을 사용하는 데에도
법도가 있게 된다.

이와 같이 하면 국가의 제도가 분명해지고 백성은 힘을 다하게
되어 군주가 내린 작위는 존중되고 무리들의 질서가 거양되는 것
이다. 〔오자(誤字)가 있다고 했다.〕

지금 세상의 군주들은 다 백성을 다스리고자 하면서도 혼란을

조장하고 있는데 그렇다고 혼란을 즐기는 것은 아닐 것이다.

옛것에 안주하면서 때를 엿보지 않기 때문일 뿐이다.

이는 위로는 옛것을 본받되 그 막힌 것을 얻고, 아래로는 법을 닦는데 제 때에 맞추어서 옮겨 가지 못하여 세속의 변화에 밝지 못하고 백성을 다스리는 실정을 파악하지 못했기 때문이다.

그러므로 포상을 많이 해도 형벌은 계속되고, 형벌을 가볍게 적용하여 포상의 효과를 제거시켜 버렸다.

위에서 형벌을 설치하여도 백성은 복종하지 않게 되고 포상할 상금은 바닥이 나고 간사한 것은 더욱 많게 되었다. 그러므로 백성들이 군주에게서, 형벌을 먼저 받고 상을 뒤로 하였다.

성인(聖人)이 나라를 다스릴 때는 옛것을 본받지 않고 현재를 따라 하지 않으니, 당시의 상황에 따라서 다스림을 삼고 풍속을 헤아려서 법령을 만드는 것이다.

법을 제정하면서 백성의 실정을 살피지 않고 만들게 되면 성공하지 못하게 된다. 하지만 다스림이 시세에 마땅하게 시행되면 간섭받지 않는다.

그러므로 성왕(聖王)의 다스림은, 살피고 전력해야 할 것들을 삼가서 일체감을 이루는 데에 마음을 돌릴 뿐이다.

夫民之不治者 君道卑[1]也 法之不明者 君長亂[2]也 故明君不道卑不長亂也 秉權而立 垂法而法治 以得姦於上而官無不 賞罰斷而器用有度 若此則國制明而民力竭 上爵尊而倫徒擧[3] 今世主皆欲治民 而助之以亂[4] 非樂以爲亂也 安其故而不窺於時也 是上法古而得其塞 下修令而不時移 而不明世俗之變 不察治民之情 故多賞以致刑 輕刑以去賞 夫上設刑而民不服 賞置而姦益多故民之於上也 先刑而後賞 故聖人之爲國也 不法古 不修今 因世而爲之治 度俗而爲之法 故法不察民之情而立之 則不成 治宜於時而行之 則不干[5] 故聖王之治也 愼爲察務 歸心於壹而已矣

1) 君道卑(군도비) : 군주의 도가 별 볼일 없다. 비천하다.

2) 君長亂(군장난) : 군주가 어지러움을 키우다.

3) 倫徒擧(윤도거) : 무리들의 질서가 바로잡히다.

4) 以亂(이난) : 이하의 문장에 탈자(脫字)나 오자(誤字)가 있다고 했다.

5) 不干(불간) : 간섭받지 않다. 곧 배척당하지 않다.

제9편 법을 꾸미다〔錯法第九〕

1. 법을 만들면 간악한 것이 없어진다

내가 듣기로는 "옛날의 현명한 군주가 법을 만들면 백성의 사특함이 없어지고 큰 사업을 일으키면 재능은 스스로 연마되고 포상을 시행하면 병력은 강성해지는데 이 세 가지는 다스림의 근본이다." 라고 한다.

'법이 만들어지면 백성의 사특함이 없어진다.' 라고 한 것은 법이 훤히 밝아서 백성에게 이롭기 때문이다.

'큰 사업을 일으키면 재능이 스스로 연마된다.' 라고 한 것은 공로가 분명해진 것이다. 공로가 분명해지면 백성들이 자신의 힘을 다하게 된다. 백성들이 자신의 힘을 다하게 되면 재능이 스스로 연마되는 것이다.

'포상을 시행하면 병력이 강성해진다.' 라고 한 것은 작위와 녹봉을 말한 것이다. 작위와 녹봉이라는 것은 군사들의 실체이다. 그러므로 군주가 작위와 녹봉을 줄 때는 그 길을 분명하게 해야 한다. 그 길이 분명하면 국가는 나날이 강성해지고 그 길이 분명하지 못하면 국가는 나날이 쇠약해지게 된다.

그러므로 작위와 녹봉이 이르는 길에 따라서 보존되기도 하고 멸망의 기틀이 되기도 하는 것이다.

쇠약한 국가나 멸망한 나라의 군주라고 해서 작위나 녹봉을 주지 않은 것은 아니다. 다만 작위나 녹봉을 주는 길이 잘못되었기 때문이다.

삼왕(三王 : 禹王·湯王·文王·武王)과 오패(五覇 : 齊桓公·晉

文公·秦穆公·宋襄公·楚莊王)도 공업을 이룬 길이 작위와 녹봉을
준 것에 지나지 않았지만, 그들의 공로가 1만 배나 되었던 것은
작위와 녹봉을 주는 길이 밝고 분명했기 때문이다.

　이로써 현명한 군주는 그 신하를 부리는데 있어서, 그들을 등용
하면 반드시 그들이 노력을 다하게 하고 포상하는 데는 반드시 그
공로에 따라서 더하여 주었다.

　공로에 따라서 주는 포상이 명백해지면 백성은 공로를 다투게
된다. 국가를 다스리면서 능히 그 백성으로 하여금 있는 힘을 다
하여 공로를 다투게 할 수 있으면 병력은 반드시 강성해진다.

　臣聞古之明君 錯法[1]而民無邪 擧事[2]而材自練 賞行而兵彊 此
三者 治之本也 夫錯法而民無邪者 法明而民利之也 擧事而材
自練[3]者 功分明 功分明則民盡力 民盡力則材自練 行賞而兵彊
者 爵祿之謂也 爵祿者 兵之實也 是故人君之出爵祿也 道明[4]
道明則國日彊 道幽[5]則國日削 故爵祿之所道 存亡之機也 夫削
國亡主 非無爵祿也 其所道過也 三王五霸[6] 其所道不過爵祿 而
功相萬者 其所道明也 是以明君之使其臣也 用必出於其勞 賞
必加於其功 功賞明則民競於功 爲國而能使其民盡力以競於功
則兵必彊矣

1) 錯法(착법) : 법을 꾸미다. 곧 법을 만들다.

2) 擧事(거사) : 거대한 국가의 사업. 곧 전쟁이나 국가의 대역사.

3) 材自練(재자련) : 재능이 스스로 단련되다. 곧 기술이나 직무에 있는 힘을 다
　하게 되어 스스로 익숙해지다.

4) 道明(도명) : 이르는 길이 명백하다. 곧 훤히 보인다.

5) 道幽(도유) : 이르는 길이 보이지 않다. 곧 의심이 난다는 뜻.

6) 三王五霸(삼왕오패) : 삼왕은 하(夏)나라의 우왕(禹王), 은(殷)나라의 탕
　왕(湯王), 주(周)나라의 문왕(文王)과 무왕(武王)을 가리킨다. 오패는 중
　국 춘추 시대(春秋時代)의 제(齊)나라 환공(桓公), 진(晉)나라 문공(文公),
　진(秦)나라 목공(穆公), 송(宋)나라 양공(襄公), 초(楚)나라 장왕(莊王)의
　다섯 제후를 일컫는 말.

2. 토지가 있는 자는 가난하다고 말하지 않는다

같은 지위인데도 서로 신하가 되거나 모시는 사람이 되는 이유는 한쪽은 가난하고 한쪽은 부유한 처지가 된 것을 일컬음이다.

같은 실정인데도 서로 합하여 하나가 된 것은 한쪽은 강성하고 한쪽은 약하게 된 것을 일컬음이다.

국토를 두어서 군주가 되었는데 어떤 이는 강성하고 어떤 이는 허약한 이유는 어지러워지고 다스려진 것을 일컬음이다.

진실한 도덕을 두었다면 토지가 자신의 몸만 용납할 정도로 적은 면적이라 하더라도 선비나 백성들이 이를 것이며, 진실로 저자거리에 용납되더라도 재물을 많이 모을 것이다.

토지가 있는 자는 가히 가난하다고 말하지 않으며, 백성을 가진 자는 가히 약하다고 말하지 않는다.

토지를 진정으로 맡기면 재물 없는 것을 근심하지 않는 것이요, 백성을 진정으로 등용하면 강력한 폭동도 두려워하지 않는다.

덕이 밝혀지고 교육이 시행되면 백성이 가진 것들도 자신이 사용하게 되는 것이다.

그러므로 현명한 군주는 자신이 가지지 않은 것을 사용하게 되고 자신의 백성이 아닌 자라도 부리게 되는 것이다.

同列[1]而相臣妾[2]者 貧富之謂也 同實[3]而相幷兼者 彊弱之謂也 有地而君 或彊或弱者 亂治之謂也 苟有道里[4] 地足容身 士民可致也 苟容市井[5] 財貨可衆也 有土者不可以言貧 有民者不可以言弱 地誠任 不患無財 民誠用 不畏彊暴 德明敎行 則能以民之有爲己用矣 故明主者用非其有 使非其民

1) 同列(동렬) : 서로의 지위가 같다. 곧 똑같은 백성.

2) 臣妾(신첩) : 신하나 또는 모시는 사람. 첩은 모시다의 뜻.

3) 同實(동실) : 서로가 똑같은 상황에 있다. 똑같은 처지의 제후나 군주.

4) 道里(도리) : 도리(道理)의 오자(誤字)이다.

5) 市井(시정) : 시장을 뜻함.

3. 광영스런 작위라야 목숨을 건다

현명한 군주가 소중하게 여기는 것은 오직 그 공로의 실적에 따라서 작위를 주는 것이다.

그 공로의 실적에 따라서 작위를 수여하되 광영스러운 것이 드러나야 한다.

광영스러운 것이 드러나지 않으면 백성은 작위받는 일을 성급하게 여기지 않는다.

또 지위의 배열이 확연히 드러나지 않으면 백성은 작위를 받기 위하여 일하지 않는다.

작위를 쉽게 얻을 수 있게 되면 백성은 높은 작위라도 귀하게 여기지 않는다.

작위를 주고 녹봉을 주고 상을 주는 일에 순서를 매기는데 있어서 정상적인 절차를 따르지 않으면, 백성은 죽음을 무릅쓰면서까지 작위를 얻으려 하지 않게 된다.

明王之所貴 惟爵其實[1] 爵其實 而榮顯之 不榮[2]則民不急[3] 列位不顯 則民不事爵 爵易得也 則民不貴上爵[4] 列爵祿賞不道其門[5] 則民不以死爭位矣

1) 實(실) : 진실된 실적. 곧 사실적인 것.

2) 不榮(불영) : 광영스럽지 않다.

3) 不急(불급) : 급하게 여기지 않다. 해도 그만 안 해도 그만인 것처럼 여기다.

4) 上爵(상작) : 최상의 높은 작위. 대단한 작위.

5) 其門(기문) : 정상적인 절차를 밟는 것. 곧 투명한 심사를 하는 것.

4. 좋아하고 싫어하는 것을 살펴야 한다

사람의 군주된 자는 좋아하고 싫어하는 것이 있으므로 백성을 다스리는 것이다.

사람의 군주된 자는 좋아하고 싫어하는 것을 가히 살피지 않을 수 없는 것이다.

좋아하고 싫어하는 것이란 포상과 형벌의 근본이 된다.

사람의 정(情)은, 작위나 녹봉을 좋아하고 형벌은 싫어한다.

군주는 포상과 형벌의 두 가지를 설치하여 백성의 의지를 잘 조절하고 백성들이 하고자 하는 것을 세워 주어야 한다.

대저 백성들이 힘을 다하면 작위가 따르게 되고 공로를 세우면 포상이 따르게 마련이다.

사람의 군주된 자가 그 백성을 부리면서 이와 같은 점을 믿게 하는 것이, 해나 달의 밝음과 같은 기준으로 하게 되면 그의 병사들에게는 적대할 자가 없을 것이다.

군주가 작위를 수여하는데도 그 병력이 허약한 국가가 있고, 군주가 녹봉을 행하는데도 가난한 국가가 있고, 군주가 법을 세워서 다스리는데도 어지러운 국가가 있다.

이와 같은 세 가지는 국가의 근심거리이다.

사람의 군주된 자가 먼저 요청이나 청탁에 의하여 뵙는 사람의 편의를 봐주고, 공로가 있는데도 뒤로 미루면 작위가 행해지더라도 병력은 허약해진다.

백성이 전쟁에 임하여 죽음을 무릅쓰는 일을 하지 않았는데 이로움이나 녹봉이 이루어지게 되면 녹봉이 행해져도 국가는 가난해진다.

법에 도수(度數)가 없고 일이 날마다 번거롭게 되면 법을 세워도 다스림은 더욱 어지러워진다.

이로써 현명한 군주는 그 백성을 부리는데 반드시 백성의 힘을 다하게 하여 그 공로를 규찰하고, 공로가 세워지면 부유함과 귀함이 수반되게 하고 사사로운 덕을 없앤다. 그러므로 교육이 물 흐르는 것처럼 이루어진다.

이와 같이 하면 신하는 군주에게 충성하고 군주는 현명해져서 다스림의 효력이 나타나고 병력은 강성해진다.

현명한 군주의 다스림은 그 능력에 맡기고 그 덕에 맡기지 않는다. 이로써 조심하지 않고 수고하지 않아도 공로는 가히 세워지는 것이다.

도수가 이미 세워지면 법은 스스로 닦아지는 것이니, 사람의 군주된 자는 가히 자신을 삼가지 않을 수 없는 것이다.

황제(黃帝) 임금 때의 이주(離朱)는 가을날의 미세한 짐승털도 백 보(百步) 밖에서 볼 수 있는 밝은 눈을 가졌지만, 이 밝은 눈을 다른 사람과 바꿀 수 없다.

진(秦)나라 무왕(武王) 때의 오획(烏獲)은 천균(千鈞 : 3만 근)의 무게를 들어올리는 많은 힘을 가졌으나 그 많은 힘을 다른 사람과 바꾸지 못한다.

성인(聖人)도 자신의 신체나 품성을 보존하여 가히 타인과는 바꿀 수 없는 것이다. 그러나 공로를 얻을 수 있는 이유는 법의 영향 때문이다.

人君[1]而有好惡[2] 故民可治也 人君不可以不審好惡 好惡者 賞罰之本也 夫人情好爵祿而惡刑罰 人君設二者以御民之志 而立所欲焉 夫民力盡而爵隨之 功立而賞隨之 人君能使其民信於此 如明日月 則兵無敵矣 人君有爵行而兵弱者 有祿行而國貧者 有法立而亂者 此三者 國之患也 故人君者 先便請謁[3]而後功力 則爵行而兵弱矣 民不死犯難[4]而利祿可致也 則祿行而國貧矣 法無度數而事日煩 則法立而治亂矣 是以明君之使其民也 使必盡力以規其功[5] 功立而富貴隨之 無私德也 故敎流成 如此 則臣忠君明 治著而兵彊矣 故凡明君之治也 任其力[6] 不任其德 是以不憂不勞而功可立也 度數已立而法可修 故人君者不可不愼己也 夫離朱[7]見秋豪[8]百步之外 而不能以明目易人 烏獲[9]擧千鈞[10]之重 而不能以多力易人 夫聖人之存體性 不可以易人 然而功可得者 法之謂也

1) 人君(인군) : 어떤 본에는 인생(人生)으로 풀이하기도 했다. 혹 오자인지 모르겠다.

2) 好惡(호오) : 좋아하고 싫어하는 것들. 인간이면 누구나 가지고 있다.

3) 便請謁(편청알) : 청하여 뵙는 것을 편안하게 해 주다. 곧 청탁으로 일을 처리하다. 청탁을 들어 주다.

4) 不死犯難(불사범난) : 어려운 것을 범하여 죽음에 이르지 않다. 어려움은 전쟁을 가리킨다.

5) 規其功(규기공) : 그 공로를 규찰하다. 곧 공로를 정확히 재다.

6) 任其力(임기력) : 그의 능력에 맡기다. 곧 힘이 있는 능력에 맡기다.

7) 離朱(이주) : 이루(離婁)이며 황제(黃帝) 임금 때의 사람으로 이 세상에서 눈이 제일 밝은 사람이라 한다. 100보는 지금의 120m쯤이다. 120m 떨어져서 짐승의 가는 털을 볼 수 있다고 했다.

8) 秋豪(추호) : 추호는 추호(秋毫)의 뜻과 같다. 호(豪)는 호(毫)와 통함. 아주 가늘다는 뜻. 가을에 가늘어진 짐승의 털.

9) 烏獲(오획) : 춘추 시대 진(秦)나라 무왕(武王) 때의 장사이며 3만 근의 무게를 들 수 있다고 했다. 중국의 장사의 대명사로 쓰인다.

10) 千鈞(천균) : 1균(一鈞)은 30근(斤)이다. 천균은 3만 근.

제10편 전쟁하는 법〔戰法第十〕

1. 전쟁하는 방법은 정치에 근본한다

무릇 전법(戰法 : 싸움하는 법)은 반드시 정치에 근본하고 있다. 정치가 백성을 이기면 백성은 다투지 않게 된다. 백성들이 다투지 않게 되면 사사로운 마음가짐이 없게 되고 군주의 뜻에 따르는 것을 자신들의 뜻으로 삼게 된다.

그러므로 천하에서 왕 노릇 하는 자의 정치에서는 백성들이 사사로운 다툼에는 겁을 먹게 하고, 도적들과 전투할 때는 용감해져서 백성들이 힘을 다하여 평소에 익혔던 것들을 발휘해서 공격하게 한다.

이 작업은 어려운 일이다. 어려운 일이지만 성공하면 백성은 죽음을 가볍게 여기게 된다.

적이 나타나면 빨리 가서 무너뜨리고 무너지는 것이 그치지 않으면 그 곳을 벗어나게 해야 한다.

그러므로 병법(兵法)에서 '큰 전투에서 승리하면 패잔병을 쫓는 일은 10리를 넘지 말고 작은 전투에서 승리하면 패잔병을 쫓는 일은 5리를 넘지 마라.' 라고 했다.

凡戰法¹⁾必本於政 勝則其民不爭 不爭則無以私意 以上爲意
故王者之政 使民怯於邑鬪²⁾ 而勇於寇戰³⁾ 民習以力攻 難 難故
輕死 見敵如潰 潰而不止則免⁴⁾ 故兵法 大戰勝 逐北⁵⁾無過十里
小戰勝 逐北無過五里

1) 戰法(전법) : 전쟁에서 싸움을 하는 전술.

2) 邑鬪(읍투) : 어느 본에는 사투(私鬪)라고 했다. 고을의 다툼이나 사사로운 다툼이나 그 의미에 큰 지장을 주지 않는다.

3) 寇戰(구전) : 도적들과의 전투. 국가간의 전투를 뜻함.

4) 免(면) : 벗어나다.

5) 北(패) : 달아나다. 곧 패잔병을 뜻함.

2. 군량미가 적으면 오래 싸우지 않는다

전쟁이 일어났을 때는 적군의 정황을 헤아려야 한다.

아군의 정치가 적군의 정치보다 못한 것 같으면 적군과 더불어 전쟁하지 마라.

군량미가 적군의 비축미보다 적을 경우 적군과 더불어 오래 싸우지 마라.

적군의 수가 많으면 적을 공격하지 마라.

적군이 모두 아군보다 못한 것 같으면 적을 공격하되 의심하지 마라.

그러므로 이르기를 '병법의 큰 원칙은 적을 논하고 무리를 살피는 일을 신중하게 하면 승리할 것인가 패배할 것인가를 먼저 알 수 있다.'라고 했다.

천하에서 왕 노릇 하는 자의 병사는 승리하여도 교만하지 않고 패배하여도 원망하지 않는다.

승리하여도 교만하지 않는 것은 전술이 분명하기 때문이고 싸움에 패배하여도 원망하지 않는 것은 잘못을 알기 때문이다.

兵起¹⁾而程敵²⁾ 政不若者勿與戰 食不若者勿與久 敵衆勿爲客³⁾ 敵盡不如 擊之勿疑 故曰 兵大律⁴⁾在謹論敵察衆 則勝負可先知也 王者之兵 勝而不驕 敗而不怨 勝而不驕者 術明⁵⁾也 敗而不怨者 知所失⁶⁾也

1) 兵起(병기) : 전쟁이 일어나다. 또는 전쟁을 일으키다.

2) 程敵(정적) : 적군의 실정을 살피다.

3) 客(객) : 침략자를 불청객이라고 하는 것과 같은 말.

4) 大律(대률) : 큰 원칙.

5) 術明(술명) : 전술이 뛰어나다.

6) 所失(소실) : 잘못하여 일어난 것. 곧 실수한 것.

3. 지휘관이 뛰어나면 승리한다

군사력의 강하고 약한 것이 적과 같다면, 장수가 현명하면 승리
하고 장수가 뛰어나지 못하면 패배한다.

그 전술 전략이 조정의 계획에서 나온 것이라면 장수가 현명하
여도 승리하고 장수가 현명하지 못해도 또한 승리한다.

국민을 이끄는 정치술을 가진 자는 반드시 강력해져서 천하의
왕자가 되는 데에 이르게 된다.

백성들이 복종하고 군주가 정치를 청취하면 국가는 부유해지
고 병사들은 싸움에서 승리하게 되는데 이러한 상황이 지속되어
오래 시행되면 천하에서 왕 노릇을 한다.

전쟁에서의 실수는, 적군이 없다고 깊이 침입하여 국경에서 멀
리 떨어져 험준한 곳에 있으면서 병사들이 피곤하고 또 굶주리고
갈증을 일으킴과 동시에 더하여 질병까지 만나는 것이다. 이것이
패배하는 길이다.

그러므로 장수로서 병사들을 부리는 자는 좋은 말을 타는 자와
같이 가히 바르게 하지 않을 수 없는 것이다.

若兵敵彊弱[1] 將賢則勝 將不如[2]則敗 若其政出廟算者[3] 將賢
亦勝 將不如亦勝 持[4]勝術者 必彊至王 若民服而聽上 則國富而
兵勝 行是必久王 其過失 無敵深入 偕險絶塞 民倦且饑渴 而復
遇疾 此其道也[5] 故將使民者[6] 乘良馬者不可不齊也

1) 彊弱(강약) : 강약의 밑에 결문(缺文)이 있다고 했다.

2) 不如(불여) : 적장과 같지 못하다. 곧 현명하지 못하다.

3) 其政出廟算者(기정출묘산자) : 그의 정치적인 전술의 계략이 조정의 의논에

서 계산되어 나왔다는 뜻.

4) 持(지) : 진본(秦本)에는 이 앞에 정구(政久)의 두 글자가 더 있다.

5) 其過失~此其道也(기과실~차기도야) : 이 문장 사이에 오자(誤字)와 탈자
(脫字)가 많다고 했다.

6) 使民者(사민자) : 이 아래에 일부 문장이 일탈(逸脫)했다고 했다.

제11편 근본을 세우다〔立本第十一〕

1. 승리하는 데에 세 가지 차례가 있다

군사를 부려서 승리하는 데에는 세 가지 차례가 있다.

아직 군사를 일으키지 않았다면 법을 만든다.

법이 만들어지면 풍속이 이루어진다.

풍속이 이루어지면 사용할 수 있는 기구들이 갖추어진다.

이 세 가지 차례가 반드시 국경 안에서 시행되어진 후에야 병력을 출정할 수 있다.

이 세 가지 차례를 시행하는 데는 두 가지 세력이 있어야 한다.

첫째는 법을 보좌하여 법대로 하는 것이다.

둘째는 거사할 때 알맞은 것을 얻어서 법을 세우는 것이다.

사람이 많음을 믿는 것을 즙(葺 : 덮는다)이라 한다.

장비를 갖추고 꾸민 것을 믿는 것을 교(巧 : 교묘함)라고 한다.

좋은 계획을 믿는 것을 사(詐 : 거짓)라고 한다.

이 세 가지 중에서 군주가 하나만 믿게 되어도 그의 병사들은 적에게 사로잡히게 될 것이다.

그러므로 이르기를 '강성한 자는 반드시 강력한 투지를 갖게 한다.'라고 했다.

강력한 투지를 갖게 되면 있는 힘을 다하게 된다. 있는 힘을 다하게 되면 모든 것이 여기에 갖추어지게 된다.

이렇게 되면 해내(海內 : 온 천하)에서는 대적할 자가 없게 된다.

凡用兵[1] 勝有三等 若兵未起則錯法 錯法而俗成 而用具 此三

者必行於境內 而後兵可出也 行三者有二勢 一曰輔法而法 二曰
舉必得而法立²⁾ 故恃其衆者謂之葺³⁾ 恃其備飾者謂之巧⁴⁾ 恃譽
目者謂之詐⁵⁾ 此三者恃一 因其兵可禽⁶⁾也 故曰 彊者必剛鬪其意
鬪則力盡 力盡則備是 故無敵於海內

1) 用兵(용병) : 군사를 사용하다. 곧 용병의 술.

2) 舉必得而法立(거필득이법립) : 사업이나 전쟁을 시행할 때에는 반드시 그에
　알맞은 법을 세워야 한다.

3) 葺(즙) : 덮다. 위장하다. 곧 없는 것같이 하다.

4) 巧(교) : 교묘한 술책을 쓰다.

5) 詐(사) : 가짜를 진짜로 만드는 일. 거짓.

6) 禽(금) : 사로잡히다. 금(擒)과 같다.

2. 정책이 잘 집행되면 재물이 쌓인다

　국가의 정책이 순조롭게 집행되면 창고에 재물이 쌓이게 된다.
재물이 쌓이게 되면 포상을 중후하게 할 수 있다.

　포상이 한결같아 일체감을 이루면 작위는 존중된다. 작위가 존
중되면 포상은 이로움을 낳는 것이다.

　그러므로 말하기를 '군사력은 다스림에서 나오는 것으로 강하
고 약한 차이가 있고, 습속(習俗)은 법에서 나오는 것으로 수 만
가지로 옮겨 가는 것이며, 넘치는 세력은 마음에 근본하는 것으
로 갖추어진 세력에서 꾸며지는 것이다.' 라고 했다.

　이상의 세 가지를 논할 수 있으면 강력한 국가를 확립할 수가
있다.

　이러한 것으로 본다면 강성한 나라는 반드시 다스려진 것이요,
다스려진 나라는 반드시 강성한 것이요, 부유한 나라는 반드시 다
스려진 것이요, 다스려진 나라는 반드시 부유한 것이요, 강성한
나라는 반드시 부유한 것이요, 부유한 나라는 반드시 강성한 것
이다.

　그러므로 말하기를 '다스려지고 강성해지는 도(道)는 그 근본

에서부터 논해야 한다.' 라고 하였다.

治行¹⁾則貨積 貨積則賞能重矣 賞壹²⁾則爵尊 爵尊則賞能利矣
故曰 兵生於治而異³⁾ 俗生於法而萬轉 過勢⁴⁾本於心而飾於備勢
三者有論 故彊可立也 是以彊者必治 治者必彊 富者必治 治者
必富 彊者必富 富者必彊 故曰 治彊之道 論其本也

1) 治行(치행) : 국가의 행정이 순조롭게 집행되다. 곧 국가가 잘 다스려지다.
2) 賞壹(상일) : 포상이 한결같아 일체감을 이루다.
3) 異(이) : 강성하고 허약한 차이가 있다.
4) 過勢(과세) : 넘치는 세력. 너무 지나친 세력.

제12편 병력으로 지키다〔兵守第十二〕

1. 전쟁에서는 방어와 공격이 중요하다

사방을 적으로 맞아 싸우는 나라는 방어하는 싸움을 귀중하게 여기며, 바다를 등지고 있는 나라는 공격하는 전투를 귀하게 여긴다.

사방을 적으로 맞아 싸우는 나라가 거국적으로 군대 일으키기를 좋아하여 사방의 이웃 나라가 방어해야 한다면 그 국가는 항상 위태한 것이다.

사방의 이웃 나라들이 한 번 전쟁을 일으키면 자신은 네 번 군사를 일으켜야 하므로 그 국가는 위태한 것이다.

사방을 적으로 맞아 싸우는 나라는 1만 호(戶)를 가진 읍이 있을지라도 수많은 군사를 주둔시키지 못하면 국가가 위태해진다.

그러므로 이르기를 '사방을 적으로 맞아 싸우는 나라는 기본 임무가 지키는 싸움을 하는 것' 이라고 했다.

성(城)이 있는 읍(邑)을 지키는 것은, 죽기를 각오한 힘으로써 살려고 힘을 다하는 적과 싸우는 것보다 못한 것이다.

그 성(城)을 함락시키려고 하는 자는 죽음을 각오한 힘이다. 적이 성을 지키는 사람들을 다 죽이지 않으면 적군은 성 안으로 들어갈 수가 없는 것이다.

이러한 것을 일러 '죽음을 각오한 힘과 살려고 온 힘을 다하는 싸움이다.' 라고 이른다.

성(城)을 지키는 사람들이 다 죽어 적군이 만약 성 안으로 들어오더라도 적군은 반드시 피로한 상태이다. 성 안에 있던 사람들은 반드시 편안하게 있었다. 편안하게 있던 힘으로써 피로에 지친 힘과 싸우는 것을 일러 '살려고 하는 힘으로써 적의 죽음을 각오한 힘과 싸우는 것이다.'라고 하는 것이다.

모두가 말하기를 '성을 포위할 때의 근심거리는 성을 함락시키는 일에 죽음을 각오하지 않을까 하는 근심이다.'라고 했다.

이상 죽음을 각오한 힘과 살아나려고 하는 몸부림과, 죽음을 각오하지 않을까 근심하는 세 가지가 부족할까 근심하지 않는 것은 오직 장수의 과오이다.

四戰¹⁾之國貴守戰 負海²⁾之國貴攻戰 四戰之國 好舉興兵以距四隣³⁾者國危 四隣之國一興事 而已四興軍 故曰國危 四戰之國不能以萬室之邑⁴⁾舍鉅萬之軍⁵⁾者 其國危 故曰 四戰之國務在守戰 守有城之邑 不如以死人之力⁶⁾與客生力戰⁷⁾ 其城拔⁸⁾者 死人之力也 客不盡夷⁹⁾城 客無從入 此謂以死人之力與客生力戰 城盡夷 客若有從入 則客必罷 中人必佚¹⁰⁾矣 以佚力與罷力戰 此謂以生人力與客死力戰 皆曰 圍城之患 患無不盡死而邑 此三者 非患不足 將之過也

1) 四戰(사전) : 사방으로 국경을 맞대고 있는 나라. 곧 사방이 적국인 나라.

2) 負海(부해) : 바다를 등지고 있는 나라.

3) 四隣(사린) : 사방에 이웃한 나라. 곧 적국들.

4) 萬室之邑(만실지읍) : 집 1만 가구가 있는 도시.

5) 舍鉅萬之軍(사거만지군) : 수많은 군사를 주둔시키다. 사는 주둔하다의 뜻.

6) 死人之力(사인지력) : 죽음을 각오하고 싸우는 힘.

7) 客生力戰(객생력전) : 적군이 살아나려고 싸우는 전투.

8) 城拔(성발) : 성을 함락시키다. 성을 빼앗다.

9) 夷(이) : 멸하다. 여기서는 다 죽이다.

10) 佚(일) : 편안한 상태.

2. 성을 지키는 것은 성대한 힘뿐이다

성(城)을 지키는 방법은 성대한 힘을 기르는 데에 있다.

그러므로 말하기를 '징집할 장부를 정리하여 장남(壯男)과 장녀(壯女)와 노약자(老弱者)의 세 등급으로 한다. 인원 수가 많은 것을 정리하여 적군이 염탐할 때는 쓰는 수레의 수와 같게 나눈다.' 라고 하였다.

삼군(三軍)이란 장남(壯男)들을 뽑아서 1군(一軍)으로 만들고 장녀(壯女)들을 뽑아서 1군(一軍)으로 만들고 남녀의 노약자를 모아서 1군(一軍)으로 만드는데 이러한 것을 삼군(三軍)이라고 이른다.

장남의 군은 식량을 비축하고 병기를 손질하여 진지에서 적군이 오기를 기다리게 한다.

장녀의 군은 식량을 비축하고 작은 보루를 쌓으며 진지에서 명령을 기다리게 하여, 적군이 이르면 흙을 날라다 장애물을 만들거나 함정을 파게 하거나 또는 나무다리를 놓거나 수레덮개를 철거하거나 보급하는 일에 종사하게 한다. 종사하는데 보급할 시간이 부족하면 남은 것을 불살라서 적군이 공격하는데 사용하지 못하도록 하는 일도 한다.

노약자(老弱者)의 군은 소와 말과 양과 돼지 등을 기르게 하여, 산야나 물 속에서 먹을 수 있는 것들을 거두어서 먹이도록 하고 또 여기서 장남(壯男)이나 장녀(壯女)가 먹을 양식도 마련하게 한다.

장남(壯男)의 군이나 장녀(壯女)의 군이나 노약자(老弱者)의 군은 서로 왕래하지 못하도록 엄격히 통제한다.

장남의 군이 장녀의 군을 방문하게 되면 장남은 장녀를 귀여워하게 되고, 그 사이에 간사한 백성이 방종한 음모까지 꾸미게 되면 국가는 망하게 된다.

곧 장남과 장녀가 서로 좋아하게 되면 정보를 일찍 듣고 전투를 두려워하여 용감한 백성이라도 전쟁에 참여하지 않으려 할 것이다.

또 장남(壯男)의 군이나 장녀(壯女)의 군이 노약자(老弱者)의 군을 방문하게 되면 늙은이는 젊은이에게 슬픔을 갖게 하고 허약한 이는 강인한 사람에게 연민의 정을 들게 한다.

슬픔과 연민의 정이 장남과 장녀의 마음에 들어 차게 되면 아무리 용감한 백성이라도 다시 걱정스러운 마음이 들고 겁 먹은 백성이 되어서 싸움에 임하지 않게 될 것이다.

그러므로 이르기를 '신중을 기하여 삼군(三軍)이 서로 방문하지 못 하도록 해야 한다.'라고 한 것이다.

이러한 일이 '성대한 힘을 기르는 방법'이다.

守城之道 盛力¹⁾也 故曰 客治簿檄 三軍之多 分以客之候車²⁾之數 三軍 壯男爲一軍 壯女爲一軍 男女之老弱者爲一軍 此之謂三軍也 壯男之軍 使盛食厲兵³⁾ 陳而待敵 壯女之軍 使盛食負壘⁴⁾ 陳而待令 客至而作土以爲險阻及耕格阱⁵⁾ 發梁撤屋⁶⁾ 給從 從之不洽 而燔之 使客無得以助攻備 老弱之軍 使牧牛馬羊彘 草水之可食者 收而食之 以獲其壯男女之食 而愼使三軍無相過 壯男過壯女之軍 則男貴女 而姦民有從謀 而國亡 喜與其恐有蚤聞⁷⁾ 勇民不戰 壯男壯女過老弱之軍 則老使壯悲 弱使彊憐 悲憐在心 則使勇民更慮 而怯民不戰 故曰 愼使三軍無相過 此盛力之道

1) 盛力(성력) : 성대한 힘.
2) 候車(후거) : 정찰오는 수레. 또는 사자로 오는 수레.
3) 盛食厲兵(성식려병) : 성식은 군량미를 담다. 곧 식량을 채우다. 여병은 병장기를 정비하다.
4) 負壘(부루) : 흙덩이를 쌓다. 곧 흙을 모아 놓다.
5) 耕格阱(경격정) : 문장이 성립되지 않는다. 일설에 함정을 파고 도랑을 파다의 뜻이라고 했다.
6) 發梁撤屋(발량철옥) : 나무다리를 놓거나 천막을 거두는 일.
7) 蚤聞(조문) : 미리 정보를 듣다.

제13편 신중하게 명령하다〔靳令第十三〕

1. 법이 공평하면 관리의 간사함이 없어진다

신중하게 명령을 내리면 행정 처리가 체류되지 않고, 법이 공평해지면 관리들의 농간이 없어진다.

법이 이미 확정되었으면 좋은 말로써 법의 집행을 방해해서는 안 된다.

공로가 있는 사람을 등용하면 백성은 말이 적어지고 선량한 사람을 등용하면 백성은 말을 많이 하게 된다.

정책이 잘 집행되고 잘못된 것이 바로잡아져서 시비(是非)를 다섯 개 마을에서 판단하게 하는 나라는 천하에서 왕 노릇을 할 수 있고, 열 개 마을에서 판단하게 하는 나라는 강성해질 수 있고, 하룻밤을 지나서 일의 결단을 내리는 나라는 쇠약해질 것이다.

형벌로써 나라를 다스리고, 포상을 내려서 전쟁하게 하고, 잘못을 찾아내고 선한 것을 찾지 않아야 한다.

그러므로 법이 확립되었는데 개혁되지 않으면 뛰어난 백성은 모면해 나갈 계책을 만들고 변화를 모색하게 된다.

모면할 계책을 그치게 하면 일률적으로 책임을 물어 처벌하기가 쉬워진다.

이렇게 되면 각각의 도시를 책임진 높은 작위를 가진 이나 녹봉이 많은 자들은 스스로를 자랑하게 된다.

靳令¹⁾則治不留 法平則吏無姦 法已定矣 不以善言害法 任功則民少言 任善則民多言 行治曲斷²⁾ 以五里斷者王 以十里斷者

彊 宿治者削 以刑治 以賞戰 求過不求善 故法立而不革 則顯民
變誅計 變誅止責商殊使³⁾ 百都之尊爵厚祿以自伐⁴⁾

1) 靳令(근령) : 진본(秦本)에는 칙령(飭令)으로 되어 있다고 했다.
2) 行治曲斷(행치곡단) : 정책이 잘 시행되고 시비가 잘 판단되다.
3) 責商殊使(책상수사) : 상은 제(齊)로 보고 사는 편(便)으로 보아서, 일률적
   으로 책임을 물어 처벌이 편리해진다로 풀이했다.
4) 變誅計~以自伐(변주계~이자벌) : 전체 문장이 혼합되어 뒤바뀌어서 해석
   이 불가능하다고 했다. 대략 꾸며도 앞뒤의 문장이 이상하다.

2. 간사한 것이 넘치면 국가는 쇠약해진다

국가에 간사한 백성이 없게 되면 도시에서 간사한 것을 볼 수
없게 된다.

사물이 풍부하면 장사치들이 많아지고 농업이 해이해져서 간
사한 것이 넘쳐나게 되어 국가는 반드시 쇠약해진다.

백성에게 남아도는 양식이 있으면 백성에게 곡식으로 관직이
나 작위를 얻게 하되, 관직이나 작위를 그들의 힘으로써 하게 하
면 농사에 태만하지 않게 된다.

4치 길이의 대롱이라도 밑바닥을 막지 않으면 반드시 가득 채
울 수가 없다.

관직을 주고 작위를 수여하고 녹봉을 지출하는 것을 공로에 따
라 기준하지 않게 되면 이는 대롱의 밑바닥을 막지 않는 것과 같
은 것이다.

나라가 가난한데도 전쟁에 힘쓰게 되면 그 해독이 적에게 발생
하여 '여섯 종류의 이(蝨)'들이 없어지고 국가는 강성해진다.

국가가 부유한데도 전쟁을 하지 않으면 편안한 것만 탐내는 것
이 나라 안에서 발생하여 '여섯 종류의 이'가 기생하게 되어 국
가는 반드시 허약해진다.

國無姦民 則都無姦示 物多末衆¹⁾ 農弛姦勝 則國必削 民有餘

饉 使民以粟出官爵 官爵必以其力 則農不怠 四寸之管無當² 必
不滿也 授官予爵出祿不以功 是無當也 國貧而務戰 毒生於敵 無
六蝨³ 必彊 國富而不戰 偸生於內 有六蝨 必弱

1) 物多末衆(물다말중) : 사물이 풍족하면 상업인이 많아진다. 말(末)은 상업
   인을 뜻한다.
2) 當(당) : 밑받침. 바닥을 막는 것.
3) 六蝨(육슬) : 여섯 종류의, 사람의 피를 빠는 악덕 관리.

3. 지모(知謀)를 증진시키는 일

국가에서는 공로를 참작하여 관직을 주고 작위를 수여한다. 이
러한 것을 '지혜와 계략을 장하게 여기고 용감히 싸운 전투를 장
하게 여기는 것'이라고 이른다.

지혜와 계략을 장하게 여기고 용감하게 싸운 전투를 장하게 여
기는 그 나라에는 반드시 대적할 자가 없게 된다.

국가에서 공로를 참작하여 관직을 주고 작위를 수여하면 다스
리는 업무가 적어지고 시비를 따지는 사람도 적어진다.

이러한 것을 일러 '다스려서 다스림을 제거하고 언어로써 언어
를 제거하는 것'이라고 한다.

국가에서 '여섯 종류의 이'와 같은 자들에게 관직을 주고 작위
를 수여하면 다스림이 번거로워지고 유언비어가 난무하게 된다.

이러한 것을 일러 '다스려도 다스려야 할 것들이 다시 이르고
언어로써 하면 또 다른 언어가 이르는 것'이라고 한다.

이에 군주는 교언(巧言)에 기뻐하고 관리들은 사특한 것을 다
스리는 데 혼란스러워지며, 간사한 신하는 군주에게 신임을 얻고
공로 있는 자는 날마다 물러나게 된다. 이러한 것을 일러 '과실'
이라고 하는 것이다. 〔문장이 빠진 것 같다.〕

열 가지 조목을 지키는 자는 어지러워지고, 일체감을 이루게 하
는 자는 다스려진다.

법이 이미 확정되었는데도 '여섯 종류의 이'와 같은 부류를 등

용하기를 좋아하면 국가는 멸망하게 된다.

백성들이 다 농사를 지어 윤택하게 되면 국가는 부유해지고 '여섯 종류의 이'같은 부류가 등용되지 않으면 전쟁에서도 백성들이 모두 앞다투어 나아가서 군주에게 쓰이기를 즐거워하게 된다.

이러한 일을 그 국가 안의 백성이 앞다투어 영광으로 삼을지언정 치욕으로 여기지 않는 것이 최상이다.

그 다음은 포상으로 권장되고 형벌로써 저지되는 백성이다.

그 아래는 군주에게 쓰이는 것을 백성들이 싫어하고 근심스러워하고 부끄럽게 여기는 것이다.

이에 용모를 꾸미고 교묘한 말로써 하며 군주와 교제하여 녹을 먹는 것을 부끄럽게 여기고 농사나 전쟁을 회피하며 외국과 교제를 갖추게 된다.

이러한 것은 국가의 제일 위험한 일들이다.

굶주리고 추위에 떨고 죽을지언정 이로움이나 녹봉 때문에 싸우지는 않을 것이다.

이러한 것들은 다 국가를 망치는 풍속들이다.

國以功授官予爵 此謂以盛知謀 以盛[1]勇戰 以盛知謀 以盛勇戰 其國必無敵 國以功授官予爵 則治省[2]言寡 此謂以法去法[3] 以言去言 國以六蝨授官予爵 則治煩言生 此謂以治致治 以言致言 則君務於說言 官亂於治邪 邪臣有得志 有功者日退 此謂失[4] 守十者亂 守壹者治 法已定矣 而好用六蝨者亡 民澤[5]畢農則國富 六蝨不用 則兵民畢競勸而樂爲主用 其竟內之民 爭以爲榮 莫以爲辱 其次 爲賞勸罰沮 其下 民惡之 憂之 羞之 修容而以言 恥食以上交[6] 以避農戰 外交以備[7] 國之危也 有饑寒死亡 不爲利祿之故戰 此亡國之俗也

1) 盛(성) : 장하게 여기다.

2) 省(성) : 덜어지다.

3) 以法去法(이법거법) : 법으로써 법을 없애다. 곧 다스려서 법을 제거하다.

4) 此謂失(차위실) : 이 문장 안에 결문(缺文)이 있다고 했다.

5) 民澤(민택) : 오자(誤字)라고 의심했다.

6) 上交(상교) : 군주와 사귀다.

7) 以備(이비) : 오자(誤字)이거나 결문(缺文)이 있다고 했다.

4. '여섯 종류의 이'가 정치를 이기는 것

'여섯 종류의 이(蝨)' 같은 부류는 예절과 음악과, 시(詩)와 서(書)와, 수양과 선행과, 효도와 공경과, 진실과 믿음과, 정절과 청렴과, 인(仁)과 의(義)와, 군대를 비난함과 전쟁에 참여하기를 부끄럽게 여기는 것들이다.

나라에 이와 같은 열 두 가지가 있으면 군주는 백성에게 농사를 짓거나 전쟁에 참여하도록 부릴 수가 없게 되고 국가는 반드시 가난해지고 국토는 감소하게 될 것이다.

이 열두 종류의 부류들이 집단을 이루는 상황을 일컬어 '군주의 다스림이 그 신하를 억제하지 못하고 관리의 다스림이 그 백성을 억제하지 못한다.'라고 하는 것이며, 이러한 것을 일컬어 '여섯 종류의 이(蝨) 같은 부류들이 그 나라의 정치를 무력화시킨다.'라고 하는 것이다.

이상의 열두 가지가 집단을 이루게 되면 국가는 반드시 쇠약해지게 되는 것이다.

흥성하는 국가에서는 이상의 열두 가지 부류를 등용하지 않으므로 그 나라의 국력은 힘이 넘쳐서 천하의 어떤 나라도 능히 침략하지 못할 뿐 아니라 군대를 출동시키면 반드시 땅을 취할 수 있다. 땅을 취하면 반드시 능히 보유할 수 있으며, 군대를 주둔시키기만 하고 공격하지는 않더라도 반드시 부유하게 되는 것이다.

이러한 국가는 조정의 관리가 적더라도 권위가 훼손되지 않고 인원이 많더라도 손해가 되지 않는다.

또 공로에 따라서 관직과 작위를 취하므로 비록 비상한 말재주가 있다 하더라도 정승을 먼저 얻지는 못하는 것이다.

이러한 것을 일러 '술수로 다스린다.'라고 하는 것이다.

힘으로써 적을 공격하는 자는 한 번 출동하여 열 가지를 얻고, 말로써 공격하는 자는 열 번 출동하면 백 가지를 잃게 된다.

국가에서 힘을 좋아하는 이것을 일러 '어려운 것으로 공격한다.' 라고 하는 것이요, 국가에서 말[言]을 좋아하는 이것을 일러 '쉬운 것으로 공격한다.' 라고 하는 것이다.

六蝨 曰禮樂 曰詩書 曰修善 曰孝弟 曰誠信 曰貞廉 曰仁義 曰非兵[1] 曰羞戰[2] 國有十二者 上無使農戰 必貧至削 十二者成群[3] 此謂君之治不勝其臣 官之治不勝其民 此謂六蝨勝其政也 十二者成樸[4] 必削 是故興國不用十二者 故其國多力 而天下莫能犯也 兵出 必取 取 必能有之 按兵而不攻 必富 朝廷之吏 少者不毁也 多者不損也 效功[5]而取官爵 雖有辯言 不能[6]以相先也 此謂以數治 以力攻者 出一取十 以言攻者 出十亡百 國好力 此謂以難攻 國好言 此謂以易攻

1) 非兵(비병) : 군사력을 증강하는 것을 비난하다.
2) 羞戰(수전) : 전쟁에 나가는 것을 부끄럽게 여기다.
3) 成群(성군) : 집단을 이루다. 곧 사사로운 당을 만들다.
4) 成樸(성복) : 집단을 이루다. 군락을 이루다.
5) 效功(효공) : 공로에 따라서 하다. 곧 공적을 살펴서 임용하는 것.
6) 不能(불능) : 범본(范本)에는 능(能)이 득(得)으로 되어 있다고 했다.

5. 군주가 백성을 사랑하지 않는 것들…

형벌은 엄중하게 하고 포상은 적게 하는 것이 군주가 백성을 사랑하는 것이다. 이에 백성은 상을 타려고 죽음을 무릅쓴다.

포상을 무겁게 하고 형벌을 가볍게 하는 것은 군주가 백성을 사랑하지 않는 것이다. 이에 백성은 상을 타려고 목숨을 걸지 않게 된다.

이익이 한 곳에서 나오는 나라는 그 국가를 대적할 자가 없게 된다. 이익이 두 곳에서 나오는 나라는 국가의 이익이 절반으로 축소된다. 이익이 열 곳에서 나오는 나라는 그 국가를 지키지 못하게 된다.

형벌을 엄중하게 하고 큰 제도를 밝혀야 하는데 큰 제도가 밝혀지지 않는 것은 '여섯 종류의 이(蝨)' 때문이다.

'여섯 종류의 이' 같은 부류들이 집단을 이루게 되면 백성들이 군주에게 등용되지 못한다.

그러므로 흥성하는 나라에서는 형벌이 시행되면 백성들이 군주와 친밀해지고 포상이 시행되면 백성들이 이롭게 된다.

형벌을 집행할 때, 가벼운 형벌을 범한 자에게는 무거운 형벌을 내리고 무거운 형벌을 범한 자에게는 가볍게 할 때도 있다.

가벼운 벌을 무겁게 처벌하면 가벼운 죄를 짓는 자는 발생하지 않고 무거운 죄를 짓는 자도 나오지 않게 된다.

이러한 것을 일러 '형벌로써 형벌을 제거하는 것'이라고 하며, 형벌이 제거되면 사업은 성취되는 것이다.

무거운 죄를 가볍게 처벌하는 것이란 죄가 무거운데 형벌을 가볍게 적용하는 것으로 형벌이 다시 이르게 되어 새로운 형벌이 발생하게 된다. 이러한 것을 일러 '형벌로써 형벌을 이르게 하는 것'이라고 하며 이러한 나라는 반드시 쇠약해질 것이다.

重刑少賞 上愛民 民死賞 重賞輕刑 上不愛民 民不死賞 利出
一空[1]者 其國無敵 利出二空[2]者 國半利 利出十空[3]者 其國不守
重刑明大制[4] 不明者 六蝨也 六蝨成群 則民不用 是故興國罰行
則民親 賞行則民利[5] 行罰重其輕者 輕其重者[6] 輕者不至 重者
不來 此謂以刑去刑 刑去事成 罪重刑輕 刑至事生 此謂以刑致
刑 其國必削

1) 一空(일공) : 한 구멍. 곧 한 곳에서 나오다. 일관되게 나오다의 뜻.

2) 二空(이공) : 두 곳에서 나오다.

3) 十空(십공) : 여러 곳에서 나오다. 종잡을 수가 없다는 뜻.

4) 大制(대제) : 큰 제도. 중요한 제도

5) 民利(민리) : 백성의 이익. 범본(范本)에는 상리(上利)로 되어 있다고 했다.

6) 輕其重者(경기중자) : 이 문장은 아래 '죄중형경(罪重刑輕)'의 위에 있어
  야 한다고 했으나 원본에 있는대로 놓아 두었다고 했다. 이 번역은 '경기중
  자'의 문장을 옮겨서 번역한 것.

6. 성스러운 군주는 사물의 요체를 안다

  성스러운 군주는 사물의 요체를 알기 때문에 그 백성을 다스리
는 데에도 중요한 요점으로 한다.

  그러므로 포상과 형벌을 집행하는 데에도 일체감을 이루는 것
으로써 보좌하는 것이다.

  인(仁)이라는 것은 사람의 마음이 계속 베풀어지는 것이다.

  성스러운 군주가 사람을 다스리면 반드시 그 마음을 얻기 때문
에 능히 그들의 힘을 사용한다.

  힘은 강력한 데에서 발생하며, 강력한 것은 위엄에서 발생하며,
위엄은 덕에서 발생하며, 덕은 힘에서 발생한다.

  성스러운 군주는 이러한 것을 홀로 가지고 있기 때문에 능히 인
(仁)과 의(義)를 천하에 기술하는 것이다.

  聖君知物之要[1] 故其治民有至要 故執賞罰以壹[2]輔 仁者 心之
續也 聖君之治人也 必得其心 故能用力 力生彊 彊生威 威生德
德生於力 聖君獨有之 故能述仁義於天下

1) 要(요) : 요체(要諦). 요점.
2) 壹(일) : 일체감을 이루는 것. 한마음으로 통일시키는 것.

제14편 권세를 닦다〔修權第十四〕

1. 국가를 다스리는 데 중요한 세 가지

국가를 다스리는 데에 중요한 세 가지가 있다.

첫째는 법(法)이다.

둘째는 신용(信用)이다.

셋째는 권력(勸力)이다.

법(法)이라는 것은 군주와 신하가 함께 움켜쥐는 것이다.

신용이라는 것은 군주와 신하가 함께 세우는 것이다.

권력이라는 것은 군주가 홀로 통제하는 것이다.

군주가 지키는 것을 잃으면 위태해지고, 군주와 신하가 법을 놓아 두고 사사로운 의논에 맡기게 되면 반드시 어지러워진다.

그러므로 법을 세우고 명분을 밝혀서 사사로운 것으로 법을 해치지 않으면 나라는 다스려지는 것이다.

권력의 통제를 군주가 독단하게 되면 위엄이 있게 되고, 백성들이 군주가 내리는 상을 신용하게 되면 사업에서 공로가 성취되고, 백성들이 군주의 형벌을 믿게 되면 간사한 일이 일어날 터전이 없게 된다.

오직 현명한 군주만이 권력을 아끼고 신용을 중요시하여 사사로운 것으로써 법을 해치지 않는 것이다.

군주가 은혜로운 말을 많이 하여 그 상을 이기게 되면 아래 백성들이 등용되지 않게 된다.

또 자주 엄격한 명령을 더하여 그 형벌이 시행되지 못하면 백성은 죽음을 업신여기게 된다.

國之所以治者三 一曰法 二曰信 三曰權 法者 君臣之所共操也 信者 君臣之所共立也 權者 君之所獨制也 人主失守則危 君臣 釋法任私必亂 故立法明分 而不以私害法則治 權制獨斷於君則 威 民信其賞則事功成 信其刑則姦無端 惟明主愛權重信 而不以 私害法 故多¹⁾惠言而尅其賞 則下不用 數²⁾如嚴令而不致其刑 則 民傲³⁾死

1) 多(다) : 구본(舊本)에는 불다(不多)라고 했는데 문맥이 통하지 않는다 하
   여 삭제했다.
2) 數(삭) : 자주의 뜻.
3) 傲(오) : 업신여기다. 죽으려고 하지 않는다.

2. 현명한 군주는 법에 맡긴다

무릇 포상하는 것은 문체가 나게 꾸미는 것이요, 형벌이라는 것
은 무용(武勇)을 나타내는 것이다.

문체가 나게 꾸미고 무용(武勇)을 나타내는 문(文)과 무(武)
는 법의 언약(言約)이다. 그러므로 현명한 군주는 법에 맡기는
것이다.

현명한 군주가 주위의 신하에게 가려지지 않는 것을 '밝다'고
이르고, 현명한 군주가 신하에게 속임을 당하지 않는 것을 '살핀
다'고 이르는 것이다.

포상은 두텁게 하여 이로움을 주고 형벌은 무겁게 하여 위엄을
반듯하게 하여, 성기고 먼 곳이라도 빠뜨리지 않고 친척이나 가
까운 관계라도 위반하지 않게 한다.

이에 신하는 군주의 혜안을 가리지 못하고 아래의 백성은 군주
를 속이지 못하게 되는 것이다.

凡賞者 文¹⁾也 刑者 武²⁾也 文武者 法之約也 故明主任³⁾法 明
主不蔽⁴⁾之謂明 不欺⁵⁾之謂察 故賞厚而利 刑重而威必 不失疏遠
不違親近 故臣不蔽主而下不欺上

1) 文(문) : 문체가 나도록 꾸며 주는 것.

2) 武(무) : 무용(武勇) 있는 위엄을 나타내 주는 것.

3) 任(임) : 범본(范本)에는 신(愼)자로 되어 있다고 했다.

4) 不蔽(불폐) : 군주의 이목을 가리지 못하다.

5) 不欺(불기) : 군주가 보지 않는다고 속이지 못하다.

3. 공공적인 것을 훼손하면 처벌한다

세상에서 통치하는 자들은 대다수가 법을 놓아 두고 사사로운 의논에 맡기는데 이러한 것이 국가를 어지럽게 만드는 원인이다.

예전의 성왕(聖王)들은 저울추와 저울대를 만들어서 무게를 달고 자(尺)와 치수를 만들어 썼는데 지금에 이르러서도 저울과 저울추에 달고 자와 치수에 의존하고 있다. 그것은 저울이나 자의 실용이 분명해서다.

저울이나 저울추를 놓아 두고 가볍고 무거운 것을 판단하고 자와 치수를 버리고 길고 짧은 것을 헤아려, 비록 살필 수 있다 하더라도 장사꾼이나 상인(商人)들이 사용하지 않는다. 그것은 반드시 필수적인 것이 되지 못하기 때문이다.

대저 법도로 헤아리는 일을 등지고 사사로운 의논에 맡기는 것도 다 이것과 분별되지 않는 것이다.

법으로 하지 않고 지혜 있는 자와 능력 있는 자를 분별하고 현명한 자와 현명하지 못한 자를 판단할 수 있는 사람은 오직 요(堯)임금 뿐이다.

세상 사람들이 다 요임금이 되지는 못하는 것이다.

그러므로 예전의 성왕(聖王)들은 스스로의 판단이나 사사로운 칭찬에 맡길 수 없음을 알았다.

이에 법을 세우고 명분을 밝혀서 일정한 규칙에 맞는 자를 포상하고 공공적인 것을 훼손하는 자는 처벌하였다.

포상하고 처벌하는 법이 그 조정에서 의논한 기준을 잃지 않았으므로 백성들이 다투지 않았다.

世之爲治者 多釋法而任私議 此國之所以亂也 先王縣權衡[1]
立尺寸[2]而至今法之 其分明也 夫釋權衡而斷輕重 廢尺寸而意
長短 雖察 商賈不用 爲其不必[3]也 夫倍[4]法度而任私議 皆不類[5]
者也 不以法論知能賢不肖者 惟堯 而世不盡爲堯 是故先王知自
議譽私之不可任也 故立法明分 中程者賞之 毁公者誅之 賞誅之
法不失其議 故民不爭

1) 權衡(권형) : 저울추와 저울대. 저울. 무게를 다는 기구.

2) 尺寸(척촌) : 자(尺)와 치(寸)의 뜻. 길이를 재는 기구.

3) 必(필) : 필수적인 것. 필요한 것. 믿을 만한 것.

4) 倍(배) : 등지다. 배반하다.

5) 類(유) : 분별하다. 종류.

4. 군주가 법을 좋아하면 신하는 법대로 섬긴다

관직을 주고 작위를 수여하는 일을 수고한 대가에 의하여 주지
않으면 충성스러운 신하가 진출하지 않고, 상을 주고 녹봉을 부
여하는 일을 그 공로에 알맞게 하지 않으면 전사(戰士)들이 등
용되지 않는다.

무릇 사람의 신하된 자가 군주를 섬기는 데는 대부분 군주가 좋
아하는 것으로써 군주를 섬긴다.

군주가 법을 좋아하면 신하는 법에 따라서 군주를 섬기고, 군주
가 말(言)을 좋아하면 신하는 언어로써 군주를 섬긴다.

군주가 법을 좋아하게 되면 단정하고 올곧은 선비가 군주 앞에
있게 되고, 군주가 말을 좋아하게 되면 비방하거나 칭찬만 일삼
는 신하들이 군주의 측근에 있게 된다.

공공적인 것과 사사로운 것이 선명하게 구별되면 소인(小人)
들이 어진 이를 질시하지 못하게 되고, 어리석은 자가 공로가 있
는 이를 질투하지 못하게 된다.

요(堯)임금과 순(舜)임금이 천하에 군림한 것은 천하의 이익
을 사사로이 하기 위한 것이 아니라 천하의 민중을 위하여 천하

의 제왕이 되었던 것이다.

이에 어진 이를 논하고 유능한 이를 등용하여 제위를 전하였다.

이것은 아버지와 자식간에는 소원하고 월(越)나라 사람들과 친밀해서가 아니었다. 다스려지고 어지러워지는 도를 밝힌 것뿐이었다.

그러므로 삼왕(三王)은 의로써 친밀하였고 오패(五覇)는 법으로써 제후들을 바로잡았다.

이들도 다 천하의 이로움을 사사로이 한 것이 아니고 천하를 위하여 천하를 다스렸던 것이다.

그러므로 그들의 이름을 마음껏 날리고 그들의 공로를 후세에 남기게 되었다. 천하에서는 그들의 정치를 즐거워하였고 능히 그들을 훼손시키려는 자가 없었다.

지금 난세(亂世)의 군주와 신하들은 득의양양하게 모두 다 한 국가의 이익을 오로지 하고 한 관직의 중책을 관장하여 사사로운 이익을 편리한대로 한다. 이로 말미암아 국가는 위태로워지는 것이다.

그러므로 공공적인 것과 사귀느냐 사사로운 것과 사귀느냐가 국가가 존재하고 국가가 멸망하는 근본이 되는 것이다.

授官予爵不以其勞 則忠臣不進 行賞賦¹⁾祿不稱其功 則戰士不用 凡人臣之事君也 多以主所好事君 君好法則臣以法事君 君好言則臣以言事君 君好法則端直之士在前 君好言則毀譽之臣在側 公私之分明 則小人不疾賢 而不肖者不妬功 故堯舜之位天下也 非私天下之利也 爲天下位天下也 論賢擧能而傳焉²⁾ 非疏父子親越人³⁾也 明於治亂之道也 故三王以義親 王覇以法正諸侯 皆非私天下之利也 爲天下治天下 是故擅其名而有其功 天下樂其政而莫之能傷也 今亂世之君臣 區區然皆擅一國之利 而管一官⁴⁾之重 以便其私 此國之所以危也 故公私之交 存亡之本也

1) 賦(부) : 사(賜)의 잘못이라고 했다. 부(賦)는 사(賜)의 뜻도 있다.
2) 擧能而傳焉(거능이전언) : 유능한 사람에게 제위를 전해주다. 요(堯)임금은

아들 단주(丹朱)에게 제위를 물려주지 않고 순(舜)임금에게 전해 주었고 순
임금은 제위를 아들인 상균(商均)에게 물려주지 않고 우(禹)임금에게 물려
주었다.

3) 越人(월인) : 월나라 사람은 중국에서는 이방인으로 일컬었다.

4) 一官(일관) : 하나의 직책. 모든 관직을 통솔할 수 있는 관직.

5. 사사로운 의논을 좋아하면

법도를 폐지하고 사사로운 의논을 좋아하게 되면 간신들이 권
력을 팔아 녹봉을 약속하게 되고 관직의 등급을 정하는 관리는 아
래에 숨어서 백성을 낚시질한다.

속담에 이르기를 '좀벌레가 많으면 나무가 꺾이고 틈이 커지면
담장이 무너진다.'라고 했다.

대신(大臣)들이 사사로운 것을 다투어 백성을 돌아보지 않게
되면 아래의 백성은 군주를 떠나게 된다.

아래의 백성들이 군주를 떠나게 되는 국가는 그 국가의 틈이 벌
어지는 것이다.

관리의 등급을 정하는 자가 아래에 숨어서 백성을 낚시질한다
는 것은 이는 백성의 좀벌레이다.

국가에 틈이 생기고 좀벌레가 있는데도 망하지 않는 나라는 천
하에 아주 드물었다.

그러므로 현명한 제왕은 법에 맡겨서 사사로운 것을 제거하고
국가에 큰 틈이나 좀벌레를 없애는 일도 하는 것이다.

夫廢法度而好私議 則姦臣鬻權以約祿¹⁾ 秩官²⁾之吏隱下³⁾而
漁民⁴⁾ 諺⁵⁾曰 蠹衆而木折 隙大而牆壞 故大臣爭於私而不顧其
民 則下離上 下離上者 國之隙也 秩官之吏隱下以漁百姓 此民
之蠹也 故有隙蠹 而不亡者 天下鮮矣 是故明王任法去私 而國
無隙蠹矣

1) 約祿(약록) : 돈을 받고 녹봉을 약속하다. 곧 매관매직하다.

2) 秩官(질관) : 관리를 임명하고 등급을 조정하는 관리.

3) 隱下(은하) : 군주의 밑에 숨다.

4) 漁民(어민) : 백성을 약탈하다. 곧 고기잡는 것같이 그물질하다.

5) 諺(언) : 속담. 상말. 전해 오는 속담.

상군서 제4권(商君書卷第四)

　'상군서' 제4권은 총 4편으로 이루어졌다.

　제15편 내민(徠民), 제16편 형약(刑約), 제17편 상형(賞刑), 제18편 획책(畫策) 등이다.

　제15편 내민(徠民)은 '백성을 불러들이다.' 이다. 진(秦)나라는 땅은 많고 백성의 수는 적어서 한(韓)·위(魏)·조(趙)나라 등의 백성을 불러들여 황무지를 개간해야 한다는 것이다.

　제16편 형약(刑約)은 망실(亡失)되었다. 여기서는 형벌의 대략적인 것을 논한 것 같다.

　제17편 상형(賞刑)은 '포상과 형벌'이라는 뜻이다. 국가에서 오직 전쟁의 공로만 참작하여 상을 내리는 방법을 사용한다면 천하의 어떠한 군대도 대적할 상대가 없게 되고, 지휘의 고하와 친소(親疏)의 관계를 막론하고 명령을 집행하게 되면 아랫사람들은 군주만 따르게 되며, 농사짓고 전쟁하는 일에 이롭지 않은 모든 의식형태들을 없애고 교육을 통일시키면 풍속은 자연스럽게 바뀐다는 것을 논했다.

　제18편 획책(畫策)은 '책략을 꾸미다.'이다. 이 편은 모든 백성은 군대 입대하기를 즐거워해야 한다고 하고, 군대를 잘 조직하고 관리해야 할 필요성을 역설하고 있다.

제15편 백성을 불러들이다〔徠民第十五〕

I. 선왕(先王)들의 토지 분배법

사방으로 100리가 되는 땅을 가진 국가는 산과 언덕이 10분의 1이요, 늪지대나 연못이 10분의 1이요, 계곡의 흐르는 물이 10분의 1이요, 도(都)나 읍(邑)의 도로가 10분의 1이요, 거친 전답이 10분의 2요, 좋은 전답이 10분의 4를 차지하게 한다.

이 곳에서 나는 식량으로 일하는 인부 5만 명을 먹일 수 있다.

또 각각의 산이나 언덕, 늪지대나 호수, 계곡의 흐르는 물에서는 국가에 필요한 원자재를 공급할 수 있으며 각각의 도(都)나 읍의 도로에는 그 백성의 왕래를 수용할 수 있다.

이러한 것이 앞서 간 성왕(聖王)들이 토지를 규제하고 백성을 분배했던 율법이다.

지금 진(秦)나라 땅은 사방으로 5천 리나 되지만 곡식을 심을 수 있는 토지는 10분의 2가 못 되고, 전답을 경작하는 수는 백 만을 넘지 못 하며, 그 늪지대나 호수와 계곡이나 명산과 대천(大川) 등에서 나는 원자재나 그 밖의 여러 재화나 보물들이 다 이용되지 못하고 있다.

이러한 이유는 인구가 토지와 균형을 이루지 못하기 때문이다.

地方百里¹⁾者 山陵²⁾處什一 藪澤處什一 谿谷流水處什一 都邑蹊道³⁾處什一 惡田處什二 良田處什四 以此食作夫五萬 其山陵藪澤谿谷可以給其材 都邑蹊道足以處其民 先王制土分民之律也 今秦⁴⁾之地 方千里者五 而穀土不能處二 田數⁵⁾不滿百萬 其

藪澤谿谷名山大川之材物貨寶 又不盡爲用 此人不稱土也

1) 地方百里(지방백리) : 사방으로 1백 리의 땅. 사방 1백 리의 땅은 남작(男爵) 의 소국가.

2) 山陵(산릉) : 산이나 큰 언덕.

3) 蹊道(혜도) : 좁은 길. 소로(小路).

4) 秦(진) : 주(周)나라의 제후국이었는데 전국 시대에는 강국(强國)이 되어서 사방 5천 리의 땅을 보유하였다.

5) 田數(전수) : 전답을 경작하는 인구 수.

2. 진(秦)나라와 인접한 국가는 삼진(三晉)이다

진(秦)나라와 이웃하고 있는 국가는 삼진(三晉)인 한(韓) 위 (魏) 조(趙)이며, 군사를 동원하여 정벌하려고 하는 국가는 한 (韓)나라와 위(魏)나라이다.

저들 나라의 토지는 협소하고 백성은 많아서 그들의 주택은 줄 줄이 들어서 함께 산다. 홀아비나 홀어미된 백성과 떠돌이 상인 들이 함께 사는데 백성은 위로는 이름을 알릴 곳이 없고 아래로 는 전답이나 주택이 없이 간사한 짓을 일삼고 상업을 일으켜 의 지하며 살아가고 음양(陰陽)술이나 택수(澤水 : 어업)로 돌아간 자가 과반이나 된다. 〔문맥이 잘 통하지 않는다.〕

저들 나라의 토지는 백성을 살게 하는 데는 부족하지만 진(秦) 나라의 백성들이 토지를 보유하고 있으면서 활용하지 못하는 것 보다는 낫다.

백성의 정을 헤아려보면 그들이 요구하는 것은 전답이나 주택 인데 진(晉)나라에는 가진 게 없는 것이 확실하고 진(秦)나라에 서는 남아도는 것이 확실하다.

이와 같은 실정인데도 백성들이 서쪽의 진(秦)나라로 오지 않 는 이유는 진나라의 선비들은 수척해 있고 백성들은 고통스럽기 때문이다.

내가 간절히 생각건대 왕의 관리들을 현명하다고 판단하는 것은 너무 지나친 견해라고 본다.

이들은 너무 허약하기 때문에 한위조(韓魏趙)의 백성조차 빼앗아 오지 못하는데, 그 이유는 작위를 아끼고 부역을 면제시켜 주는 일을 꺼리기 때문이다.

그들은 말하기를 "삼진(三晉 : 韓·魏·趙)이 허약하게 된 것은 그 백성들이 즐기는 것만 힘쓰고 부역의 면제나 작위 수여를 가볍게 여겼기 때문이고, 진(秦)나라가 강성하게 된 것은 그 백성들이 고통스러운 것을 참고 부역의 면제나 작위받는 것을 중하게 여겼기 때문이다. 지금 작위를 많이 주고 부역의 면제를 오래도록 하게 되면 이것은 진(秦)나라의 강성한 장점을 버리고 삼진(三晉)의 허약한 것을 일삼는 것이다."라고 한다.

이러한 논리가, 왕의 관리들이 작위를 아끼고 부역 면제를 아끼며 하는 설명들이다.

은근히 생각해 보았는데 나는 그렇지 않다고 본다.

대저 백성을 고통스럽게 하여 군사력을 강화한 것은 장차 적들을 공격하여 자신이 이루고자 하는 것을 성취하기 위한 것이다.

병법(兵法)에 이르기를 "적군이 약하면 우리 군대가 강해진다."라고 했다.

이 말은 우리가 공격하는 시기를 잃지 않으면 적들은 그 수비하는 것을 잃게 된다는 의미이다.

지금 삼진(三晉)이 진(秦)나라를 이기지 못한 지가 4대째이다.

위(魏)나라의 양왕(襄王)도, 그들은 야전(野戰)에서 승리하지 못했고 성만 지키고 있어도 반드시 빼앗겼으며 크고 작은 전투에서도 삼진(三晉)이 진(秦)나라에 패배한 일들을 가히 헤아릴 수가 없다.

이와 같은데도 그들이 복종하지 않는 이유는 진(秦)나라가 그들의 토지는 취하고 그들의 백성은 빼앗지 않아서이다.

이제 왕께서 밝은 은혜를 발동하여 제후국의 선비들이 찾아와 의(義)로써 귀순하면 즉시 부역을 면제해 주고 3대 동안은 군사적인 일을 하지 않게 한다.

또한 진(秦)나라의 사방 국경 안에 있는 구릉이나 경사진 곳이
나 언덕이나 습지에 살게 하여 10년 동안 세금을 거두지 않는다.
이러한 법률로써 거주하게 하면 족히 1백만 명의 일하는 노동
자들을 이르게 할 수 있다.

秦之所與隣者 三晉[1]也 所欲用兵者 韓魏[2]也 彼土狹而民衆
其宅參居[3]而幷處 其寡萌賈息[4] 民上無通名 下無田宅 而恃姦
務末作[5]以處 人之復陰陽澤水[6]者過半 此其土之不足以生其民
也 似[7]有過秦民之不足以實其土也 意民之情 其所欲者田宅也
而晉之無有也信 秦之有餘也必 如此而民不西者 秦士戚而民苦
也 臣竊以王吏之明爲過見 此其所以弱不奪三晉民者 愛爵而重
復[8]也 其說曰 三晉之所以弱者 其民務樂而復爵輕也 秦之所以
彊者 其民務苦而復爵重也 今多爵而久復 是釋秦之所以彊 而
爲三晉之所以弱也 此王吏重爵愛復之說也 而臣竊以爲不然 夫
所以爲苦民而彊兵者 將以攻敵而成所欲也 兵法[9]曰 敵弱而兵
彊 此言不失吾所以攻 而敵失其所守也 今三晉不勝秦四世矣 自
魏襄[10]以來 野戰不勝 守城必拔 小大之戰 三晉之所亡於秦者
不可勝數也 若此而不服 秦能取其地 而不能奪其民也 今王發
明惠 諸侯之士來歸義[11]者 今使復之 三世無知軍事 秦四竟之內
陵阪丘隰 不起十年征[12]者 於律也足以造作夫百萬

1) 三晉(삼진) : 춘추 시대 진(晉)나라 대부인 한(韓)씨, 위씨(魏氏), 조씨(趙
   氏)가 진(晉)나라를 3등분하여 차지한 것을 뜻한다.
2) 韓魏(한위) : 진나라 대부 한건(韓虔)이 세운 한(韓)나라와 위사(魏斯)가
   세운 위나라.
3) 參居(삼거) : 나란히 살다. 곧 빽빽이 들어 차 살다.
4) 寡萌賈息(과맹고식) : 과부와 홀아비의 백성이나 장사치들을 말하는 것 같
   다. 주석에는 탈자(脫字)나 오자(誤字)가 있어서 해석이 미상하다고 했다.
5) 姦務末作(간무말작) : 음란한 것을 힘쓰고 상업을 일으키다의 뜻인 것 같다.
6) 復陰陽澤水(복음양택수) : 복음양(復陰陽)은 뜻이 자세하지 않다고 했다.
   의심컨대 탈자(脫字)나 오자(誤字)가 있다고 했다.

7) 似(사) : 이(以)의 잘못이라고 했다.

8) 重復(중복) : 부역을 면제시켜 주는 일을 무겁게 하다. 부역 면제를 꺼리다.

9) 兵法(병법) : 어느 병법인지 자세하지 않다. 범씨 본에는 법(法)은 '칭(稱)' 이라고 했다.

10) 魏襄(위양) : 위(魏)나라 양왕(襄王). 전국 시대 때의 왕.

11) 歸義(귀의) : 의로운 귀순. 곧 살기 좋은 나라로 귀순한다는 뜻인데 이는 투항하는 사람을 존중한다는 뜻에서 쓰임.

12) 征(정) : 세금을 부과하는 일.

3. 백성의 심정을 헤아려야 한다

앞에서 내가 "백성의 심정을 헤아려보면 그들이 원하는 것은 전답과 집이다. 진(晉)나라에서는 가진 것이 없음이 확실하고 진(秦)나라에는 남아도는 것이 확실하다.

이와 같은 현실인데도 백성들이 서쪽의 진(秦)나라로 오지 않는 까닭은 진나라의 선비들은 수척하고 백성들은 고통스럽기 때문이다."라고 말했다.

이제 그들에게 전답과 주택을 주어서 이롭게 하고 3대에 걸쳐서 세금과 부역을 면제해 준다면, 이것은 확실하게 가진 것으로 그들이 소원하는 것을 주고 그들이 싫어하는 것을 시행하지 않는 것이다.

이렇게 하면 산동(山東 : 화산의 동쪽)의 백성이 서쪽의 진나라로 오지 않을 까닭이 없을 것이다.

곧 빈말하는 것이 아니다.

그렇지 않다면 대저 빈 토지를 채우고 하늘이 내린 보배를 캐내고 백만 명이 농사에 종사하여 이익을 내는 것이 많다고 하더라도 어찌 적의 공격에 유실되지 않을 것인가?

진(秦)나라가 근심하는 일은 군사를 일으켜서 침공하게 되면 국가가 가난해지고, 편안하게 살면서 농사를 지으면 적들이 휴식을 얻는다는 것이다.

이것이 왕이 두 가지를 다 성취하지 못하는 이유이다.

그러므로 3대를 전쟁에서 승리했으나 천하는 복종하지 않고 있는 것이다.

이제부터라도 본래의 진(秦)나라 사람은 적을 무찌르게 하고 새로운 백성은 본업에 종사하게 하면, 병사들이 비록 밖에서 100일을 숙식한다 하더라도 국경 안에서는 잠시도 농사철을 잃지 않게 될 것이다.

이것이 부유하게 되고 강력하게 되는 두 가지를 성취하는 효과인 것이다.

내가 말하는 군대라는 것은 국가의 모든 것을 다 일으키는 것을 말하는 것이 아니다.

국가 안에서 공급할 수 있는 능력을 판단하여 군졸이나 전차와 기병들을 공급하게 하고 본래의 진(秦)나라 병사들에게는 전쟁에 참여하도록 명령하고 새로운 백성은 말이나 소의 꼴이나 양식을 공급하게 한다.

천하에 복종하지 않는 나라가 있으면 왕은 이러한 것을 기화로 봄에 그들의 농사짓는 것을 포위하고 여름에는 그들의 식량을 먹으며 가을에는 그들이 베어놓은 것을 취하고 겨울에는 그들의 보배들을 진열시키게 한다. 대대적인 군사력으로 그들의 본업인 농사를 흔들어서 문물(文物)을 넓히고 그들을 계승한 이들을 편안하게 해 준다.

왕께서 이러한 정책을 행하면 10년 안에 제후들이 진(秦)나라 백성과 하등의 다름이 없게 될 것인데 왕께서는 무엇 때문에 작위를 아끼고 부역 면제를 어렵게 여길 필요가 있겠는가?

曩者[1]臣言曰 意民之情 其所欲者田宅也 晉之無有也信 秦之有餘也必 若此而民不西者 秦士戚而民苦也 今利其田宅而復之三世 此必與其所欲而不使行其所惡也 然則山東之民無不西者矣 且非直虛言之謂也 不然 夫實曠土 出天寶[2] 而百萬事本 其所益多也 豈徒不失其所以攻乎 夫秦之所患者 興兵而伐則國家

貧 安居而農則敵得休息 此王所不能兩成也 故三世戰勝而天下
不服 今以故秦事敵 而使新民作本 兵雖百宿³⁾於外 竟內不失須
臾⁴⁾之時 此富彊兩成之效也 臣之所謂兵者 非謂悉興盡起也 論
竟內所能給軍卒車騎 令故秦兵 新民給芻食 天下有不服之國 則
王以此春圍其農 夏食其食 秋取其刈 冬陳其寶 以大武⁵⁾搖其本
以廣文安其嗣 王行此 十年之內 諸侯將無異民 而王何爲愛爵
而重復乎

1) 曩者(낭자) : 지난번. 여기서는 앞에서의 뜻.
2) 且非直~出天寶(차비직~출천보) : 문장이 흩어져 있어 혼란스러운 것을 문
   의(文義)가 통하도록 잡았다고 했다.
3) 百宿(백숙) : 100일을 묵다. 숙은 밖에서 묵다의 뜻.
4) 須臾(수유) : 잠깐. 잠시.
5) 大武(대무) : 대대적인 무력. 큰 무력.

4. 두 가지를 성취할 수 있는 계책이다

　주(周)나라 이궐(伊闕)의 싸움과 한(韓)나라 화양(華陽)의
싸움에서 승리를 거두어 진(秦)나라는 수많은 적군의 목숨을 취
하고 동쪽으로 진군했다.

　동쪽으로 진군했던 일은 아무런 이익이 없었음이 또한 분명하
지만 관리들은 오히려 큰 성과가 있다고 한 것은 적군에게 큰 타
격을 주었기 때문이다.

　지금 잡초와 띠풀이 무성한 토지로써 삼진(三晉)의 백성을 불
러들여 농업에 종사하게 하면 이 또한 적에게 손해를 주는 일이
며 전쟁에서 승리한 것과 똑같은 실리를 취할 수 있는 조치이며
진(秦)나라에서는 얻어서 곡식으로 삼을 수 있는 것이다.

　이것은, 진(晉)나라 백성이 귀순하게 하고 전쟁을 행하는 두 가
지를 성취하는 계책이다.

　주(周)나라 이궐(伊闕)의 싸움과 한(韓)나라 화양(華陽)의
싸움과 조(趙)나라 장평(長平)의 싸움에서 승리하였지만 그 싸

움에서 사망한 진(秦)나라의 백성은 또 얼마였는가?

진(秦)나라 백성이나 불러들인 백성의 병사들이 농업에 종사하지 못한 자는 또 얼마였는가?

내가 간절히 생각해 보아도 그 수를 헤아릴 수가 없다.

가령 왕(王)의 여러 신하들 가운데 유능한 이를 등용하여, 여기의 절반만 소비시켜서 진(晉)나라를 약화시키고 진(秦)나라를 강하게 하여 세 전투에서 이룬 승리와 같은 성과를 낼 수 있는 자가 있다면 왕께서는 반드시 큰 상을 내렸을 것이다.

현재 내가 말하는 방법은, 백성은 하루라도 부역할 필요가 없고 관청에서는 몇 푼도 허비하지 않고도 그 진(晉)나라를 허약하게 하고 진(秦)나라를 강성하게 하여 세 번의 전투에서 이룬 승리보다 초과되는 점이 있는데도, 왕께서 불가하다고 한다면 나의 어리석음으로는 그 이유를 알지 못할 것이다.

周軍之勝[1] 華軍之勝[2] 秦斬首而東之[3] 東之無益亦明矣 而吏猶以爲大功 爲其損敵也 今以草茅之地 徠三晉之民 而使之事本 此其損敵也 與戰勝同實 而秦得之以爲粟 此反行兩登[4]之計也 且周軍之勝 華軍之勝 長平之勝[5] 秦所亡民者幾何 民客之兵不得事本者幾何 臣竊以爲不可數矣 假使王之群臣 有能用之 費此之半 弱晉彊秦 若三戰之勝者 王必加大賞焉 今臣之所言 民無一日之繇[6] 官無數錢之費 其弱晉彊秦 有過三戰之勝[7] 而王猶以爲不可 則臣愚不能知已

1) 周軍之勝(주군지승) : 주(周)나라 땅 이궐(伊闕)에서 진(秦)나라 소왕(昭王) 14년(기원전 293년)에 발생한 전투. 진나라 장수 백기(白起)가 한(韓)나라와 위(魏)나라와 동주(東周)의 연합군과 이궐이란 땅에서 싸워 위나라 장수인 서무(犀武)를 죽이고 한나라 장수 공손희(公孫喜)를 사로잡고 연합군 24만 여 명을 몰살시켰다.

2) 華軍之勝(화군지승) : 진(秦)나라 소왕(昭王) 34년(기원전 273년)에 위(魏)나라가 한(韓)나라의 화양(華陽) 땅을 공격했는데 진(秦)나라 소왕은 장수 백기(白起)를 보내 구원하고 위나라 장수 망묘(芒卯)를 격파하고 15만

명의 목을 자른 전투.

3) 東之(동지) : 동쪽으로 전진하다.

4) 兩登(양등) : 두 가지를 성공하다. 등은 이루다의 뜻.

5) 長平之勝(장평지승) : 진(秦)나라 소왕(昭王) 47년(기원전 260년)에 조 (趙)나라가 진(秦)나라의 계략에 빠져서 장수인 조괄(趙括)로 장군 염파(廉 頗)를 대신하여 장평(長平) 땅에서 진나라와 싸우게 했다. 이 때 조괄은 전 사하고 조나라 군사 40만 명이 모두 진나라에 투항했는데 진나라 백기는 투 항한 조나라 군사를 모두 땅에 묻어 죽이고 240명 만 석방해 조나라로 돌아 가게 했다. 이 때의 전투로 조(趙)나라는 전투 병력 45만 명을 잃었고 진(秦) 나라 군사도 절반이 전사하였다.

6) 繇(요) : 부역을 뜻한다.

7) 三戰之勝(삼전지승) : 이궐(伊闕)의 전투와 화양(華陽)의 전투와 장평(長 平)의 전투에서의 승리.

5. 제(齊)나라 동곽창(東郭敞)이라는 사람

제(齊)나라에 동곽창(東郭敞)이란 사람이 있었다.

동곽창은 소원하는 것이 아주 많았는데 그 중에서도 만금(萬 金) 갖기를 원했다.

그를 따르는 제자가 동곽창에게 구휼을 청했는데 동곽창은 들 어 주지 않으면서 말하기를 "나는 장차 작위를 받으려고 한다." 라고 했다.

그의 제자가 화를 내고 그 곁을 떠나 송(宋)나라로 가면서 말 하기를 "이것은 보유하지 않은 관직을 아끼는 것으로, 먼저 함께 가지는 것만 못하다."라고 했다.

현재 진(晉)나라가 백성을 가지고 있는데 진(秦)나라에서는 그들의 부역을 면제하는 일을 어려워하고 있으니, 이것은 '자신 이 두지도 않은 것을 아껴서 자신이 둔 것까지 잃어버리는 것'이 라 할 수 있다.

어찌 제(齊)나라의 동곽창이 그가 가지지 않은 것을 아껴서 그 제자까지 잃어버린 것과 무엇이 다르겠는가!

옛날에 요(堯)임금과 순(舜)임금이 있었는데 당시에 칭송되었으며, 중세(中世)에 은(殷)나라의 탕(湯)임금과 주(周)나라의 무왕(武王)이 있었는데 재위(在位)하는 동안에 백성들이 복종하였다.

이상의 요(堯)임금이나 순(舜)임금이나 탕왕(湯王)이나 무왕(武王)은 만세에 걸쳐서 칭송되는 군주들이며, 또 성스러운 왕(王)으로 삼고 있다.

그러나 이상의 요임금이나 순임금이나 탕왕이나 무왕의 도는 오히려 후세 사람들이 취하여 쓰지 못했다.

이제 3대에 걸쳐서 세금과 부역을 면제해 주면 삼진(三晉)의 백성들이 다 올 것이다.

이러한 정책은 왕의 현명함으로도 현재에 세울 수 있는 것으로, 후세에 왕이 되는 자가 사용할 수 있지 않겠는가?

그렇다면 성인(聖人)이 아닐지라도 언설을 분별하여 청취하여야 한다. 성인(聖人)이 되는 것은 어려운 일이다.

齊[1]人有東郭敞[2]者 猶多願 願有萬金 其徒請賙[3]焉 不與 曰吾將以求封[4]也 其徒怒而去之宋 曰此愛於無也[5] 故不如以先與之有也 今晉有民而秦愛其復 此愛非其有以失其有也 豈異東郭敞之愛非其有以亡其徒乎 且古有堯舜 當時而見稱 中世有湯武 在位而民服 此三王者[6] 萬世之所稱也 以爲聖王也 然其道猶不能取用於後 今復之三世 而三晉之民可盡也 是非王賢立今時[7] 而使後世爲王用乎 然則非聖別說而聽 聖人難也

1) 齊(제) : 제나라. 춘추 시대 제후국을 뜻함.

2) 東郭敞(동곽창) : 어느 때의 사람인지 자세한 기록이 없다.

3) 賙(주) : 구휼하다. 어려운 사람을 도와 주다.

4) 求封(구봉) : 벼슬을 구하다. 관직을 구한다는 뜻.

5) 愛於無也(애어무야) : 아직 가지지 않은 관직을 아끼다의 뜻.

6) 三王者(삼왕자) : 4왕(四王)인데 삼왕(三王)이라 한 것은 요순임금을 하나

로 한 것 같다.

7) 是非王賢立今時(시비왕현립금시) : 문구(文句) 안에 탈자(脫字)나 오자(誤字)가 있다고 했다.

제16편 형벌의 대략〔刑約第十六〕

제16편은 망실(亡失)되었다.

제17편 포상과 형벌〔賞刑第十七〕

1. 포상과 형벌은 일관성이 있어야 한다

성인(聖人)이 국가를 다스릴 때에는 포상을 일관성 있게 하고 형벌을 일관성 있게 하며 교육을 일관성 있게 한다.

상(賞)이 일관성을 가지면 군사들은 대적할 상대가 없게 되고, 형벌이 일관성을 지니게 되면 명령이 잘 시행되고, 교육이 일관성 있게 진행되면 아래 백성들이 군주의 명령을 잘 듣게 된다.

대저 상(賞)을 명확하게 하면 낭비되지 않게 되고, 형벌을 명확하게 하면 죽이지 않게 되고, 교육을 명확하게 하면 변화되지 않는다. 이에 백성은 자신들이 해야 할 일을 알게 되고 국가에는 풍속을 달리하는 백성들이 없게 된다.

상(賞)을 명확하게 하는 것은 상이 없는 데까지 이르게 되며, 형벌을 명확하게 하는 것은 형벌이 없는 데까지 이르게 되며, 교육을 명확하게 하는 것은 가르침이 없는 데까지 이르게 된다.

이른바 포상을 일관성 있게 한다는 것은 이익이나 녹봉이나 관직이나 작위 등의 모든 것이 전쟁의 공로에만 모아져서 나오게 하고 다른 곳에서는 일체 시행하지 않는 것이다.

이로 인하여 지혜로운 자나 어리석은 자나 귀한 자나 천한 자나 용맹한 자나 겁 많은 자나 어진 이나 어질지 못한 자가 다, 확고하게 그 가슴 속에 있는 지혜를 다하고 그 팔과 다리에 있는 힘을 다하여 죽음에 나아가서도 군주를 위해 쓰이게 된다. 이에 천하의 호걸들이나 어진 인재들이 물 흐르듯이 추종하게 된다.

그러므로 군사들에게는 대적할 상대가 없게 되고 명령은 천하

에 시행될 것이니, 만승(萬乘 : 천자국)의 나라에서도 그의 군대
를 중원에서 잡지 못할 것이며, 천승(千乘 : 제후국)의 나라에서
는 감히 성을 지키지 못하게 될 것이다.

　만승의 국가에서 그의 병력을 중원에서 잡으려 한다면 싸워서
만승의 군대를 전복시킬 것이고, 천승의 나라에서 성을 방어한다
면 공격하여 그 성을 능멸할 것이다.

　싸우면 반드시 적군을 전복시키고 공격하면 반드시 적의 성을
능멸하여 성을 다 갖게 되므로 모두 손님이 되어서 조회에 이르
게 될 것이다.

　비록 축하하고 후한 상을 내린다 한들 어느 궤짝에서 재물이 낭
비되는 일이 있겠는가!

　聖人之爲國也 壹賞[1] 壹刑[2] 壹敎[3] 壹賞則兵[4]無敵 壹刑則令行
壹敎則下聽上 夫明賞不費 明刑不戮 明敎不變 而民知於民務 國
無異俗 明賞之猶 至於無賞也 明刑之猶 至於無刑也 明敎之猶
至於無敎也 所謂壹賞者 利祿官爵摶出於兵[4] 無有異施也 夫固
知愚貴賤勇怯賢不肖 皆盡其胸臆之知 竭其股肱之力 出死而爲
上用也 天下豪傑賢良從之如流水 是故兵無敵而令行於天下 萬
乘[5]之國不敢蘇[6]其兵中原[7] 千乘之國不敢捍城 萬乘之國 若有
蘇其兵中原者 戰將覆其軍 千乘之國 若有捍城者 攻將凌其城
戰必覆人之軍 攻必凌人之城 盡城而有之 盡賓[8]而致 雖厚慶賞
何費匱之有矣

1) 壹賞(일상) : 상을 줄 때는 일관된 방법으로 하다. 곧 전쟁에서 이룬 공로만
　따져서 상을 주다.

2) 壹刑(일형) : 형벌을 일정한 규칙에 의해서만 시행하다.

3) 壹敎(일교) : 일관된 교육으로 하다.

4) 兵(병) : 전쟁에서 이룬 공로만 헤아리다.

5) 萬乘(만승) : 전쟁 때 전차 1만 대를 낼 수 있는 나라로 천자(天子)의 나라.

6) 蘇(소) : 쥐다, 잡다의 뜻.

7) 中原(중원) : 중국을 뜻한다.

8) 盡賓(진빈) : 다 손님이 되어서 이르게 되다. 손님이란 제후가 되다의 뜻.

2. 밝은 포상은 상이 필요 없는 데에 이른다

옛날의 은(殷)나라 탕(湯)임금은 찬모(贊茅)에 봉해졌고 주(周)나라 문왕(文王)은 기주(岐周)에 봉해졌는데 그 때는 사방 1백 리 밖에 안 되는 땅이었다.

탕임금은 걸왕(桀王)과 명조(鳴條)의 들판에서 싸웠으며 문왕(文王)의 아들 무왕(武王)은 주왕(紂王)과 목야(牧野)의 들판에서 싸웠다.

탕임금과 무왕은 걸왕과 주왕의 구군(九軍)을 대파하고 난 후에는 마침내 땅을 나누어서 제후들을 봉하고, 하사(下士)나 졸병(卒兵)으로서 진지를 사수하여 책임을 다한 자는 리(里)마다의 사(社)에 기록을 올리도록 하고, 전차는 휴식시키고 타지 않았다.

모든 말은 화산(華山)의 남쪽에 풀어 주고 모든 소(牛)는 농택(農澤)에 풀어 놓아, 늙어서 쓸모가 없을 때까지 거두어들이지 않았다.

이러한 것이 탕임금과 무왕(武王)의 포상이었다.

찬모(贊茅)나 기주(岐周)의 곡식으로 천하 사람들에게 상을 내린다면 사람마다 한 되의 곡식도 받지 못할 것이며, 찬모나 기주에 있는 돈으로 천하 사람들에게 상금을 준다면 사람마다 1전의 상금도 받지 못할 것이다.

그러므로 이르기를 사방 1백 리의 군주가 제후를 봉해 주어 그의 신하들은 자신이 가졌던 옛 땅보다 더 크게 되었으며 하사(下士)와 병졸로서 진지를 사수한 자들은 각 마을의 사직에 기록되었고 상이 소와 말에까지 널리 미칠 수 있었던 까닭은 무엇인가?

천하의 재물을 잘 이용하여 천하 사람들에게 상을 주는 데 사용한 것이다.

그러므로 이르기를 '포상을 명확하게 하면 재물이 낭비되지 않는다.'라고 한 것이다.

탕임금이나 무왕이 이미 하(夏)나라의 걸왕(桀王)과 은(殷)
나라의 주왕(紂王)을 격파하여 온 천하 안에 해가 없게 하니 천
하가 크게 안정되었다.

다섯 창고를 증축하고 다섯 종류의 무기를 창고에 보관하게 하
고 군사(軍事)들을 휴식시키고 문사(文事)를 행하고 방패와 창
은 꽂아 놓게 하고 홀(笏)을 차고 음악을 만들어 연주하게 하여
그 덕을 기리도록 하였다.

이 시대에는 포상과 녹봉이 행해지지 않아도 백성들의 질서가
정돈되었다.

그러므로 이르기를 '포상을 명확하게 하면 상이 없는 데까지
이른다.'라고 한 것이다.

昔湯封於贊茅[1] 文王封於岐周[2] 方百里 湯與桀戰於鳴條之
野[3] 武王與紂戰於牧野之中[4] 大破九軍[5] 卒裂土封諸侯 士卒[6]
坐陳者 里有書社[7] 車休息不乘 從馬華山之陽[8] 從牛於農澤[9]
從之老而不收 此湯武之賞也 故曰 贊茅岐周之粟 以賞天下之
人 不人得一升 以其錢賞天下之人 不人得一錢 故曰 百里之君
而封侯 其臣大其舊[10] 自士卒坐陳者 里有書社 賞之所加 寬於
牛馬者 何也 善因天下之貨 以賞天下之人 故曰 明賞不費 湯武
旣破桀紂 海內無害 天下大定 築五庫[11] 藏五兵[12] 偃武事 行文
敎[13] 倒載干戈 搢笏[14] 作爲樂 以申其德 當此時也 賞祿不行而
民整齊 故曰 明賞之猶 至於無賞也

1) 贊茅(찬모) : 초기에 은(殷)나라는 찬모 땅에 봉해졌으며 탕왕이 하(夏)의
   걸왕을 정벌하고 박(亳) 땅에 도읍했다.
2) 岐周(기주) : 문왕(文王)의 선조가 나라를 세운 곳.
3) 桀戰於鳴條之野(걸전어명조지야) : 걸왕과 명조의 들판에서 싸웠다. 걸왕은
   하(夏)나라의 마지막 군주이며 폭군으로 탕왕에게 나라를 잃었다. 명조는 탕
   왕과 걸왕이 싸운 곳.
4) 紂戰於牧野之中(주전어목야지중) : 주왕(紂王)과 목야의 들에서 싸웠다. 주
   왕은 은(殷)나라의 마지막 군주이며 폭군이다. 무왕에게 목야의 들에서 정벌

당하여 나라를 잃었다.

5) 九軍(구군) : 천자(天子)는 육군(六軍)이고 제후는 삼군(三軍)이다. 이들을 합한 것을 구군이라 한다.

6) 士卒(사졸) : 하사(下士)와 졸병들.

7) 里有書社(리유서사) : 마을의 사직단에 기록하다. 유공자를 기록하게 하다.

8) 華山之陽(화산지양) : 화산의 남쪽. 화산은 중국의 오악(五嶽)의 하나이며 섬서성 화음현에 있다.

9) 農澤(농택) : 어떤 곳인지 자세하지 않다.

10) 其臣大其舊(기신대기구) : 그 신하에게 자신이 가졌던 1백 리보다 더 큰 나라를 주었다는 뜻.

11) 五庫(오고) : 다섯 창고

12) 五兵(오병) : 다섯 종류의 무기. 과(戈)와 수(殳)와 극(戟)과 추모(酋矛)와 이모(夷矛). 일설에는 궁(弓)과 수(殳)와 모(矛)와 과(戈)와 극(戟)이라고도 한다.

13) 文敎(문교) : 글을 가르치다.

14) 搢笏(진홀) : 홀(笏)을 조복의 대대(大帶)에 꽂다. 홀은 국가의 대신들이 군주를 알현할 때 손에 드는 좁고 긴 판(板)으로 옥이나 상아로 만든다.

3. 형벌에 일관성이 없으면…

이른바 '형벌에는 일관성이 있어야 한다.'는 것은 형벌을 시행하는 데에 차등을 두지 않아야 한다는 말이다.

경(卿)이나 상(相)이나 장군(將軍)에서부터 대부(大夫)나 서인(庶人)에 이르기까지 왕(王)의 명령을 따르지 않거나 국가의 금지법을 범하거나 군주가 제정한 규율을 어지럽히는 자가 있으면 사형에 처하여 사면하지 않는다.

전에는 공로가 있었으나 뒤에는 공로를 무너뜨림이 있다면 형벌을 덜어 주지 아니하고 전에는 좋은 일을 했으나 뒤에는 과오가 있으면 법을 적용하면서 봐주지 않는다.

충신이나 효자라도 잘못이 있으면 반드시 죄과를 살펴서 단죄

한다.

법을 지키고 직무를 관장하는 관리라도 왕의 법을 시행하지 않는 자가 있어서 사형에 해당하면 사면하지 않는다.

형벌은 삼족(三族)에 미치게 하는데 관리의 주변 사람이 부정을 알고 군주에게 고하면 그 사람은 죄에서 면하게 해 주되 귀하고 천한 것을 가리지 않고 그 관리의 관직이나 작위나 전담이나 녹봉을 대신 물려받게 한다.

그러므로 이르기를 '형벌을 엄중하게 하고 그 죄를 연좌시키면 백성들이 감히 법을 시험하지 못한다. 백성들이 법을 시험하지 못하므로 형벌이 없어진다.'라고 했다.

앞서 간 성왕(聖王)들의 형벌은 찔러 죽이거나 죄인의 발을 자르거나 죄인의 얼굴에 먹물로 글자를 새기는 것이었다. 이는 백성을 해치는 자를 구제하려고 한 것은 아니었다. 간사한 것을 금지시키고 지나친 것을 억제했을 뿐이다.

간사한 것을 중지시키고 지나친 것을 억제하는 것은 형벌을 엄중하게 하는 것만 못하다. 형벌을 엄중하게 하여 반드시 얻으면 백성은 감히 시험하려 하지 않는다.

그러므로 국가에는 형벌을 받는 백성들이 없어진다. 국가에 형벌을 받는 백성들이 없어지므로 이르기를 '형벌이 명확하면 죽이지 않게 된다.'라고 하였다.

춘추 시대(春秋時代) 진(晉)나라의 문공(文公)이 장차 형벌을 명확하게 하여 백성과 친밀하고자 했다.

이에 모든 제후를 규합하고 대부(大夫)들을 시천궁(侍千宮)에 집합시켰다. 이 때 전힐(顚頡)이 제일 늦게 도착했는데 법을 집행하는 관리가 그의 죄를 청했다.

군주인 문공이 말하기를 "형벌을 집행하라."라고 했다.

관리가 전힐의 척추를 잘라서 바쳤다.

진(晉)나라 선비들이 이러한 사실을 상고하고 다 두려워하면서 말하기를 "전힐은 특별히 총애받았는데도 척추가 잘려서 바쳐졌다. 하물며 우리들이야 어떠할까?"라고 했다.

그 후 진(晉)나라는 군사를 일으켜서, 조(曹)나라와 위(衛)나라의 오록(五鹿) 땅을 정벌하고 또 정(鄭)나라의 낮은 성이나 담과 동위(東衛)의 밭이랑들을 쓸어버리고 초(楚)나라의 병력을 맞아 성복(城濮)에서 승리로 이끌었다.

진(晉)나라 삼군(三軍)의 병사들은 중지하면 발을 자른 것과 같이 일사불란하였고, 행동하면 물이 흘러가는 것처럼 막힘이 없었다.

삼군(三軍)의 병사들이 감히 금지령을 범하는 자가 없었다.

그러므로 문공(文公)은 총애하는 전힐의 척추를 단절하여, 가벼운 형벌을 무겁게 하는 한 번의 방법을 빌려서 진(晉)나라를 잘 다스렸다.

옛날에 주(周)나라의 주공단(周公旦)은 동생인 관숙(管叔)을 죽이고 곽숙(霍叔)은 유배 보내며 말하기를 "금지령을 범했다."라고 했다.

이에 천하의 모든 사람이 다 말하기를 "친형제라도 잘못이 있으면 봐주지 않는데 하물며 성기고 먼 사이인 우리들이야 어떻겠는가?"라고 했다.

천하에서는 주(周)나라 조정에서 한 번의 형벌을 사용한 것을 알아, 온 천하가 잘 다스려졌다.

그러므로 말하기를 '형벌을 명확하게 하면 형벌이 없는 데까지 이른다.'라고 한 것이다.

所謂壹刑者 刑無等級[1] 自卿相將軍以至大夫庶人[2] 有不從王令 犯國禁 亂上制者 罪死不赦 有功於前 有敗於後 不爲損刑 有善於前 有過於後 不爲虧法[3] 忠臣孝子有過 必以其數斷[4] 守法守職之吏[5] 有不行王法者 罪死不赦 刑及三族[6] 周官之人 知而訐之上者 自免於罪 無貴賤 尸襲[7]其官長之官爵田祿 故曰 重刑連其罪 則民不敢試 民不敢試 故無刑也 夫先王之禁 刺殺斷人之足 黥人之面 非求傷民也 以禁姦止過也 故禁姦止過 莫若重刑 刑重而必得 則民不敢試 故國無刑民 國無刑民 故曰 明刑不戮

晉文公⁸⁾將欲明刑以親百姓 於是合諸侯大夫於侍千宮 顚頡⁹⁾後
至 請其罪 君曰 用事焉 吏遂斷顚頡之脊以殉¹⁰⁾ 晉國之士稽焉皆
懼 曰顚頡之有寵也 斷以殉 況於我乎 擧兵伐曹五鹿¹¹⁾ 及反鄭之
埤 東徵之畝¹²⁾ 勝荊人於城濮¹³⁾ 三軍之士 止之如斬足 行之如流
水 三軍之士無敢犯禁者 故一假道重輕於顚頡之脊 而晉國治 昔
者周公旦¹⁴⁾殺管叔 流霍叔¹⁵⁾ 曰犯禁者也 天下衆皆曰 親昆弟有
過不違 而況疏遠乎 故天下知用刀鋸¹⁶⁾於周庭 而海內治 故曰 明
刑之猶 至於無刑也

1) 等級(등급) : 형벌에는 귀하고 천한 등급이 없다. 곧 귀하고 천한 것을 가리
　지 않는다.

2) 庶人(서인) : 일반 백성.

3) 不爲虧法(불위휴법) : 법이 일그러지게 하지 않다. 곧 법을 정확히 지키다.

4) 數斷(수단) : 수치로써 단죄하다. 곧 법률의 조문에 따라서 행하다.

5) 守法守職之吏(수법수직지리) : 법을 담당하고 관리로 종사하는 관리들.

6) 三族(삼족) : 자신의 가족, 외가, 처가의 일족.

7) 尸襲(시습) : 주관하여 이어받다. 곧 죽은 사람의 작위를 이어받는 것.

8) 晉文公(진문공) : 춘추 시대 오패(五覇)의 한 사람. 성은 희(姬)씨이고 이름
　은 중이(重耳)이다.

9) 顚頡(전힐) : 진(晉)나라 문공(文公) 때의 총신(寵臣).

10) 殉(순) : 바치다. 처단하여 바치다.

11) 伐曹五鹿(벌조오록) : 조(曹)나라를 정벌하고 위(衛)나라 오록 땅을 침공
　하다.

12) 反鄭之埤東徵之畝(반정지비동징지묘) : 정(鄭)나라 국경의 담을 헐어버
　리고 동위의 묘를 헤집어 놓다. 동징은 밭고랑을 헤집어 놓다의 뜻인데 동위
　(東衛)의 잘못이라 했다. 뜻이 미상하다.

13) 勝荊人於城濮(승형인어성복) : 형나라 사람을 성복에서 이기다. 형은 초
　(楚)나라를 뜻한다. 성복은 위나라의 지명이다.

14) 周公旦(주공단) : 주(周)나라 무왕(武王)의 동생이며 무왕을 도와 주나라
　를 반석 위에 올려놓은 공신. 주공의 아들 백금(伯禽)을 노(魯)나라의 제후
　로 봉하고 주공을 천자의 예로써 제사하게 했다.

15) 殺管叔流霍叔(살관숙류곽숙) : 관숙을 죽이고 곽숙을 유배 보내다. 관숙은 주공의 형이고 곽숙은 주공(周公)의 동생이다. 관숙의 이름은 선(鮮)이고, 관(管) 땅에 봉해져서 관숙이고, 곽숙의 이름은 건(虔)이며 곽(霍) 땅에 봉해졌는데 주왕(紂王)의 아들인 무경과 모의하여 반란을 일으켜서 처형되고 유배되었다.

16) 刀鋸(도거) : 형벌을 뜻한다. 도는 궁형(宮刑)에 사용되고, 거는 월형(刖刑)에 사용되었다. 후세에 형벌을 일컬을 때 쓰인다.

4. 교육은 일관성이 있어야 한다

이른바 일관성 있게 교육한다는 것은, 널리 들어 많이 알고 말을 잘하고 지혜로우며 믿음성 있고 청렴하며 예의 있고 음악을 알며 수양하고 행동하는 것이나 당을 결성하거나 아첨하고 칭찬하는 것이나 맑고 탁한 것 등으로, 부유하거나 귀하게 될 수가 없고 형벌을 품평할 수 없으며 개인적인 의견을 세워서 독자적으로 군주에게 진정할 수가 없는 것을 말한다.

굳어진 것은 덧입히고 날카로운 것은 꺾어야 한다. 〔뜻이 자세하지 않다.〕

비록 이르기를 성스럽고 지혜로우며 교묘하고 아첨하며 후덕하고 소박한 이들이라 하더라도 능히 공로를 쌓은 이가 아니라면 군주의 이로움을 그물질하지 못하게 한다.

부유하게 되거나 귀하게 되는 문의 모든 요체는 전쟁에만 존재하게 할 따름이다.

전쟁에 능한 자는 부유하고 귀한 이가 되는 문을 밟을 수 있게 하고, 강하게 자기 고집만 지키는 자들은 항상 형벌을 적용시켜서 사면하지 않는다.

이로써 아버지나 형이나 아우나 지식이 있거나 혼인을 한 집안이라도 뜻을 함께 한 자들은 다 이르기를 '오직 힘써야 할 일은 전쟁에 참가하는 것 뿐이다.'라고 한다.

지아비가 짐짓 장년에 해당하는 자는 전쟁에 힘쓰고 늙고 나약한 자는 수비에 힘을 써서 죽은 자는 후회가 없고 살아 있는 자도 더욱 힘쓰게 하는 이것이 내가 말하는 '일관성 있게 교육한다.' 는 것이다.

백성들이 부유하고 귀하게 되고자 하는 욕망은 모두가 관 뚜껑을 닿은 후에야 중지되는 것으로, 부유하고 귀하게 되는 문은 반드시 전쟁에서만 나와야 한다.

이로써 백성은 전쟁이 일어났다는 소문을 들으면 서로 축하하게 되고, 일상의 생활에서 먹고 마시며 노래하는 모두가 전쟁과 관련되게 된다.

이것은 내가 말하는 이른바 '교육을 명확하게 하면 가르침이 없는 데까지 이른다.' 라는 것이다.

이것이야말로 내가 말하는 '상을 일관성 있게 하고 형벌을 일관성 있게 하고 교육을 일관성 있게 하라.' 는 세 가지 교육법이다.

성인(聖人)은 모든 것에 능통한 것이 아니라 만물의 요체만 알 뿐이다. 그러므로 국가를 다스릴 때 요체를 들어서 만물에 도달하므로 가르침은 적지만 공로는 많은 것이다.

성인(聖人)이 국가를 다스리는 방법을 알기는 쉬우나 행동으로 옮기기는 어렵다. 성인이라고 반드시 특별히 더할 것도 아니고 보통의 군주라고 하더라도 반드시 폐할 것도 아니다.

사람을 죽여도 포악하다고 하지 않고 사람에게 상을 주어도 인(仁)이 되지 않는 것은 국가의 법이 명확해서이다.

성인(聖人)은 공로를 참작하여 관직을 주고 작위를 수여하므로 어진 이라도 근심하지 않는다.

성인(聖人)은 과오를 용서하지도 않고 형벌을 사면하지도 않으므로 간사한 것들이 일어나지 않는다.

성인(聖人)이 국가를 다스릴 때에는 상이 일관성을 이루고 형벌이 일관성을 이루고 교육이 일관성을 이루는 것만 살필 뿐이다.

所謂壹敎者 博聞 辯慧 信廉 禮樂 修行 群黨 任譽 淸濁 不可以富貴 不可以評刑 不可獨立私議以陳其上 堅者被 銳者挫[1] 雖

曰聖知巧佞厚樸 則不能以非功罔上利[2]然 富貴之門 要存戰而
已矣 彼能戰者踐富貴之門 彊梗焉 有常刑而不赦 是父兄昆弟知
識婚媾合同者 皆曰 務之所加 存戰而已矣 夫故當壯者務於戰
老弱者務於守 死者不悔 生者務勸 此臣之所謂壹敎也 民之欲富
貴也 共闔棺而後止 而富貴之門必出於兵 是故民聞戰而相賀也
起居飮食所歌謠者戰也 此臣之所謂明敎之猶 至於無敎也 此臣
所謂參敎也 聖人非能通 知萬物之要也 故其治國 擧要以致萬物
故寡敎而多功 聖人治國也 易知而難行也 是故聖人不必加[3] 凡
主不必廢 殺人不爲暴 賞人不爲仁者 國法明也 聖人以功授官予
爵 故賢者不憂 聖人不宥過 不赦刑 故姦無起 聖人治國也 審壹
而已矣

1) 堅者被銳者挫(견자피예자좌) : 뜻이 정확하지 않다.

2) 罔上利(망상리) : 군주의 이로움을 그물질하다. 망(罔)은 망(網)과 같다. 군
   주에게 상을 받으려 하다. 군주에게 이로움을 취하다.

3) 不必加(불필가) : 뜻이 확실하지 않다.

제18편 책략을 꾸미다〔畫策第十八〕

1. 형벌로 형벌을 제거한다면 중형도 옳은 것이다

아주 옛날 호영(昊英)의 세상에서는 나무를 베고 짐승을 죽이게 했는데, 이 때는 사람은 적고 나무나 짐승은 많았기 때문이다.

황제(黃帝)의 세상에서는 짐승의 새끼를 잡지 못하게 하고 새의 알을 먹지 못하게 했으며 관리에게는 완전히 갖추어 사용하지 못하게 하고, 백성들이 죽으면 관을 사용하지 못하게 했다.

호영이나 황제가 했던 일은 서로 같지 않았지만 다 천하의 황제가 될 수 있었던 것은 시대가 서로 달랐기 때문이다.

신농(神農)의 세상에서는 남자는 경작하여 먹을 것을 수확하게 하고 부인은 길쌈하여 의복을 만들게 하였으며, 형벌이나 특별한 행정을 쓰지 않아도 다스려졌고, 군사를 일으키지 않아도 천하에서 왕 노릇을 하였다.

신농(神農)씨가 이미 죽자 강력한 자들이 약한 자들을 이기고 많은 무리가 적은 무리를 폭력으로 제압하였다.

이에 황제(黃帝) 임금은 군주와 신하와 윗사람과 아랫사람의 의(義)와, 아버지와 아들과 형과 아우간의 예(禮)와, 지아비와 지어미가 배필이 되는 합당한 예절을 만들었다.

또 안으로는 칼이나 톱을 사용하는 형벌을 시행하고 밖으로는 군사력을 사용하였는데 이것은 시대가 변화했기 때문이었다.

이러한 사실로 보건대 신농(神農)씨는 황제(黃帝)보다 높은 것이 아닌데도 그 이름이 존중되는 것은 시대에 잘 적응했기 때문이다.

　그러므로 전쟁으로써 전쟁을 제거하게 되면 비록 전쟁을 벌이
더라도 옳은 전쟁이 되고, 사람을 죽이는 것으로써 살인을 제거
하게 되면 비록 사람을 죽이더라도 옳은 살인이 되며, 형벌로써
형벌을 제거하게 되면 비록 무거운 형벌을 쓰더라도 옳은 것이다.

　옛부터 능히 천하를 제어한 자는 반드시 먼저 그의 백성을 통
제하였다. 또 강력한 적을 상대하여 승리로 이끈 자는 반드시 먼
저 그의 백성을 잘 통제한 자였다.

　백성을 잘 따르게 하는 근본은 백성을 잘 통제하는 데에 있다.
이것은 쇠를 대장간에서 녹여 물건을 만들고 옹기장이가 흙을 주
물러 그릇을 만드는 것과 같은 것이다.

　근본이 견고하지 않으면 백성은 나는 새나 달리는 짐승과 같으
니 어느 누가 통제할 수 있으랴!

　백성을 통제하는 근본은 법이다.

　그러므로 잘 다스리는 자는 백성을 법으로써 가두는데, 이에 땅
을 일으켜서 국가의 이름을 붙일 수 있는 것이다.

　昔者昊英[1]之世 以伐木殺獸 人民少而木獸多 黃帝[2]之世 不麛
不卵[3] 官無供備之 民死不得用槨 事不同 皆王者 時異也 神農之
世 男耕而食 婦織而衣 刑政不用而治 甲兵不起而王 神農旣沒
以彊勝弱 以衆暴寡 故黃帝作爲君臣上下之義 父子兄弟之禮 夫
婦妃匹之合[4] 內行刀鋸 外用甲兵 故時變也 由此觀之 神農非高
於黃帝也 然其名尊者 以適於時也 故以戰去戰 雖戰可也 以殺
去殺 雖殺可也 以刑去刑 雖重刑可也 昔之能制天下者 必先制
其民者也 能勝彊敵者 必先勝其民者也 故勝民之本在制民 若冶
於金 陶於土[5]也 本不堅 則民如飛鳥禽[6]獸 其孰能制之 民本 法
也 故善治者 塞民以法而名地作矣

1) 昊英(호영) : 신화(神話) 시대의 제왕이며 자세한 내용은 전하지 않는다. 일
　설에는 태호복희(太皡伏犧)씨라는 설도 있으나 확실하지 않다.
2) 黃帝(황제) : 헌원(軒轅)씨를 일컬으며 상고 시대 중국의 제왕. 황제의 이름
　은 헌원이고 헌원의 언덕에서 출생했다는 설이 있다.

3) 不麛不卵(불미불란) : 짐승의 새끼나 새의 알을 먹지 못하게 한 일.

4) 妃匹之合(비필지합) : 남녀가 부부로 합해지는 예절.

5) 冶於金陶於土(야어금도어토) : 대장장이가 쇠를 풀무질하고 옹기장이가 흙을 다루는 것과 같다.

6) 禽(금) : 오자(誤字)라고 했다.

2. 천하에서 왕 노릇 하는 이유는 무엇인가?

명성이 높아지고 토지가 넓어져 천하에서 왕 노릇 하게 되는 이유는 무엇이며, 명성이 알려지지 않고 토지를 빼앗겨 패망에 이르게 되는 까닭은 무엇인가?

전쟁에서 승리하고 전쟁에서 패배했기 때문이다.

승리하지 못하고 천하에서 왕 노릇을 하거나 패배하지 않고서 패망한 자는 옛부터 오늘날에 이르기까지 존재하지 않았다.

백성들이 용맹한 나라는 전쟁을 하면 승리하고 백성들이 용맹하지 않은 나라는 전쟁을 하면 패배한다.

모든 백성이 전쟁에서 일체감을 가지는 나라는 백성들이 용맹스럽게 되고, 백성이 전쟁에서 일체감을 일으키지 못하는 나라는 백성들이 용맹하지 못하다.

성스러운 왕들은 왕의 지위가 전쟁에서 이루어진다고 본다. 그러므로 온 나라의 백성을 전쟁에 참여하도록 독려한다.

그 나라에 들어가서 그 나라의 다스림을 살폈을 때 군사를 사용하는 나라는 강력한 나라이다.

어떻게 백성들이 사용된다는 것을 보아서 알 수 있는가?

백성들이 전쟁에 임하는 태도를 본다. 백성들이 전쟁에 임해서 굶주린 이리가 고기를 본 것같이 하면 백성들이 잘 사용되는 것이다.

무릇 전쟁은 백성들이 싫어하는 것이다.

능히 백성들로 하여금 전쟁에 참여하는 일을 기꺼이 참여하게 할 수 있는 자는 천하에서 왕 노릇을 할 수 있다.

강성한 나라의 백성은 아버지가 그 자식을 군대에 보내고 형이
그 동생을 군대에 보내고 아내가 그 지아비를 군대에 보내면서 다
말하기를 '승리를 얻지 못하면 돌아오지 말라.' 라고 한다.

또 말하기를 '법규를 지키지 않고 명령을 배반하면 너도 죽고
나도 죽는다. 고을의 행정구역 안에서는 도망할 곳이 없고 이사
를 하더라도 발붙일 곳이 없게 된다.' 라고 한다.

군대의 막사에 들어가면 다섯 사람으로써 연좌시키고 완장으
로써 분별하며 명령으로 얽어 묶는다. 교육을 받아도 잘하지 못
하면 배치되지 못하고 내쫓기게 되면 살 곳조차 없게 된다.

이러한 까닭에 삼군(三軍)의 무리가 명령을 따르는 모습이 마
치 물이 흐르는 듯하고 죽어도 발꿈치를 돌리지 않는 것이다.

名尊地廣 以至王者 何故 名卑地削 以至於亡者 何故 戰罷者
也 不勝而王 不敗而亡者 自古及今未嘗有也 民勇者戰勝 民不
勇者戰敗 能壹民於戰者 民勇 不能壹民於戰者 民不勇 聖王見
王之致於兵也 故擧國而責之於兵 入其國 觀其治 兵用者彊 奚
以知民之見用者也 民之見戰也 如餓狼之見肉 則民用矣 凡戰者
民之所惡也 能使民樂戰者王 彊國之民 父遺其子 兄遺其弟 妻
遺其夫 皆曰 不得 無返 又曰 失法離令 若死我死 鄕治之行間[1] 無
所逃 遷徙無所入 入行間[2]之治 連以五 辨之以章 束之以令 拙[3]
無所處 罷[4]無所生 是以三軍之衆 從令如流 死而不旋踵[5]

1) 行間(행간) : 향의 생활권 안을 뜻함. 곧 고을 안에서.
2) 行間(행간) : 부대 안의 생활.
3) 拙(졸) : 교육을 받아도 별 효과가 없다. 곧 훈련을 받아도 이수하지 못한 자.
4) 罷(파) : 교육에서 퇴출되다.
5) 旋踵(선종) : 발꿈치를 돌리다. 후퇴하는 것.

3. 법이 시행되게 하는 방법이 없으면
국가가 혼란스러운 이유는, 법이 어지러워서도 아니고 법이 사

용되지 않아서도 아니다.

국가마다 다 법이 있지만 반드시 법이 시행되게 하는 방법이 없기 때문이다.

국가마다 다 간사한 짓을 금지하고 도둑과 도적들을 처형하는 법이 있지만 간사한 짓이나 도둑과 도적들이 반드시 처벌받게 하는 법이 없기 때문이다.

간사한 짓을 하고 도둑이나 도적질을 하는 자가 사형에 처해지는데도 간사한 짓과 도둑이나 도적질을 하는 자가 중지되지 않는 것은 반드시 다 처벌되지 않았기 때문이다.

반드시 처벌되었는데도 오히려 간사하고 도둑질하고 도적질하는 자들이 있다면 이는 형벌이 가벼워서이다.

형벌이 가벼우면 사형에 처할 수 없게 된다. 또 반드시 처벌하려고 하면 형벌에 해당하는 자가 너무 많게 된다.

그러므로 국가를 잘 다스리는 자는 불선(不善)은 반드시 처벌하며 착한 사람에게 상을 주지는 않는다. 그러므로 형벌을 쓰지 않아도 백성은 착해진다. 형벌을 사용하지 않아도 백성들이 착해지는 이유는 형벌이 무겁기 때문이다.

형벌을 무겁게 하면 백성은 감히 법을 어기려 하지 않으므로 형벌은 없어지게 된다. 이에 백성은 감히 나쁜 짓을 하지 않게 되는데 이것은 한 나라가 다 선하게 되는 일로, 착한 이에게 상을 주지 않아도 백성은 착해지는 것이다.

착한 이에게 상 주는 것이 옳지 않은 이유는 도둑질하지 않는 자에게 상 주는 것과 같기 때문이다. 그러므로 국가를 잘 다스리는 자는 도척(盜跖) 같은 사람도 믿게 만드는데 하물며 백이(伯夷) 같은 사람에 있어서야 말해 무엇하랴!

국가를 잘 다스리지 못하는 자는 백이(伯夷) 같은 사람도 의심하게 만들 텐데 하물며 도척 같은 사람에게 있어서랴!

시대가 간사한 짓을 하지 못하게 만들면 비록 도척 같은 사람이라도 가히 믿겠지만, 시대가 간사한 짓을 하도록 만들면 비록 백이 같은 사람이라도 가히 의심받는 것이다.

國之亂也 非其法亂也 非法不用也 國皆有法 而無使法必行之
法 國皆有禁姦邪刑盜賊之法 而無使姦邪盜賊必得之法 爲姦邪
盜賊者死刑 而姦邪盜賊不止者 不必得 必得而尙有姦邪盜賊者
刑輕也 刑輕者 不得誅也 必得者 刑者衆也 故善治者 刑不善而
不賞善 故不刑而民善 不刑而民善 刑重也 刑重者 民不敢犯 故
無刑也 而民莫敢爲非 是一國皆善也 故不賞善而民善 賞善之
不可也 猶賞不盜 故善治者 使跖[1]可信 而況伯夷乎 不能治者
使伯夷[2]可疑 而況跖乎 勢不能爲姦 雖跖可信也 勢得爲姦 雖伯
夷可疑也

1) 跖(척) : 도척(盜跖)을 뜻하며 춘추 시대 진(秦)나라의 큰 도둑. 일설에는 척
   (蹠)으로도 쓴다. 유하혜(柳下惠)의 동생이라고 하며 큰 도둑의 대명사로 쓰
   인다.

2) 伯夷(백이) : 은(殷)나라 말기 고죽국(孤竹國)의 태자였다. 고죽국에서 백
   이의 동생인 숙제(叔齊)를 후계자로 삼으려 했다. 고죽군(孤竹君)이 죽은
   뒤 임금의 자리를 숙제가 이어받았는데 숙제가 형인 백이에게 다시 물려주자
   백이가 받지 않고 도망쳤고 숙제도 따라서 도망쳐 숨어 살았다. 뒤에 주(周)
   의 무왕(武王)이 주(紂)를 정벌하러 가자 앞에 나가서 제후의 신분으로 천
   자를 치는 것은 불의(不義)라고 설득하며 제지하였다. 무왕이 은나라를 멸
   망시키자 백이와 숙제는 부끄러운 처사라 생각하고 수양산(首陽山)에 숨어
   살았다. 불의를 저지른 주나라의 곡식 먹는 것을 부끄럽게 여기고 고사리를
   뜯어 먹으며 살다가 굶어 죽었다. 이에 이들을 기려 청렴한 선비의 표준으로
   삼아서 칭송해 왔다. 지금도 백이와 숙제는 청렴의 대명사로 여기고 있다.

4. 국가가 거듭 다스려지다

국가는 간혹 더욱 다스려지기도 하고 혹은 더욱 어지러워지기
도 한다.

명철한 군주가 군주 자리에 있게 되면 반드시 현명한 신하를 등
용하게 되고 현명한 신하가 등용되면 법은 현명한 신하에게 있게
된다. 법이 현명한 신하에게 있게 되면 그 법이 아래 백성에게도

있게 되어, 불초(不肖)한 자가 감히 나쁜 짓을 하지 못하게 되는
데 이러한 것을 '거듭 다스려지다.'라고 이른다.

현명하지 못한 군주가 군주 자리에 앉게 되면 등용하는 신하도
반드시 어질지 못한 신하를 등용하게 되며 국가에 명확한 법이 없
게 된다. 이에 어질지 못한 자는 감히 나쁜 짓을 하게 되는데 이
러한 것을 '거듭 어지러워지다.'라고 이른다.

군사력이란 혹은 더욱 강성해지기도 하고 혹은 더욱 약해지기
도 한다.

백성들이 진실로 전투하고자 하는 마음이 있고 또 싸우지 않을
수 없는 처지에 있는 것, 이것을 '더욱 강성해진다.'라고 이른다.

백성들이 진실로 전투할 의욕이 없는데 또 싸움도 없게 되는 것,
이것을 '더욱 약해진다.'라고 이른다.

명철한 군주는 그 신하에게 부유함과 귀함이 넘쳐 흐르지 않게
한다.

이른바 부자라고 하는 것은 곡식이나 구슬 따위를 말하는 것이
아니겠는가? 이른바 귀하다고 하는 것은 작위나 관직을 말하는
것이 아니겠는가?

군주가 법을 폐지하고 사사로이 작위와 녹봉을 만들어서 주면
신하들은 부유해지고 귀해지게 된다.

國或重治 或重亂 明主在上 所擧必賢 則法可在賢 法可在賢
則法在下 不肖不敢爲非 是謂重治 不明主在上 所擧必不肖 國
無明法 不肖者敢爲非 是謂重亂 兵或重彊 或重弱 民固欲戰 又
不得不戰 是謂重彊 民固不欲戰 又得無戰 是謂重弱 明主不濫
富貴其臣 所謂富者 非粟米珠玉也 所謂貴者 非爵位官職也 廢
法作私[1]爵祿之富貴

1) 廢法作私(폐법작사) : 있는 법을 없애고 자기 마음대로 만드는 법. 곧 군주
   마음대로 전횡하는 것을 뜻함.

5. 군주라고 해서 덕행이 뛰어난 것은 아니다

군주라고 해서 덕행이 남보다 뛰어난 것도 아니고, 지혜가 남보다 뛰어난 것도 아니며, 용기나 힘이 남보다 뛰어난 것도 아니다.

그러나 백성들이 비록 특출한 지혜를 지니고 있다 하더라도 군주를 감히 도모하지 못하며, 용기와 힘이 있더라도 감히 죽이지 못하며, 비록 많은 무리라 하더라도 감히 그 군주를 이기지 못한다. 또 비록 백성이 억만 명의 수에 이르고 무거운 상을 내걸어도 백성은 감히 다투지 못하며 형벌을 행하여도 백성은 감히 원망하지 못하는 것은 법 때문이다.

국가가 혼란스러운 것은 백성이 사사로운 의리를 많이 생각하기 때문이요, 병력이 허약한 국가는 백성이 사사로운 용기를 많이 쓰기 때문이다.

쇠약한 국가일수록 작위와 녹봉을 취하는 길이 많이 있다.

망하는 나라에서는 작위를 천하게 여기고 녹봉도 가벼이 여긴다.

일하지 않아도 먹을 수 있고 전쟁을 하지 않아도 영화롭게 되고 작위가 없어도 존경받고 녹봉이 없어도 부자가 되고 관직이 없어도 으뜸이 되는 이러한 것을 일러 '간사한 백성'이라고 한다.

이른바 '잘 다스리는 군주에게는 충성스런 신하가 없고 자애로운 아버지에게는 효자가 없다.'라고 했다.

좋은 말을 없애고자 하고, 다 법으로써 서로 엿보게 하고, 명령으로써 서로 바로잡게 하면 독단으로는 나쁜 짓을 하지 못하며 또 남과 더불어 나쁜 짓을 하지 못하게 된다.

이른바 부자라고 하는 것은 들어오는 것은 많고 나가는 것은 적은 것이다.

의복에 제한이 있고 먹고 마시는 것에 절도가 있으면 밖으로 지출되는 것이 적어진다.

여자는 집안에서 일에 힘을 다하고 남자는 밖에서 일에 힘을 다하면 들어오는 것이 많아진다.

凡人主德行非出人也 知非出人也 勇力非過人也 然民雖有聖
知 弗敢我謀 勇力 弗敢我殺 雖衆 不敢勝其主 雖民至億萬之數
縣重賞而民不敢爭 行罰而民不敢怨者 法也 國亂者 民多私義[1]
兵弱者 民多私勇 則削國之所以取爵祿者多塗[2] 亡國之欲 賤爵
輕祿 不作而食 不戰而榮 無爵而尊 無祿而富 無官而長 此之謂
姦民 所謂治主 無忠臣 慈父 無孝子 欲無善言 皆以法相司也 命
相正也 不能獨爲非 而莫與人爲非 所謂富者 入多而出寡 衣服
有制 飮食有節 則出寡矣 女事盡於內 男事盡於外 則入多矣

1) 私義(사의) : 사사로운 의리.
2) 塗(도) : 진본(秦本)에는 도(塗) 아래에 인(人)자가 있다고 했다.

6. 강하다는 것은 천하가 복종한다는 것이다

이른바 '밝다'는 것은, 그가 보지 않는 곳이 없어서 모든 신하
들이 감히 간악한 짓을 하지 못하고 백성이 감히 나쁜 짓을 하지
못하는 것이다.

이로써 군주된 자는 침상(寢牀) 위에 앉아서 관악기와 현악기
소리를 듣고 있더라도 천하가 다스려진다.

이른바 '밝다'고 하는 것은, 군주가 모든 백성에게 일을 하지
않으면 얻을 수 없게 만드는 것이다.

이른바 '강하다'고 하는 것은 천하를 이긴 것을 말한다. 천하
를 이겼으므로 힘을 합치게 할 수 있다. 이로써 용감하고 강한 자
라도 감히 포악한 짓을 하지 못하고, 빼어난 지혜로도 감히 속이
거나 헛된 말로 등용되지 못한다.

겸하여 천하 사람들이 함께, 군주가 좋아하는 것을 행하고 군주
가 싫어하는 것을 피하지 않는 이가 없다.

이른바 '강하다'고 하는 것은 용맹하고 힘 있는 사람들을 자신
을 위해 쓰는 것이다. 그의 의지가 천하에 충만하도록 도와 주고
천하에 충만하지 못하더라도 기뻐한다.

천하를 믿는 자는 천하에게 버림받게 되고, 스스로를 믿는 자는

천하를 얻게 된다.

　천하를 얻는 자는 먼저 스스로를 얻은 자이다.

　능히 강력한 적에게 승리한 자는 먼저 자신에게 승리한 자이다.

　所謂明者 無所不見 則群臣不敢爲姦 百姓不敢爲非 是以人主
處匡牀之上 聽絲竹之聲 而天下治 所謂明者 使衆不得不爲 所
謂彊者 天下勝 天下勝 是故合力 是以勇彊不敢爲暴 聖知不敢
爲詐而虛用 兼天下之衆 莫敢不爲其所好而避其所惡 所謂彊者
使勇力不得不爲己用 其志[1]足天下 益之 不足天下 說之 恃天下
者 天下去之 自恃者 得天下 得天下者 先自得者也 能勝彊敵者
先自勝者也

1) 志(지) : 하고자 하는 포부의 뜻.

7. 명령이 시행되면 천하가 복종한다

　성인(聖人)은 반드시 그렇게 되어 가는 도리와, 반드시 해야 하
는 시대적 사명을 안다. 그러므로 반드시 잘 다스려지는 정치를
하고 반드시 용맹한 백성을 싸움터에 보내고 반드시 명령에 따르
게 하는 일을 시행한다.

　이로써 군대를 출동시키면 대적할 상대가 없고 명령이 시행되
면 천하가 복종하게 된다.

　누런 고니가 단번에 천리를 날아가는 것은 반드시 천리를 날 수
있는 준비가 완비되어 있기 때문이다.

　여려(麗麗)나 거거(巨巨)가 날마다 천리를 달릴 수 있는 것은
반드시 달릴 수 있는 힘이 완비되었기 때문이다.

　호랑이나 표범이나 곰이나 말곰이나 사나운 매가 상대할 적수
가 없는 것은 반드시 이길 수 있는 방법을 갖추고 있기 때문이다.

　성인(聖人)은 근본적인 정치의 순리를 볼 수 있고 반드시 그렇
게 되는 이치를 터득하고 있다. 그러므로 그가 백성을 제재하는
것은 높고 낮은 이치로 물의 흐름을 통제하는 것과 같고, 메마르

고 축축한 것으로 불을 통제하는 것과 같다.

그러므로 이르기를 '인자(仁者 : 어진 사람)는 능히 사람에게 어질게 대할 수는 있으나 사람들을 다 어질게 만들 수는 없고 의자(義者 : 의로운 사람)는 남에게 사랑으로 대할 수는 있으나 남들이 사랑하도록 하지는 못한다.' 라고 했다.

이러한 까닭으로 보면 인(仁)이나 의(義)로는 천하를 다스리는 데 부족하다는 것을 알 수 있다.

성인(聖人)에게는 반드시 믿을 수 있는 성품이 있고, 또 천하가 반드시 믿을 수밖에 없는 방법이 있다.

이른바 의(義)라는 것은, 사람의 신하된 자는 충성하고 사람의 자식된 자는 효도하며 젊은이와 어른에게는 예의가 있고 남자와 여자에게는 분별이 있는 것이다.

의(義)가 아니면 굶주려도 구차하게 먹지 않고 죽어도 구차하게 살지 않는다고 했다.

이러한 것들은 법이 있는 세상에서의 떳떳한 도리이다.

성왕(聖王)은 의(義)를 귀하게 여기지 않고 법을 귀하게 여겼다. 법은 반드시 명확하게 하고 명령을 내리면 반드시 집행되게 할 따름이었다.

聖人知必然之理¹⁾ 必爲之時勢 故爲必治之政 戰必勇之民 行必聽之令²⁾ 是以兵出而無敵 令行而天下服從 黃鵠³⁾之飛 一擧千里 有必飛之備也 麗麗巨巨⁴⁾ 日走千里 有必走之勢也 虎豹熊罷鷲⁵⁾而無敵 有必勝之理也 聖人見本然之政 知必然之理 故其制民也 如以高下制水 如以燥濕制火 故曰 仁者能仁於人 而不能使人仁 義者能愛於人 而不能使人愛 是以知仁義之不足以治天下也 聖人有必信之性 又有使天下不得不信之法 所謂義者 爲人臣忠 爲人子孝 少長有禮 男女有別 非其義也 餓不苟食 死不苟生 此乃有法之常也 聖王者不貴義而貴法 法必明 令必行 則已矣

1) 必然之理(필연지리) : 반드시 그렇게 되는 이치.

2) 必聽之令(필청지령) : 반드시 따라서 시행되는 명령.

3) 黃鵠(황곡) : 누런 고니. 백조의 일종. 기러기과에 속하며 물새의 일종이다.

4) 麗麗巨巨(여려거거) : 여려는 진본(秦本)에는 기린녹이(麒麟騄駬)라고 했
   다. 기린녹이는 팔준마(八駿馬)의 명칭이며 하루에 천리를 달리는 말이라고
   했다. 거거(巨巨)는 일설에는 신(臣)으로 되어 있는 것도 있다고 했다. 뜻이
   자세하지 않다.

5) 羆鷙(비지) : 비는 말곰이고 지는 사나운 매의 일종.

상군서 제5권(商君書卷第五)

　'상군서' 제5권은 총 9편으로 구성되어 있다.

　제19편 경내(境內), 제20편 약민(弱民), 제21편 ㅁㅁ, 제22편 외내(外內), 제23편 군신(君臣), 제24편 금사(禁使), 제25편 신법(愼法), 제26편 정분(定分) 등이다.

　제19편 경내(境內)는 '국가의 경계 안'이란 뜻이며 진(秦)나라 당시의 정치제도와 군사제도 및 기타 관련된 조처들을 논했다.

　제20편 약민(弱民)은 '백성을 약하게 만들다.'란 뜻이며 신법(新法)에 대한 백성의 저항을 약하게 해서 법을 잘 따르고 순종하게 하려는 내용을 담고 있다.

　제21편 ㅁㅁ은 분실되었다. ※ 목차도 분실되었는데 일설에는 '어도(御盜)'라고도 했다.

　제22편 외내(外內)는 '국외와 국내'의 뜻이며 국외는 대외적인 전쟁을 일으키는 것을 말하고 국내는 농업에 전력하는 일을 말한다.

　제23편 군신(君臣)은 '임금과 신하'의 뜻이며 군주가 신하와 백성을 다스리는 방법을 기술하고 있다.

　제24편 금사(禁使)는 '금지하고 부리다.'의 뜻이며, 군주가 세(勢)와 수(數)를 이용하여 백성을 어떻게 다스릴 것인가를 논하고 있다.

　제25편 신법(愼法)은 '법을 신중히 하다.'의 뜻이며 군주는 법에 맡겨 통치해서, 관리들이 법을 잘 지키게 하고 법으로 백성을 다스리고 표준을 세워 관리를 선발해야 나라가 잘 다스려진다는

것을 설명하고 있다.

　제26편 정분(定分)은 '정해진 명분을 전하다.'의 뜻이다. 명분이 어떻게 확정되느냐에 따라서 나라가 잘 다스려지기도 하고 어지러워지기도 하는 것을 논하고 법령의 부본을 보관하게 하는 것도 함께 논하고 있다.

제19편 국가의 국경 안〔境內第十九〕

1. 남자와 여자는 호적에 기록한다

사방의 국경 안에 있는 장부(丈夫 : 남자)와 여자들은 다 호적부에 이름을 올려야 하며, 새로 태어난 자는 기록하고 죽은 자는 삭제한다.

작위를 가진 자들은 작위가 없는 자를 청해서 서자(庶子)로 삼을 수 있는데 등급마다 한 사람씩 신청한다.

국가에 전쟁이나 큰 공사가 없으면 그 서자(庶子)는 그의 대부(大夫) 집에서 매달 6일씩 사역한다. 〔빠진 문맥이 있다고 했음.〕

국가에 전쟁이나 큰 공사가 있으면 대부(大夫)를 따라 나가 군대 안에서 대부를 보좌한다.

작위를 1급에서부터 밑으로 소부(小夫)에 이르기까지 임명하여 이르기를 '교(校) · 도(徒) · 조(操)'로 나타낸다.

작위를 2급 이상에서부터 불경(不更)에 이르기까지 명하여 '졸(卒)'이라고 한다.

전쟁 때에는 5명을 '오(伍)'로 편성해서 장부에 기록하고 한 사람만 우(羽 : 깃)를 꽂게 하고 나머지 네 사람은 간편하게 대우하는데 능히 한 사람의 머리를 가져오면 부역을 면제시킨다.

대저 사업의 공로가 있어 작위를 내리는데 그 현(縣)에서 3일이 경과해도 사(士)나 대부(大夫)의 공로를 평가하는 작위가 이르지 않을 수도 있다. 〔문맥이 잘 통하지 않는다.〕

5인마다 한 사람의 둔장(屯長)이 있고 1백 사람마다 한 사람의 장(將)이 있다. 그 전쟁에서 모든 장(將)과 둔장(屯長)은 적의 목을 얻지 못하면 참수한다. 모든 장〔百將〕과 둔장(屯長)이 적의 목을 33수 이상 베어 오면 조정에서 의논하여 장(將)이나 둔장(屯長)에게 작위 1급을 하사한다.

四境之內 丈夫女子皆有名於上[1] 生者著 死者削 其有爵者乞[2] 無爵者以爲庶子[3] 級乞一人 其無役事也 其庶子役其大夫[4] 月六日[5] 其役事[6]也 隨而養之軍 爵自一級已下至小夫[7] 命曰校徒操出公[8] 爵自二級已上至不更[9] 命曰卒 其戰也 五人來簿爲伍 一人羽而輕其四人 能人得一首則復 夫勞爵[10] 其縣過三日有不致士大夫勞爵能 五人一屯長 百人一將 其戰 百將[11]屯長不得 斬首 得三十三首以上盈論 百將屯長賜爵一級

1) 上(상) : 호적 장부상에 올리다의 뜻.

2) 乞(걸) : 청하다.

3) 庶子(서자) : 가신(家臣)의 뜻이라 했다. 보통 서자의 뜻은 장자 이외의 아들들을 뜻하나 여기서는 가재(家宰)의 뜻인 것 같다.

4) 大夫(대부) : 작위를 가진 사람. 곧 주인의 뜻도 포함됨. 일설에는 진(秦)나라의 작위 등급은 1급은 공사(公士), 2급은 상조(上造), 3급은 잠뇨(簪裊), 4급은 불경(不更), 5급은 대부(大夫), 6급은 관대부(官大夫), 7급은 공대부(公大夫), 8급은 공승(公乘), 9급은 오대부(五大夫), 10급은 좌서장(左庶長), 11급은 우서장(右庶長), 12급은 좌경(左更), 13급은 중경(中更), 14급은 우경(右更), 15급은 소상조(少上造), 16급은 대상조(大上造), 17급은 사거서장(駟車庶長), 18급은 대서장(大庶長), 19급은 관내후(關內侯), 20급은 철후(徹侯)라고 했다.

5) 月六日(월육일) : 결자(缺字)가 있다고 했다.

6) 役事(역사) : 군사적인 일이나 또는 국가의 큰 공사를 뜻함.

7) 小夫(소부) : 진(秦)나라의 관직 명칭인 듯하다. 일설에는 하급 병사라고도 했다.

8) 校徒操出公(교도조출공) : 직책의 이름이나 군의 직책명인 것 같은데 뜻이 확실하지 않다. 일설에는 교(校)는 기계로 성곽을 포위하는 장교. 도(徒)는 보병의 하급장교. 조(操)는 수비의 하급장교. 출(出)은 시작하다. 공(公)은

1급 작위의 공사라고 했다. 그러나 교(校), 도(徒), 조(操)는 직명이고 출공
(出公)은 나타내다의 뜻인 것 같다.

9) 不更(불경) : 하나의 관직명이며 4급에 해당하고 대부 아래의 직급이다.

10) 勞爵(노작) : 사업에 공로가 있는 것을 뜻함. '주례(周禮)'에 사업에 공로
가 있는 것을 '노(勞)'라고 한다고 했다.

11) 百將(백장) : 온갖 장수. 곧 1장(一將)의 모든 장수들을 뜻함.

2. 작위가 대부인 사람은 국치(國治)가 된다

500명의 주인에게는 짧은 병기를 가진 병사가 50명이며, 1000
명의 주인이며 장(將)의 주인에게는 짧은 병기를 가진 병사가 100
명이다.

1천 석(一千石)의 장관에게는 짧은 병기를 가진 병사가 100명
이며, 800석의 장관에게는 짧은 병기를 가진 병사가 80명이며, 700
석의 장관에게는 짧은 병기를 가진 병사가 70명이며, 600석의 장
관에게는 짧은 병기를 가진 병사가 60명이다.

나라에서 위(尉)에 봉해지면 짧은 병기를 가진 병사가 1000명
이며 장군은 짧은 병기를 가진 병사가 4000명이다.

전쟁에서 담당 관리가 죽으면 짧은 병기를 가진 인원 수를 점
검한다.

짧은 병기를 가진 병사가 한 사람의 머리를 베어 오면 그를 우
대한다.

성을 공격하고 읍을 포위하여 적진의 군사 8000명 이상의 목을
베어 오면 공론을 채운 것이요, 야전(野戰)에서는 2000명의 목을
베어 오면 상관의 지시를 완수한 것이다.

이에 관리는 조(操)에서부터 교(校) 이상과 대장에서 말단 지
휘관까지 모두 상을 받는다.

작위가 공사(公士)이면 상조(上造)로 승진하고 작위가 상조
(上造)이면 잠뇨(簪褭)로 승진하고 잠뇨였으면 불경(不更)으
로 승진하고 불경이었으면 대부로 승진한다.

작위가 리(吏)였으면 현위(縣尉)가 되고, 포로 6명과 5600금을 하사받는다.

작위가 대부(大夫)인 사람은 국치(國治)가 되고 정식으로 국정을 담당하는 대부에 취임한다.

본디 작위가 대부(大夫)인 사람은 공대부(公大夫)에 취임하고 본디 작위가 공대부였으면 공승(公乘)에 취임한다.

공승은 오대부(五大夫)에 취임하며 읍(邑)에서 300가구의 세금을 거둘 수 있도록 한다.

본디 작위가 오대부(五大夫)였으면 다 식읍(食邑)으로 300가구를 하사받고 300가구의 세금 징수를 하사받는다.

작위가 오대부(五大夫)이면 식읍으로 600가구의 세금을 징수하고 식객(食客)을 수용할 수 있다.

대장(大將)이나 어참(御參)은 다 작위 3급을 하사받는다.

본디 객경(客卿)은 군사전략을 도와서 성공하면 정경(正卿)으로 취임한다. 정경은 대서장(大庶長)으로 취임하고 본디 대서장은 좌경(左更)으로 취임한다. 본디 사경(四更)은 대량조(大良造)에 취임한다.

五百主[1] 短兵[2] 五十人 二五百主 將之主 短兵百 千石之令[3] 短兵百人 八百之令 短兵八十人 七百之令 短兵七十人 六百之令 短兵六十人 國封尉[4] 短兵千人 將 短兵四千人 戰及死吏 而口[5] 短兵 能一首則優 能攻城圍邑斬首八千已上則盈論 野戰斬首二千則盈論 吏自操及校以上 大將盡賞行間之吏也 故[6]爵公士[7]也 就爲上造[8]也 故爵上造 就爲簪裏[9] 就爲不更[10] 故爵爲大夫 爵吏而爲縣尉[11] 則賜虜六 加五千六百 爵大夫而爲國治[12] 就爲大夫 故爵大夫 就爲公大夫[13] 就爲公乘[14] 就爲五大夫[15] 則稅邑三百家 故爵五大夫 皆有賜邑三百家 有賜稅三百家 爵五大夫 有稅邑六百家者受客[16] 大將御參[17]皆賜爵三級 故客卿相論盈 就正卿 就爲大庶長 故大庶長 就爲左更 故四更也 就爲大良造

1) 主(주) : 주인. 주동자. 책임자.

2) 短兵(단병) : 짧은 병기를 가진 병사들. 곧 칼을 가진 병사들.

3) 令(영) : 권한을 가지다. 곧 현령(縣令)이나 군(郡)의 책임자를 지칭함.

4) 尉(위) : 식읍(食邑)의 장관을 뜻하는 것 같다.

5) 口(구) : 숫자를 세다의 뜻.

6) 故(고) : 본디. 원래 또는 예전의 직책이라는 뜻.

7) 公士(공사) : 진(秦)나라 1급의 관직명.

8) 上造(상조) : 진(秦)나라 2급의 관직명.

9) 簪裊(잠뇨) : 진(秦)나라 3급의 관직명.

10) 不更(불경) : 진(秦)나라 4급의 관직명.

11) 縣尉(현위) : 현의 장관.

12) 國治(국치) : 국정을 논할 수 있는 직책.

13) 公大夫(공대부) : 국정을 논할 수 있는 권한이 있는 7급의 대부.

14) 公乘(공승) : 공대부 위의 8급의 직책.

15) 五大夫(오대부) : 진나라의 작위명이며 9급에 해당한다.

16) 受客(수객) : 식객(食客)을 수용하다.

17) 大將御參(대장어참) : 대장의 옆좌석에 앉아서 대장을 보좌하는 직책.

3. 전쟁에서는 사람의 머리를 3일 간 진열한다

전쟁에서 죽인 적군의 머리는 옛부터 세 번 진열하고 또 3일 동안 사실을 조사한다.

장군이 3일 동안 조사해서 의심할 만한 사실이 없으면 사(士)나 대부(大夫)들에게 수고한 공로에 따라 작위가 이르게 하는데 그 현(縣)에서는 사위(四尉)가 주관한다. 잘못된 것은 승위(丞尉)가 판단한다. 〔문장이 잘 통하지 않는다.〕

작위를 가진 자의 머리를 하나 베어 온 자에게는 작위 한 등급을 상으로 주고 전답 1경(一頃)을 더하여 주고 택지 9묘(九畝)를 더해 준다. 또 서자(庶子 : 보좌관) 한 사람을 제수받을 수 있으며 자신이 군대나 관청의 관리가 될 수 있다.

감옥의 법규는 높은 작위를 가진 자가 낮은 등급의 작위에 있는 사람을 판단하게 하고, 높은 작위에 있는 사람이 파면되면 작위를 가진 사람이 가질 수 있는 노비를 공급하지 않는다.

작위가 2급 이상인 자가 형법에 적용되는 죄를 지으면 한 등급을 강등시킨다.

작위가 1급 이하인 자가 형법에 적용되는 죄를 지으면 작위를 없앤다. 소부(小夫)는 죽음에 이른다.

1급에서 대부(大夫)에 이르기까지 관직에 있던 사람이 죽게 되면 그 관직의 등급에 따라서 1등급을 올리고 그 묘지에는 나무 한 그루를 급수에 따라서 심게 한다. 〔이상은 문장이 잘 통하지 않는다.〕

以戰故暴首¹⁾三 乃校²⁾ 三日 將軍以不疑致士大夫勞爵 其縣四尉 訾由丞尉³⁾ 能得爵首一者 賞爵一級 益田一頃⁴⁾ 益宅九畝⁵⁾ 一除⁶⁾庶子一人 乃得人兵官之吏 其獄法⁷⁾ 高爵訾下爵級 高爵能無給有爵人隷僕 爵自二級以上 有刑罪則貶⁸⁾ 爵自一級以下 有刑罪則已 小失死 以上至大夫 其官級一等 其墓樹級一樹

1) 暴首(폭수) : 걸어놓아 햇볕에 죄다의 뜻으로 머리를 진열하다.

2) 校(교) : 조사하다.

3) 其縣四尉訾由丞尉(기현사위자유승위) : 문장이 잘 통하지 않는다.

4) 一頃(일경) : 땅 1백 묘(一百畝)를 일컫는다.

5) 九畝(구묘) : 사방 여섯 자가 일보(一步)이고 1백 보를 일묘(一畝)라고 한다. 구묘는 사방으로 9백 보를 뜻함.

6) 一除(일제) : 한 번 제수하다.

7) 獄法(옥법) : 감옥의 법규. 곧 형법을 뜻함.

8) 貶(폄) : 강등시키다.

4. 먼저 마친 자는 최선봉으로 삼는다

성을 공격하고 읍(邑)을 포위할 때는 국가의 사공(司空)에게 성벽의 넓이와 두께의 수치를 헤아리게 한다.

국위(國尉)는 토지를 나누어서 도(徒)와 교(校)에게 분담하여 각각 사방 및 자썩 되는 땅을 파도록 한다.

기약을 정하여 말하기를 "먼저 마친 자는 최선봉으로 삼고 뒤에 끝마친 자는 후군으로 삼을 것이며 두 번 재촉받은 자는 중지토록 할 것이다."라고 한다.

적진 안으로 통하게 되면 땔나무를 쌓게 한다. 땔나무를 쌓은 후에는 성벽 기둥을 불사르게 한다.

성을 함락시킬 사(士)들은 각 방면에서 18명씩으로 한다. 성을 함락시킬 사(士)가 신속하게 싸우지 않으면 승산이 없다는 것을 알게 한다.

대오에서 다섯 명의 머리를 베어 오면 성을 함락시키는 사(士)는 각각 작위 1등급을 하사받는다.

사(士)가 죽으면 한 사람이 뒤를 잇는다.

적을 죽이지 못하면 천 사람이 보는 앞에서 차렬의 형을 행한다. 차렬의 형을 행하지 못하게 간청하는 자가 있으면 성 아래에서 얼굴에 먹물로 글자를 새기거나 코를 베는 형을 가한다.

국위(國尉)가 토지를 나누어 중군의 졸장(卒長)에게 따르게 하고, 장군은 목일(木壹)을 만들어서 국가의 정감(正監)과 왕의 어사(御史)와 함께 참여하여 관찰한다.

그 성 안으로 먼저 들어간 자는 최고의 선봉대라고 거명하고 그 뒤에 성 안으로 들어간 자는 가장 후군이라고 거명한다.

성을 함락시킬 돌격대는 희망하는 자들로 다 구성하되 희망자가 부족할 경우에는 승진하고 싶어하는 자들로 보충한다.

其攻城圍邑也 國司空[1]訾莫[2]城之廣厚之數 國尉[3]分地 以徒校分積尺而攻之 爲期日 先已者 當爲最啓[4] 後已者 訾爲最殿[5] 再訾則廢[6] 內通則積薪 積薪則燔柱[7] 陷隊之士面十八人 陷隊之士 知疾鬪不得 斬首隊五人 則陷隊之士 人賜爵一級 死則一人後 不能死之 千人環[8] 規諫[9] 黥劓[10]於城下 國尉分地 以中卒[11]隨之 將軍爲木壹 與國正監[12]與正御史[13]參望之 其先入者 擧爲最啓 其後入者 擧爲最殿 其陷隊也 盡其幾者[14] 幾者不足 乃以

欲級¹⁵⁾益之

1) 國司空(국사공) : 국가의 사공 벼슬. 사공은 모든 국가의 기술자들을 관장하
   는 직책.

2) 訾莫(자모) : 헤아려 꾀하다.

3) 國尉(국위) : 제후국의 장관(長官)에 해당하는 직책. 국가 토지를 담당함.

4) 啓(계) : 선봉을 말한다.

5) 殿(전) : 후군을 뜻함.

6) 廢(폐) : 중지시키고 문책하겠다는 뜻.

7) 燔柱(번주) : 성의 기둥이 되는 나무를 불사르다.

8) 環(환) : 환(轘)의 오자라고 했다. 사지를 수레에 매달아 찢어 죽이는 형벌.

9) 規諫(규간) : 바른 도리로 간하는 것.

10) 黥劓(경의) : 경은 얼굴에 먹물로 글자를 새기는 형벌. 의는 코를 베는 형벌.

11) 中卒(중졸) : 중군(中軍)의 졸장(卒將)을 뜻함.

12) 國正監(국정감) : 국가의 업무를 감찰하는 직책.

13) 正御史(정어사) : 정(正)은 범본(范本)에는 왕(王)자로 되어 있다고 했다.
    왕이 임명한 어사(御史)를 뜻한다.

14) 幾者(기자) : 자원하다. 희망하는 사람.

15) 欲級(욕급) : 진급하고자 하는 사람.

제20편 백성을 약하게 만들다〔弱民第二十〕

1. 백성은 약하게 만들어야 한다

백성들이 약해지면 국가는 강성해지고 국가가 강성해지면 백성들은 약해진다. 그러므로 도(道) 있는 나라에서는 백성을 약하게 만드는 일에 힘쓰는 것이다.

백성들이 순박하면 국가는 강성해지고 백성들이 간사하면 국가는 허약해진다.

백성들이 허약하면 법규에 잘 따르고 백성들이 간사하면 벗어나려는 의지가 넘치게 된다.

백성들이 허약하면 사용할 수 있으나 벗어나려는 의지가 있으면 백성들이 억세어진다.

그러므로 말하기를 '강력한 것으로써 강력한 것을 제거한 자는 허약해지고 허약한 것으로써 강력한 것을 제거한 자는 강성해진다.'라고 했다.

백성은 잘 대해 주면 친밀해지고 이로운 곳에 사용하면 화평해진다.

군주가 등용하면 맡는 일이 있게 되고 화평해지면 있는 힘을 다하게 되며, 맡은 소임이 있게 되면 정치를 풍요롭게 만든다.

군주가 법을 버리고 백성이 좋아하는 것에 맡기게 되면 간사한 것이 많아지게 된다.

民弱 國彊 國彊 民弱 故有道之國 務在弱民¹⁾ 樸則彊 淫則弱
弱則軌²⁾ 淫則越志 弱則有用 越志則彊 故曰 以彊去彊者弱 以弱

去彊者彊 民善之則親 利之用則和 用則有任 和則匱 有任乃富
於政 上舍法 任民之所善 故姦多

1) 弱民(약민) : 백성의 힘이 약해지게 하다. 체질이 약해지게 되는 것이 아니고
   순하게 만든다는 뜻.
2) 軌(궤) : 수레바퀴의 자국과 같이 법을 따르는 것을 의미함.

2. 여섯 종류의 이〔蝨〕와 같은 것이 싹트지 않는다

백성은 가난하면 부유해지려고 힘쓰고 힘을 써서 부자가 되면
방탕해지고 방탕해지면 '이(蝨)'가 있게 된다.

그러므로 백성이 부유한데도 백성을 사용하지 않으려면 백성
들로 하여금 양식을 내어 관직을 얻게 해야 한다.

각자가 그런 힘을 가지려 하면 농업을 게을리하지 않게 되고 농
업을 게을리하지 않게 되면 '여섯 종류의 이'와 같은 부류가 움
트지 않는다.

그러므로 국가는 부유해지고 백성은 잘 다스려져서 나라가 거
듭 강성해진다.

군사력은 허약해지기는 쉬워도 강성해지기는 어려운 것이다.

백성은 생을 즐거워하고 안일한 것을 편안하게 여긴다.

죽게 만드는 것도 어렵고 전쟁에 나가게 하는 것도 어렵다. 이
러한 것을 쉽게 여기게 되면 강성해진다.

일을 부끄럽게 여기면 간사함이 많게 된다.

포상을 적게 하면 실수가 없다.

간사한 것이 많고 적을 의심하게 되면 반드시 이로운 것을 잃
는다.

군사력이 강성하게 되면 위엄이 있고 사업에 부끄러움이 없게
되면 이로움이 있다.

군사력을 사용하여 오랫동안 이로운 곳에 처하게 되면 반드시
온 천하에 왕 노릇을 하게 된다.

그러므로 군사를 움직일 때 적군이 감히 가지 못하는 곳을 가

면 강성해지며, 사업을 일으킬 때 적군이 부끄러워하는 것을 시작하면 이롭게 된다.

民貧則力富 力富則淫 淫則有蝨 故民富而不用 則使民以食出[1] 各必有力 則農不偸 農不偸 六蝨無萌 故國富而民治 重彊 兵易弱難彊 民樂生安佚 死 難 難正[2] 易之[3]則彊 事有羞 多姦寡賞 無失 多姦疑敵 失必利 兵至彊 威 事無羞 利 用兵久處利勢 必王 故兵行敵之所不敢行 彊 事興敵之所羞爲 利

1) 食出(식출) : 식량을 내서 작위를 구하는 일.
2) 難正(난정) : 이 단어에 오자(誤字)가 있다고 했다. 정은 정(征)의 뜻이 아닌가 한다.
3) 易之(이지) : 쉽게 여기다.

3. 하나를 지키는 자는 다스려진다

국가에 법이 있으면 백성은 그들이 사는 곳에서 편안해 하고 군주가 임기응변의 수단이 있으면 사업을 균등하게 조절할 수가 있다. 국가를 지키는 것이 편안하고 군주가 권세를 가진 것이 이로우면, 군주는 임기응변의 수단이 많은 것을 귀하게 여기고 국가는 변화가 적은 것을 귀하게 여긴다.

이로운 것이 한 구멍에서 나오게 되면 국가에는 물자가 많게 되고, 이로운 것이 열 개의 구멍에서 나오게 되면 국가에는 물자가 적어지게 된다.

하나를 지킨 자는 다스려지고 열을 지킨 자는 어지러워진다.

다스려지면 강성해지고 어지러워지면 허약해진다.

강성해지면 물품들이 자연스럽게 오고 허약해지면 물품들이 없어진다.

그러므로 국가에 물품이 이르게 된 자는 강성해지고 물품이 없어지는 자는 허약해진다.

백성들이 치욕스러우면 작위를 귀하게 여기고 백성들이 허약

하면 관리들이 존경받게 되고 백성들이 가난하면 포상을 귀하게
여긴다.

이에 형벌로써 백성을 다스리면 군주에게 등용되는 것을 즐거
워하게 되고, 포상으로써 백성을 전쟁에 참여하도록 하면 백성은
죽음을 가볍게 여긴다.

그러므로 전쟁에서 군사를 잘 사용하는 것을 '강성하다' 라고
한다.

반면 백성에게 사사로운 영화가 있으면 반열을 천시하고 관직
을 하찮게 본다.

백성들이 부유해지면 상을 가볍게 여긴다.

백성을 다스리는데 있어 치욕스럽게 하는 것은 형벌이나 전쟁
뿐이다.

전쟁하는 백성이 죽음을 두려워하고 사업이 어지러울 때 싸우
게 되면 병사와 농민은 나태해지고 국가는 허약해진다.

法有 民安其次¹⁾ 主變²⁾ 事能得齊 國守 安 主操權 利 故主貴多
變 國貴少變 利出一孔³⁾則國多物 出十孔⁴⁾則國少物 守一者治
守十者亂 治則彊 亂則弱 彊則物來 弱則物去 故國致物者彊 去
物者弱 民辱則貴爵 弱則尊官 貧則重賞 以刑治民則樂用 以賞
戰民則輕死 故戰事兵用曰彊 民有私榮⁵⁾則賤列卑官 富則輕賞
治民羞辱以刑戰 則戰民畏死 事亂而戰 故兵農怠而國弱

1) 次(차) : 머무르다. 곧 거처하는 곳.
2) 變(변) : 임기응변의 수단. 곧 변화무쌍한 것.
3) 一孔(일공) : 한 구멍. 한 곳.
4) 十孔(십공) : 다방면. 여러 곳.
5) 私榮(사영) : 사사롭게 영화로운 것.

4. 국가에서 떳떳하게 먹을 수 있는 세 가지 관직

농민이나 상인이나 관료의 세 직종은 국가에서 떳떳하게 먹을

수 있는 직업들이다.

농민은 땅을 개척하고, 상인은 물건을 판매하고, 관료는 백성을 법으로 다스린다.

이 세 가지 직업은 '이(蝨)'와 같은 여섯 종류를 생기게 한다.

첫째는 연말에 연회를 베푸는 것이요, 둘째는 먹고 마시는 것이요, 셋째는 아름답게 치장하는 것이요, 넷째는 기호품을 즐기는 것이요, 다섯째는 의지가 약한 것이요, 여섯째는 행동이 소극적인 것이다.

이상의 여섯 종류에는 기생하는 것들이 있게 되면 국가는 반드시 쇠약해진다.

농민에게 여유 있는 양식이 있게 되면 해마다 함께 모여 잔치를 열게 되며, 상인에게 부정한 이익이 있게 되면 골동품 등 기호품을 취급하여 일상적인 그릇들을 상하게 하고, 관직만 설치해 두고 등용하지 아니하면 의지나 행동이 잡부처럼 된다.

여섯 종류의 '이'들이 기생하여 풍속을 이루게 되면 전쟁에서 반드시 크게 패하게 된다.

農商官三者 國之常食官也 農關地 商物 官法民 三官生蝨六日歲 曰食 曰美 曰好 曰志 曰行 六者有樸 必削 農有餘食 則薄燕[1]於歲 商有淫利[2] 有美好傷器[3] 官設而不用 志行爲卒[4] 六蝨成俗 兵必大敗

1) 薄燕(박연) : 모여서 잔치를 하다.
2) 淫利(음리) : 부정으로 취한 이익.
3) 美好傷器(미호상기) : 골동품 등 기호품을 취급하게 되어 일상적인 그릇 등 이익이 박한 것을 취급하지 않게 되다.
4) 志行爲卒(지행위졸) : 뜻과 행동이 졸장부가 되다. 곧 할 일이 없어서 하인들이 하는 일이나 하게 된다는 뜻.

5. 법이 굽어 있으면 다스림이 어지러워진다

법이 잘못되어 있으면 다스림이 혼란스러워지고 착한 사람을 등용하게 되면 말이 많아진다.

다스리는 것이 많아지면 국가가 혼란스러워지고 말이 많아지면 군사력이 허약해진다.

법이 명백해지면 다스림이 덜어지고 능력 있는 자에게 맡기면 헛된 말이 없어진다.

다스림이 덜어지면 국가는 다스려지고 헛된 말이 없어지면 군사력은 강성해진다.

그러므로 다스림이 거대해지면 국가는 작아지게 되고 다스림이 작아지면 국가는 거대해지게 된다.

정치가 백성들이 싫어하는 것을 일으키면 백성들이 허약해지고 정치가 백성들이 즐거워하는 것을 일으키면 백성들은 억세어진다.

백성들이 허약해지면 국가는 강성해지고 백성들이 억세어지면 국가는 허약해진다.

백성들이 즐거워하는 것을 시행하면 백성들이 억세어지고 백성들이 억세어졌는데 강해지게 하면 군사력은 거듭 허약해진다.

백성들이 즐거워하는 것을 시행하면 백성들이 억세어지는데 백성들이 억세지만 그들을 허약하게 만들면 군사력은 더욱 강성해진다.

강력한 것을 거듭 약하게 하고 약한 것은 거듭 강성하게 하면 천하에서 왕 노릇을 하는 것이다.

강력한 정치로써 약한 것을 강하게 하면 약한 것이 존재하게 되고 허약한 정치로써 강성한 것을 약하게 만들면 굳센 것이 제거된다.

강성한 것이 존재하면 국가는 허약해지지만 강성한 것이 제거되면 천하에서 왕 노릇을 할 수 있게 된다.

그러므로 강력한 정책으로써 허약하게 만들면 쇠약해지지만 허약한 정치로써 강성하게 만들면 천하에 왕 노릇을 하는 것이다.

法枉[1] 治亂 任善[2] 言多 治衆 國亂 言多 兵弱 法明 治省 任力[3]
言息 治省 國治 言息 兵彊 故治大 國小 治小 國大 政作民之所
惡 民弱 政作民之所樂 民彊 民弱 國彊[4] 民彊 國弱 故民之所樂
民彊 民彊而彊之 兵重弱 民之所樂 民彊 民彊而弱之 兵重彊 故
以彊 重弱 弱重彊 王 以彊政彊弱 弱存 以弱政弱彊 彊去 彊存
則弱 彊去則王 故以彊政弱 削 以弱政彊 王也

1) 法枉(법왕) : 법이 굽다. 잘못된 법을 뜻함.
2) 任善(임선) : 착한 이를 임명하다. 착한 사람을 등용하다.
3) 任力(임력) : 능력 있는 사람을 등용하다.
4) 民弱國彊(민약국강) : 구본(舊本)에는 '민약국강(民弱國彊)'의 네 글자가
   없는데 진본(秦本)에는 있어서 보충했다고 했다.

6. 최상의 성인(聖人)이 되고자 하는 것
명철한 군주는 신하를 부릴 때 반드시 그 공로를 참작하여 등용하며 포상은 반드시 그 수고로움을 다한 자에게 시행한다.

군주가 그 백성에게 믿음을 심어 주기를 해나 달처럼 확실하게 심어 준다면 대적할 상대가 없게 된다.

이제 이루(離婁)가 가을철 짐승의 가늘어진 털끝을 볼 수는 있지만 그 밝은 눈을 남과 바꿀 수 없는 것이며, 진(秦)나라 오획(烏獲)이 1천 균(3만 근)이나 되는 무거운 것을 들 수 있으나 그 많은 힘을 남과 바꿀 수 없는 것이다.

성인(聖人)이나 현인(賢人)들도 신체나 심성을 가지고 있을지라도 능히 서로 바꾸지 못하는 것이다.

현재 이 시대의 권세를 잡은 자들이 다 최상의 성인(聖人)이 되고자 하는 것은 법을 들어 시행하는 것을 말한다.

법을 위배하고 다스리는 것은, 짐은 무겁고 길은 먼데 말이나

소가 없고, 큰 강을 건너려는데 배와 노가 없는 것과 같은 것이다.

지금 대저 사람은 많고 군사력은 강하다. 이것은 제왕(帝王)이 될 수 있는 큰 밑천이다. 진실로 명백한 법으로 지키지 않는다면 위태로움과 멸망이 함께 이웃한다.

명철한 군주는 법을 살펴서 국경 안의 백성에게 간사하고 방탕한 마음이 없게 하고, 유람하면서 시간을 보내는 간사한 자들을 전쟁터로 내몬다. 이에 모든 백성은 경작하거나 전쟁하는 데 힘을 쓴다.

이러한 것을 알 수 있는 일이 있다.

초(楚)나라 백성은 신속한 행동이 균등하여 그 속도가 회오리바람과 같고, 완(宛) 땅의 강한 철로 만든 짧은 창은 날카롭기가 벌침이나 전갈의 침과 같으며, 힘센 교룡이나 물소나 외뿔소의 가죽으로 만든 갑옷은 견고하기가 쇠나 돌과 같다.

그들은 장강(長江)과 한수(漢水)를 성 둘레에 파는 연못으로 삼고, 여수(汝水)와 영수(潁水)로 경계를 삼고, 등림(鄧林)으로 은폐하고, 방성(方城)으로 가선을 둘렀다.

이러한 상황인데도 진(秦)나라 군대가 이르러 언(鄢)과 영(郢) 땅을 빼앗는데 마른 나무를 흔드는 것과 같았으며, 장수인 당멸(唐蔑)이 수섭(垂涉)에서 전사하였고, 장교(莊蹻)가 안에서 발병하여 초(楚)나라는 다섯으로 쪼개졌다.

초나라 땅이 크지 않은 것이 아니요, 백성들이 많지 않은 것도 아니요, 병장기와 재물이 많지 않은 것도 아니었다.

싸움에서 이기지 못하고 수비에도 견고하지 못했던 이유는 다 법이 없는 데서 발생한 것이다.

이것은 저울을 버리고 손으로 무겁고 가벼운 것을 재단한 데에서 온 것들이다. 〔아래에 문장이 탈락되었다고 함.〕

明主之使其臣也 用必加於功 賞必盡其勞 人主使其民信此如日月 則無敵矣 今離婁見秋豪之末 不能明目易人 烏獲擧千鈞之重 不能以多力易人 聖賢在體性[1]也 不能以相易也 今當世之用

事者 皆欲爲上聖 擧法之謂也 背法而治 此任重道遠而無馬牛 濟
大川而無舡楫也 今夫人衆兵彊 此帝王之大資也 苟非明法以守
之也 與危亡爲隣 故明主察法 境內之民無辟淫之心 游處之壬²⁾
迫於戰陣 萬民疾於耕戰 有以知其然也 楚國之民 齊疾而均 速若
飄風³⁾ 宛鉅鐵鉇⁴⁾ 利若蜂蠆⁵⁾ 脅蛟犀兕⁶⁾ 堅若金石 江漢⁷⁾以爲池
汝潁⁸⁾以爲限 隱以鄧林⁹⁾ 緣以方城¹⁰⁾ 秦師至 鄢郢¹¹⁾擧 若振槁 唐
蔑¹²⁾死於垂涉 莊蹻¹³⁾發於內 楚分爲五 地非不大也 民非不衆也
甲兵財用非不多也 戰不勝 守不固 此無法之所生也 釋權衡¹⁴⁾而
操輕重者

1) 體性(체성) : 신체와 심성.

2) 游處之壬(유처지임) : 유람하며 사는 간사한 사람들.

3) 飄風(표풍) : 회오리바람.

4) 宛鉅鐵鉇(완거철사) : 중국의 완(宛) 땅에서 나는 억센 쇠로 만든 짧은 창이
   며 아주 예리하다고 함. 사는 사(鉇).

5) 蜂蠆(봉채) : 벌침과 전갈의 독침.

6) 蛟犀兕(교서시) : 교는 교룡, 서는 물소 시는 외뿔소이다. 다 가죽이 질기고 억
   세다.

7) 江漢(강한) : 장강(長江)과 한수(漢水).

8) 汝潁(여영) : 여수(汝水)와 영수(潁水). 여수는 하남성을 흘러 회수(淮水)
   로 들어가는 강. 영수는 안휘성에서 회수(淮水)로 들어가는 강 이름.

9) 鄧林(등림) : 초(楚)나라 북쪽 경계에 있는 거대한 숲의 이름. 일설에는 도
   림(桃林)이라고도 함.

10) 方城(방성) : 초나라 방성산(方城山)을 가리킨다고 함.

11) 鄢郢(언영) : 언은 본래 정(鄭)나라 땅이었으나 초나라에서 빼앗은 땅. 영
    은 초나라의 수도가 있던 곳.

12) 唐蔑(당멸) : 초(楚)나라 장수 당매(唐昧)라고 했다. 진(秦)나라가 제
    (齊)·한(韓)·위(魏)와 함께 초나라를 공격하였는데 이 때 죽은 것이다.

13) 莊蹻(장교) : 초(楚)나라 장군으로 확실한 연대가 없다.

14) 權衡(권형) : 저울추와 저울대. 곧 저울을 말한다.

제21편 □□
※ 망실되었다.

일설에는 '어도(御盜)'라고 했다.
도둑을 방어하다.

제22편 국외와 국내〔外內第二十二〕

1. 전쟁보다 더 어려운 일은 없다

백성이 국외에서 행하는 일에서 전쟁보다 어려운 일은 없다.

그러므로 법을 가볍게 해서는 그들을 부릴 수가 없는 것이다.

무엇을 가벼운 법이라고 이르는가?

포상은 적게 하고 위엄이 경박하고 방탕한 도를 막지 못하는 것을 말한다.

무엇을 방탕한 도라고 이르는가?

사리를 분별하는 지혜를 가진 자를 귀하게 여기고 타국에서 벼슬살이를 하러 돌아다니는 자를 등용하며 문학을 잘하여 사사로이 이름을 날리는 자를 등용하는 것을 말한다.

이상 세 가지를 막지 않으면 백성은 전쟁에 참여하려 하지 않을 것이며 사업은 실패할 것이다.

포상을 적게 하면 따르는 자에게는 이로움이 없게 되고, 위엄이 경박하면 법을 범하는 자에게 해가 없게 된다.

그러므로 방탕한 도를 열어서 순박한 백성을 유인하고 가벼운 법으로 백성을 전쟁에 나가게 하는 것을 일러 '쥐를 잡으려고 미끼로 살쾡이를 쓰는 것'과 같다고 하는 것이니, 또한 바라지 못할 일이다.

그 백성을 전쟁에 참여하게 하려는 자는 반드시 무거운 법으로써 하고 포상은 반드시 많이 하고 위엄은 반드시 엄격하게 하며 방탕한 도는 반드시 막고 사리를 분별하는 지혜를 가진 자를 귀하게 여기지 않고 타국에서 벼슬살이하러 오는 자를 등용하지 않으며 문학으로 사사로이 이름을 날리지 못하게 한다.

　포상을 많이 하고 위엄을 엄격하게 한다.

　백성은 전쟁에 참여하여 포상받는 것이 많음을 보게 되면 죽음을 망각하게 되고, 전쟁을 회피하여 받는 수모를 보고는 자신의 삶을 괴로워하게 된다.

　포상으로 부려서 죽음을 망각하게 하고 위엄으로 부려서 삶을 고통스럽게 하고 방탕한 도를 막게 되면, 이러한 상황에서 적군을 만나게 되면 1만2천 근이나 되는 활로 떨어지는 나뭇잎을 쏘는 것과 같으니, 어디인들 함락하지 못할 것이 있겠는가?

　民之外事 莫難於戰 故輕法[1]不可以使之 奚謂輕法 其賞少而威薄[2] 淫道不塞之謂也 奚謂淫道 爲辯知[3]者貴 游宦[4]者任 文學私名顯之謂也 三者不塞 則民不戰而事失矣 故其賞少則聽者無利也 威薄則犯者無害也 故開淫道以誘之 而以輕法戰之 是謂設鼠而餌以狸也 亦不幾乎 故欲戰其民者 必以重法 賞則必多 威則必嚴 淫道必塞 爲辯知者不貴 游宦者不任 文學私名不顯 賞多威嚴 民見戰賞之多則忘死 見不戰之辱則苦生 賞使之忘死 而威使之苦生 而淫道又塞 以此遇敵 是以百石之弩[5]射飄葉[6]也 何不陷之有哉

1) 輕法(경법) : 가벼운 법. 처벌이 미약한 법.

2) 威薄(위박) : 위엄이 박하다. 곧 권위가 없다. 위세가 없다.

3) 辯知(변지) : 슬기로운 지혜로 사물을 판단하는 것.

4) 游宦(유환) : 외국에서 벼슬을 구하러 다니는 자들.

5) 百石之弩(백석지노) : 1석(一石)은 120근이며 100석은 1만2천 근. 노는 쇠뇌. 여러 개의 활이나 돌을 매달아 잇따라 쏘는 큰 활.

6) 飄葉(표엽) : 떨어지는 낙엽.

2. 농사보다 고달픈 일은 없다

백성들이 국내에서 행하는 집안 일에는 농사짓는 일 만큼 고달 픈 것이 없다. 그러므로 가볍게 다스려서는 가히 부릴 수가 없는 것이다.

무엇을 가볍게 다스린다고 이르는가?

농민들은 가난해지고 상인들은 부유해지는 것을 말한다.

먹을 것을 천하게 여기게 되면 돈이 중하게 된다. 먹을 것을 천 하게 여기게 되면 농민들은 가난해지고, 돈을 중하게 여기면 상 인들이 부자가 된다.

상업에서 사치품을 금지시키지 않으면 손재주나 기술을 가진 사람들이 이익을 얻게 되고 빈둥거리면서 생활하는 자들이 많아 지게 된다.

그러므로 농업은 힘을 많이 쓰고 최고로 고통스러운 일인데도 남는 이익은 아주 적어서 상인이나 손재주나 기술을 가진 자보다 못하게 된다.

진실로 상인이나 손재주를 가진 자나 기술자들이 번성하지 못 하도록 할 수 있다면 국가가 부유해지지 않으려 해도 자연히 부 유해지게 된다.

그러므로 말하기를 '농업으로써 그 국가를 부유하게 하고자 하 는 자는 국경 안의 식량을 반드시 귀하게 여겨야 하고 농사를 짓 지 않는 자에게 세금을 많이 징수해야 한다.'라고 했다.

시장의 이익에 대한 세금을 반드시 무겁게 하면 백성은 농업을 하지 않을 수가 없다.

농사를 짓지 않는 사람은 식량을 바꾸지 않을 수 없다.

식량을 귀하게 여기게 되면 농사짓는 자는 이로움이 있게 되고 농사짓는 자가 이로움이 있게 되면 농업에 종사하는 자가 많아지 게 된다.

식량을 귀하게 여기게 되면 장사치가 식량을 사들이는 데에 이로움이 없게 된다.

뿐만 아니라 상인이나 손재주를 가진 자나 기술을 가진 자에게 는 무거운 세금을 징수하면 상인이나 손재주 가진 자나 기술을 가 진 자들이 자신의 직업을 버리지 않을 수 없게 되고 땅의 이로움 에 종사할 것이다.

이에 백성은 땅에 힘을 다하면 이로움이 있다는 것을 알게 되 어 있는 힘을 다할 것이다.

때문에 국가를 위하는 자는 변방의 이로움은 다 군사들에게 돌 아가도록 하고 시장의 이로움은 다 농민에게 돌아가도록 한다.

변방의 이로움이 군사들에게 돌아가게 하는 자는 강성해지고 시중의 이로움이 농민에게 돌아가게 하는 자는 부유해진다.

전쟁에 나가서는 굳세어지게 하고 들어와서 휴식할 때는 부유 하게 만드는 자는 온 천하에서 왕 노릇을 하게 된다.

民之內事[1] 莫苦於農 故輕治不可以使之 奚謂輕治 其農貧而
商富 故其食賤者錢重 食賤則農貧 錢重則商富 末事[2]不禁 則技
巧之人利 而游食者衆之謂也 故農之用力最苦 而贏利少 不如商
賈技巧之人 苟能令商賈技巧之人無繁 則欲國之無富 不可得也
故曰 欲農富其國者 境內之食必貴 而不農之徵必多 市利之租必
重 則民不得無田 無田 不得不易其食 食貴則田者利 田者利則
事者衆 食貴 糴食[3]不利 而又加重徵 則民不得無去其商賈技巧
而事地利矣 故民之力盡在於地利矣 故爲國者 邊利[4]盡歸於兵
市利盡歸於農 邊利歸於兵者彊 市利歸於農者富 故出戰而彊 入
休而富者 王也

1) 內事(내사) : 집안 일. 집안의 모든 일. 국내에서의 일.
2) 末事(말사) : 상업이나 사치품 등을 만드는 일.
3) 糴食(적식) : 양식을 사는 것. 곧 쌀을 사는 일.
4) 邊利(변리) : 변방의 이익.

제23편 임금과 신하〔君臣第二十三〕

1. 옛날에는 임금과 신하, 위와 아래가 없었다

아주 옛날에 임금이나 신하나 윗사람이나 아랫사람의 구분이 있지 않았을 때에는 백성들이 어지러워져서 다스려지지 않았다.

이에 성인(聖人)이 태어나서 귀하고 천한 이를 구별하고 작위와 직급을 제정하고 명칭과 호칭을 세워서, 임금과 신하와 위와 아래의 의(義)를 분별하게 하였다.

땅은 넓고 백성은 많았으며 온갖 사물이 많았다. 그래서 다섯 관직(官職)으로 분류하여 지키도록 하였다.

백성의 수가 많아져 간사하고 사특한 것들이 발생하자 법과 제도를 확립하고 길이를 재고 용량을 되는 기구들을 만들어서 금지시켰다.

그러므로 임금과 신하 사이의 의(義)와 다섯 관직의 분류와 법률제도의 금지 등을 두게 되었으니 삼가지 않을 수 없다.

古者未有君臣上下之時 民亂而不治 是以聖人列貴賤 制爵位
立名號 以別君臣上下之義 地廣 民衆 萬物多 故分五官[1]而守之
民衆而姦邪生 故立法制爲度量[2]以禁之 是故有君臣之義 五官
之分 法制之禁 不可不愼也

1) 五官(오관) : 오관은 본래 사람의 다섯 가지 감각기관으로, 곧 시각(視覺)의
　　눈, 청각(聽覺)의 귀, 미각(味覺)의 입, 후각(嗅覺)의 코, 촉각(觸覺)의 피
　　부 등의 오감(五感)의 작용을 뜻하는데 여기서는 다섯 가지 관직인 것 같다.
　　본래 총재(冢宰), 사도(司徒), 종백(宗伯), 사마(司馬), 사구(司寇), 사공

(司空) 등의 육관(六官)이 있었다.
2) 度量(도량) : 자와 되. 곧 길이를 재고 용량을 되는 기구.

2. 군주가 존경받으면 명령이 시행된다

군주의 지위에 있는데도 명령이 이행되지 않으면 군주의 지위가 위태롭게 된다.

다섯 관직이 분류되었는데도 떳떳한 규칙이 없게 되면 어지러워진다.

법과 제도가 설치되어 있는데도 사사로운 선행이 시행되게 되면 백성은 형벌을 두려워하지 않게 된다.

군주가 존경받으면 명령이 이행되고 관청이 체계를 갖추면 일상적인 떳떳한 일들이 있게 되고 법과 제도가 명확하게 되면 백성들이 법을 두려워하게 된다.

법과 제도가 명확하지 않은데 백성이 명령에 순응하기를 바란다면 가히 얻지 못할 일이다.

백성들이 명령을 따르지 않는데도 군주가 존경받기를 바란다면 비록 요(堯)임금이나 순(舜)임금의 지혜로도 능히 다스릴 수가 없다.

處君位而令不行則危 五官分而無常[1] 則亂 法制設而私善行 則民不畏刑 君尊則令行 官修[2] 則有常事 法制明則民畏刑 法制不明 而求民之行令也 不可得也 民不從令 而求君之尊也 雖堯舜之知 不能以治

1) 無常(무상) : 일상적인 떳떳한 제도가 없다는 뜻.
2) 官修(관수) : 관청의 제도가 잘 갖추어진 것.

3. 명령은 군주가 무엇을 주는 가에 따라 결정된다

명철한 군주가 천하를 다스릴 때는 법에 따라서 다스리고 공로를 살펴서 포상한다.

무릇 백성들이 민첩하게 싸우면서도 죽음을 피하지 않는 자들은 작위와 녹봉을 구하기 때문이다.

명철한 군주가 국가를 다스릴 때는 용사(勇士)가 적의 머리를 베어 오거나 포로를 잡아오는 공로가 있으면 반드시 영예에 만족스럽게 작위를 주고 먹고 사는데 만족스럽게 녹봉을 준다.

또 농민들이 자신이 사는 터전을 떠나지 않는 자들은 두 부모를 봉양하는데 넉넉하도록 해 주고 군사 훈련으로 단련시킨다.

그러면 군사들은 지조를 지켜서 죽음도 아랑곳하지 않고 농민들은 게으름을 피우지 않게 된다.

지금 세상의 군주들은 그러하지 못하다.

법을 놓아 두고 지혜로써 해결하며 공로를 등지고 명예 있는 자만 등용한다. 그러므로 군사(軍士)들은 싸우려 하지 않고 농민들은 무리로 떠돌아다닌다.

내가 듣기로는 "백성을 이끄는 문은 군주가 무엇을 우선으로 하는 가에 있다."라고 했다.

이런 까닭에 백성에게 농사짓게 하고 전쟁에 나가 싸우도록 명령할 수 있고 돌아다니면서 벼슬하게 명령할 수도 있고 학문을 하게 명령할 수도 있는 것은, 군주가 수여하는 상에 따라 하게 되는 것이다.

군주가 공로로써 작위와 관직을 주게 되면 백성은 열심히 전쟁에 참여한다. 군주가 시(詩)나 서(書)로써 작위나 관직을 주게 되면 백성은 열심히 학문하게 된다.

백성이 이롭게 생각하는 것은 물이 아래로 흐르는 것과 같아서 사방 어디에든 이익이 있다면 싫어하는 곳이 없게 된다.

백성의 무리는 이익을 얻을 수 있다면 무엇이든 하는 자들이다.

모든 것은 군주가 무엇을 기준하여 작위와 직위를 주는가에 달려 있다.

明王之治天下也 緣法¹⁾而治 按功²⁾而賞 凡民之所疾戰不避死
者 以求爵祿也 明君之治國也 士有斬首捕虜之功 必其爵足榮
也 祿足食也 農不離塵者³⁾ 足以養二親⁴⁾ 治軍事 故軍士死節 而
農民不偸也 今世君不然 釋法而以知 背功而以譽 故軍士不戰
而農民流徒 臣聞道民之門 在上所先 故民可令農戰 可令游宦
可令學問 在上所與⁵⁾ 上以功勞與則民戰 上以詩書與則民學問
民之於利也 若水於下也 四旁無擇也 民徒可以得利而爲之者 上
與之也

1) 緣法(연법) : 법에 인연하여. 곧 법에 따라서의 뜻.
2) 按功(안공) : 공로를 점검해서. 곧 공로를 살펴서의 뜻.
3) 塵者(전자) : 진본(秦本)에는 전은 리(里)자로 되어 있다고 한다. 전(塵)은 터의 뜻으로 리(里)와 통한다. 자신이 사는 터전을 뜻함.
4) 二親(이친) : 아버지와 어머니. 양친.
5) 與(여) : 작위와 관직을 주는 일.

4. 다스림이 지극한 것이란

두 눈을 부릅뜨고 팔을 걷어붙이며 용맹을 말하는 자를 등용하거나, 옷을 잘 차려입고 말을 잘하는 자를 등용하거나, 오랫동안 드나들며 권세 있는 집안에 공로를 쌓은 자를 등용하는 등, 이상의 세 가지 부류의 사람을 존경하여 공로가 없는데도 모두 등용하게 되면 백성은 농사도 버리고 전투에도 참가하지 않고 세 가지 일에 전념하게 된다.

어떤 이는 서로 이야기하면서 그런 일을 찾아가고 어떤 이는 남의 비위를 맞추면서 청탁하고 어떤 이는 용맹으로써 다투게 되는 것이다.

그러므로 농업에 종사하고 전쟁에 참가하는 백성의 숫자는 날

마다 적어지고 하는 일 없이 빈둥거리며 사는 자는 더욱 많아져
서 국가는 어지러워지고 토지는 줄어들게 된다.

군사력이 약해지면 군주는 멸시당한다.

이러한 일이 일어나게 되는 이유는 법과 제도를 놓아 두고 명
성만 보고 임용하기 때문이다.

그러므로 현명한 군주는 법과 제도를 신중하게 하고 언어가 법
과 일치하지 않으면 들어 주지 않는다.

행동이 법과 일치하지 않으면 높이 여기지 않는다.

사업이 법과 일치하지 않으면 시행하려 하지 않는다.

말이 법에 적중하면 말 잘하는 것이라고 하고, 행동이 법에 적
중하면 높이 여기고, 사업이 법에 적중하면 시행한다.

그러므로 국가는 다스려지고 국토는 광대해지며 군사력은 강
성해지고 군주는 존경받게 된다.

이러한 것을 다스림에 이른 것이라 한다.

사람의 군주된 자는 살피지 않을 수 없는 것이다.

瞋目扼腕[1]而語勇者得 垂衣裳而談說者得 遲日曠[2] 久積勞私
門[3]者得 尊向三者 無功而皆可以得 民ま農戰而爲之 或談議[4]而
索之 或事便辟而請之 或以勇爭之 故農戰之民日寡 而游食者愈
衆 則國亂而地削 兵弱而主卑 此其所以然者 釋法制而任名譽也
故明主愼法制 言不中法者 不聽也 行不中法者 不高也 事不中
法者 不爲也 言中法則辯之 行中法則高之 事中法則爲之 故國
治而地廣 兵彊而主尊 此治之至也 人君者不可不察也

1) 瞋目扼腕(진목액완) : 눈을 부릅뜨고 팔을 걷어붙이다. 용기가 있는 척하다.

2) 遲日曠(지일광) : 더딘 날을 비우다. 많은 날을 허비하다.

3) 私門(사문) : 사가(私家)와 같다. 곧 권문세가(權門勢家).

4) 談議(담의) : 이야기하다.

제24편 금지하고 부리다〔禁使第二十四〕

1. 약속을 믿지 않고 정세판단을 믿는다

사람의 군주된 자는 나쁜 일은 하지 못하도록 금지시키고 국가를 위해 일하도록 부리는 것을, 포상하고 형벌을 내리는 것으로 시행한다.

상은 공로를 헤아려서 주고 벌은 지은 죄에 따라서 준다. 그러므로 공로를 논하고 죄를 살피는 일을 신중하게 하지 않을 수 없는 것이다.

대저 상은 높이는 것이요 죄는 낮추는 것인데, 군주가 반드시 그 도(道 : 방법)를 알지 못하면 도(道)가 없는 것과 동일하다.

그 알아야 할 도(道)는 세력과 정세판단이다.

그러므로 앞서 간 성왕(聖王)들은 그 강성한 것을 믿지 않고 그 세력을 믿었으며, 그 약속을 믿지 않고 그 정세판단을 믿었다.

人主之所以禁使者¹⁾ 賞罰也 賞隨功 罰隨罪 故論功察罪 不可不審也 夫賞高罰下²⁾ 而上無必知其道也 與無道同也 凡知道者勢數³⁾也 故先王不恃其彊 而恃其勢 不恃其信 而恃其數

1) 禁使者(금사자) : 법률을 제정하여 금지시키고 작위와 관직을 주어서 백성을 부리는 일.
2) 賞高罰下(상고벌하) : 상은 높여 주는 것이고 형벌은 직위를 낮추거나 깎아내리는 것이다.
3) 勢數(세수) : 권력의 형세와 상황판단.

2. 쑥은 바람을 타고 천리를 날아간다

저 바람에 나는 쑥이 회오리바람을 만나면 천리를 가는 것은 바람의 세력을 타기 때문이다.

연못을 탐색하는 자가 천인(千仞 : 8천 자)의 깊이를 알 수 있는 것은 노끈을 매달아 넣은 줄의 수치 때문이다.

그러므로 그 세력에 의지하는 자는 비록 먼 곳이라도 반드시 도달할 수가 있고 그 수치의 판단을 지키는 자는 비록 깊은 곳이라도 반드시 깊이를 재어 얻을 수 있다.

저 어두운 밤에는 앞에 있는 거대한 산언덕을 이루(離婁) 같은 눈 밝은 사람이라도 볼 수가 없고, 맑게 개인 아침에 밝은 태양이 떠오르면 위에는 새가 나는 것을 분별하고 지상에서는 가을날 짐승의 털끝도 관찰할 수가 있다.

눈이 훤히 볼 수 있는 것은 태양의 세력에 의지한 덕분이다.

군주가 세력을 얻는 것이 지극함에 이르면 관리들은 일렬로 세우지 않아도 결백해지고, 군주가 수치를 제시하면 사물이 마땅함을 얻게 된다.

지금 군주는 많은 관직과 많은 관리를 두고 믿어 의지하면서 관청에 장관이나 보좌관을 두고 또 감찰관도 둔다.

대저 장관이나 관리를 두고 감찰관을 세우는 자는 사람들이 이로운 것을 일삼는 일을 금지하기 위해서이다.

장관이나 관리와 감독관이 또한 이로운 것을 일삼게 되면 누가 서로 금지시키겠는가? 그러므로 장관이나 감독관을 믿고 다스리는 자는 겨우 보존할 수 있는 다스림일 뿐이다.

술수를 통달한 자는 그렇지 않다. 그 세력을 구별하고, 그 도를 어렵게 한다.

그러므로 이르기를 '그 세력이 있는 데서는 숨기기 어렵게 되면 비록 도척(盜跖)이라도 나쁜 짓을 하지 않는다.'라고 했다. 그래서 앞서 간 성왕(聖王)들은 세력을 귀하게 여겼던 것이다.

今夫飛蓬[1]遇飄風而行千里 乘風之勢也 探淵者知千仞[2]之深
縣繩之數也 故託其勢者 雖遠必至 守其數者 雖深必得 今夫幽
夜[3] 山陵之大 而離婁不見 清朝日䁱 則上別飛鳥 下察秋豪 故目
之見也 託日之勢也 得勢之至 不參官[4]而潔 陳數而物當[5] 今恃
多官衆吏 官立丞監[6] 夫置丞立監者 且以禁人之爲利也 而丞監
亦欲爲利 則何以相禁 故恃丞監而治者 僅存之治也 通數者不然
也 別其勢 難其道 故曰 其勢難匿者 雖跖不爲非焉 或先王貴勢

1) 飛蓬(비봉) : 나는 쑥. 곧 쑥의 꽃씨가 바람에 나는 것을 뜻함.
2) 千仞(천인) : 인은 8자(尺). 천인은 8천 자의 뜻. 깊다는 뜻.
3) 幽夜(유야) : 깊은 밤. 칠흑 같은 밤.
4) 參官(참관) : 관리를 줄 세워 검열하다.
5) 物當(물당) : 사물이 당연히 사리에 맞게 되다.
6) 丞監(승감) : 승은 지방의 장관이나 보좌관. 감은 감독관.

3. 나는 그렇지 않다고 생각한다

어떤 이가 말하기를 "군주는 사심 없는 마음을 가진 뒤에 대응
하면 사물과 대응해서 헤아려 증험할 수 있다. 헤아려 증험할 수
있으면 간사한 것을 발견할 수 있다."라고 했다.

나는 그렇지 않다고 생각한다.

대저 관리가 마음대로 천리 밖에서 일을 결정하고 연말인 12월
에 결산서를 올려서 일을 결정하게 된다. 1년 단위로 계산을 구분
하여 올리는 내용을 군주가 한 번 보거나 경청하고 의심나는 것
을 알아보기란 불가능하며 원만함이 부족한 것도 가려지게 된다.

사물이 눈 앞에 이르면 눈은 보지 않을 수 없는 것이며, 말이 귀
에 가까워지면 귀는 그 말을 듣지 않을 수 없는 것이다. 사물이 눈
앞에 이르면 변화되고 말이 귀에 가까이 이르면 논하게 된다.

그러므로 국가를 다스리는 제도에서 백성들이 죄를 피할 수 없
는 것은 마치 눈에서 본 것이 마음에서 도망치지 못하는 것과 같
은 것이다.

지금의 어지러운 나라에서는 그렇지가 못하다.

관청이 많고 관리가 많은 것만 믿는다.

관리가 비록 많더라도 한 몸과 같은 하나일 뿐이다. 대저 한 몸과 같은 하나일 뿐이니 서로 살피는 것은 불가능한 것이다.

대저 이로움을 달리하면 해로움 또한 같지가 않으므로 앞서 간 성왕(聖王)들은 그것을 보호하였던 것이다.

그러므로 지극한 다스림 아래에서는 부부간이나 사귀는 친구라도 서로 나쁜 것을 방치하거나 나쁜 것을 덮어 주지 못하고, 친하다고 법을 해치지 못하며, 일반 백성도 서로 잘못을 숨겨 주지 못한다.〔문장이 확연히 통하지 않는다.〕

或曰 人主執虛後以應 則物應稽驗¹⁾ 稽驗則姦得²⁾ 臣以爲不然 夫吏專制決事於千里之外 十二月而計書以定事 以一歲別計 而 主以一聽見所疑焉 不可 蔽員不足³⁾ 夫物至則目不得不見 言薄⁴⁾ 則耳不得不聞 故物至則變 言至則論 故治國之制 民不得避罪 如 目不能以所見遁心 今亂國不然 恃多官衆吏 吏雖衆 同體一也 夫 同體一者相不可 且夫利異而害不同者 先王所以爲保⁵⁾也 故至 治 夫妻交友不能相爲棄惡蓋非 而不害於親 民人不能相爲隱

1) 物應稽驗(물응계험) : 사물이 응하면 헤아려서 징험하다.
2) 姦得(간득) : 간사한 것이 얻어지다. 곧 간사한 것을 구별할 수 있다.
3) 蔽員不足(폐원부족) : 뜻이 잘 통하지 않는다. 의심컨대 인원 수의 부족을 가리키는 것 같은데 문맥이 잘 통하지 않는다. 결자(缺字)가 있다고 했다. 원만함이 부족함을 가리다로 풀이했다.
4) 言薄(언박) : 말이 귀에 가까이 오다의 뜻. 곧 말이 귀에 들리다.
5) 保(보) : 오자(誤字)인 것 같다.

4. 일은 합치되어도 이익은 다르다

군주나 관리는 일은 합치되지만 이로움은 서로 다른 것이다.

말을 기르는 자와 산이나 호수를 관리하는 자는 서로 감시하는 일은 불가능한데 그들이 하는 일은 서로 합치되지만 이로움은 다른 것이다.
〔문장 16자가 궐문(闕文)되었다.〕

만약 말을 부려서 말의 능력이 입증된다면 말을 기르는 자와 산이나 호수를 관리하는 자는 그 죄를 피해 도망할 곳이 없게 된다. 이것은 이로움이 다르기 때문이다.〔문장이 끊겼다.〕

이로움이 합치되고 나쁜 것도 함께 하는 자는 아버지라도 자식에게 묻지 못할 것이며 임금이라도 신하에게 묻지 못할 것이다.

관리들은 관리와 더불어 이로움이 서로 합치되면 나쁜 것도 함께 한다.

대저 사업이 합치되는데도 이로움이 다른 것은 앞서 간 성왕(聖王)들이 그 단서를 바로잡아 놓았다.

백성들이 군주의 눈을 가리더라도 그 잘못을 덮어서 해롭게 하지는 못한다. 어진 사람이라도 능히 더할 수가 없으며 미련한 사람이라도 능히 손상시키지 못한다.

그러므로 현명한 것을 버리고 지혜를 제거시키는 것이 다스리는 통치술이다.〔일부 문장이 결여되어 문맥이 잘 통하지 않는다.〕

上與吏也 事合而利異者也 今夫騶虞[1]以相監 不可 事合而利異者也[2] ⬚⬚⬚⬚⬚⬚⬚⬚⬚⬚⬚⬚⬚⬚⬚⬚ 若使馬馬能焉則騶虞無所逃其惡矣 利異也 利合而惡同者 父不能以問子 君不能以問臣 吏之與吏 利合而惡同也 夫事合而利異者 先王之所以爲端也 民之蔽主而不害於蓋 賢者不能益 不肖者不能損 故遺賢去知 治之數也

1) 騶虞(추우) : 추우는 본래 짐승 이름이다. 성군(聖君)이 정치를 잘하면 그의 덕화에 감화하여 나타나는 동물이다. 여기서는 추(騶)는 추인(騶人)으로 말을 기르는 사람이고 우는 우인(虞人)으로 산택(山澤)의 관리를 관장하는 직업을 뜻하는 것 같다.

2) 利異者也(이이자야) : 이 문장 아래에 16글자가 일탈(逸脫)되었다.

제25편 법을 신중히 하다〔愼法第二十五〕

I. 작게 다스리면 작게 혼란스럽다

무릇 세상에서는 어지럽게 하는 방법으로써 국가를 다스리지 않는 자가 없다. 그러므로 작게 다스리면 작게 어지러워지고, 크게 다스리면 크게 어지러워지는 것이다.

군주가 세상에서 그의 백성을 잘 다스리는 자가 없어서, 세상에는 혼란스럽지 않은 나라가 없다.

어째서 그 어지럽게 하는 방법으로써 다스린다고 하는 것인가?

대저 어진 이와 능력 있는 사람을 등용하여 맡기는 것을 지금 세상에서는 다스리는 것이라고 하는데, 이는 어지럽게 하는 방법으로 다스리는 것이다.

세상에서 어진 사람이라고 하는 자는 말이 바른 것을 뜻한다. 이 말이 선하고 바르다고 하는 것은 그들이 당(黨)을 만들었기 때문이다.

군주가 그의 말을 듣고 능력이 있다고 여겨 그의 당(黨)에 문의하면 당에서도 그러하다고 한다.

그러므로 그 공로가 있는 것을 기다리지 않고 그를 귀하게 쓰며 그 죄가 있음을 기다리지 않고도 처벌하게 된다.

이러한 세력이 결성되면 오염된 관리들이 밑바탕을 삼아 그 간사하고 음험한 것을 이루고 소인들도 밑바탕을 삼아서 그 교묘하고 거짓된 행동을 하게 된다.

처음에는 관리나 백성에게 간사하고 거짓되도록 근본을 빌려주고, 끝에는 단정하고 성실하도록 요구한다면 우(禹)임금이라도 열 사람의 무리조차 부리지 못할 일이거늘, 보통의 군주가 어 떻게 한 나라의 백성을 이끌어 나갈 수 있겠는가?

저 당(黨)을 함께 하는 자들은 나(군주)를 기다리지 않아도 일 을 성사시키는 자들이다.

군주가 한 사람이라도 당을 함께 하는 자를 등용하여 백성과 함 께 하도록 하면 백성은 군주의 지위를 등지고 사사롭게 사귀는 곳 으로 향하게 된다.

백성들이 군주의 지위를 배신하고 사사로운 모임으로 향하게 되면 군주는 허약해지고 신하는 강력해진다.

사람의 군주된 자가 이러한 것을 살피지 않으면, 그는 제후에게 침략당하지 않으면 반드시 백성에게 위협당할 것이다.

저들의 언어로 함께 떠드는 위세를 어리석은 자와 지혜로운 자 가 함께 배우고 있는데 선비가 허황된 말로 떠들며 위세를 부리 는 사람에게 배우게 되면 백성은 실질적인 농사일을 버리고 허황 된 말만 외우게 된다.

백성들이 실질적인 농사일을 버리고 허황된 말만 외우게 되면 국력은 약소해지고 그릇된 일만 많아지게 된다.

사람의 군주된 자가 이러한 것을 살피지 않으면 전쟁에서는 반 드시 장수를 잃게 되고, 수비에서는 반드시 지키는 성을 내주게 될 것이다.

凡世莫不以其所以亂者治 故小治而小亂 大治而大亂 人主莫 能世治其民 世無不亂之國 奚謂以其所以亂者治 夫擧賢能 世 之所治也 而治之所以亂 世之所謂賢者 言正[1]也 所以爲善正也 黨[2]也 聽其言也 則以爲能 問其黨 以爲然 故貴之不待其有功 誅之不待其有罪也 此其勢正使汚吏[3]有資而成其姦險 小人有 資而施其巧詐 初假吏民姦詐之本 而求端愨其末 禹不能以使十 人之衆 庸主[4]安能以御一國之民 彼而黨與人者 不待我[5]而有成 事者也 上擧一與民 民倍主位[6]而嚮私交 民倍主位而嚮私交 則 君弱而臣彊 君人者不察也 非侵於諸侯 必劫[7]於百姓 彼言說之

勢 愚智同學之 士學於言說之人 則民釋實事⁸⁾而誦虛詞 民釋實
事而誦虛詞 則力少而非多 君人者不察也 以戰 必損其將 以守
必賣⁹⁾其城

1) 言正(언정) : 말이 바르다. 곧 좋은 말만 하다.

2) 黨(당) : 지금의 당(黨)과 같다. 무리를 이루는 집단. 당파(黨派).

3) 汚吏(오리) : 오염된 관리. 부정에 물든 관리. 탐관오리.

4) 庸主(용주) : 보통의 군주.

5) 我(아) : 나. 곧 군주를 지칭함.

6) 主位(주위) : 군주의 지위.

7) 劫(겁) : 으르다. 옥박지르다. 위협하다의 뜻.

8) 實事(실사) : 백성의 실질적인 일로, 농업을 가리킨다.

9) 賣(매) : 판매하다. 자신의 이익을 위하여 판매하다. 곧 내주다의 뜻.

2. 법에 맡기면 국가가 잘 다스려진다

　명철한 군주와 충성스런 신하가 지금 세상에 태어나 그의 국가
를 영도하려 한다면 잠깐 동안이라도 법을 망각해서는 안 된다.

　당(黨)이 맡은 것을 격파해서 이겨내고 말로만 하는 것을 적절
하게 제거하고 법에 맡겨서 다스려야 한다.

　관리들에게 법이 아니면 지킬 수 없도록 하면 비록 교묘한 방
법이라도 간사한 짓을 하지 못할 것이다. 백성에게 전쟁에 참여
하지 아니한 자는 그 능력을 인정받을 수 없게 하면 비록 험난한
곳에서라도 속일 수 없을 것이다.

　대저 법으로 서로 다스리게 하고 통계 수치로써 서로 천거하게
하면 능히 서로 도움을 주지 못하고 언어로 헐뜯는 자도 능히 서
로 손해 보게 할 수가 없다.

　이렇게 백성들이 서로 칭찬하는 것이 보탬이 되지 않음을 알게
되면 서로 나쁜 짓하는 것을 관리하게 되고, 헐뜯는 말을 해도 손
해보지 않음을 알게 되면 서로 미워하는 것에 단련되었더라도 서
로 해치지 않게 된다.

대저 사람을 사랑하는 자도 아부하지 아니하고 사람을 미워하는 자도 해치지 않으면 사랑하고 미워하는 것이 각각 그 바른 것을 얻어서 다스림이 지극한 데 이를 것이다.

나는 이 때문에 예전부터 말하기를 '법에 맡기면 국가는 다스려진다.'라고 한 것이다.

故有明主忠臣産於今世 而散[1]領其國者 不可以須臾忘於法 破勝黨任[2] 節去[3]言談 任法而治矣 使吏非法無以守 則雖巧不得爲姦 使民非戰無以効其能 則雖險不得爲詐 夫以法相治 以數相擧者 不能相益 訾言者 不能相損 民見相譽無益 相管附惡[4] 見訾言無損 習相憎不相害也 夫愛人者不阿 憎人者不害 愛惡各以其正 治之至也 臣故[5]曰 法任而國治矣

1) 散(산) : 오자(誤字)라고 했다. 진본(秦本)에는 '능(能)'자로 되어 있다고 했는데 그도 잘못이라고 했다.
2) 黨任(당임) : 당에 맡겨진 것. 곧 당의 임무.
3) 節去(절거) : 적절하게 제거하다.
4) 附惡(부악) : 나쁜 일에 붙다.
5) 故(고) : 예전부터. 지난날부터.

3. 상황이 나쁘면 요임금이라도 신하 노릇을 한다

천승(千乘 : 제후국)의 국가가 지키는 데 능란하면 스스로를 보존하는 길이요, 만승(萬乘 : 천자의 나라)의 국가가 전쟁에 능란하면 스스로를 완성하는 길이다.

이 때는 비록 폭군인 걸(桀)이 군주가 되더라도 반 마디 말을 굽혀서라도 그의 적 앞에서 신하되기를 즐기지 않을 것이다.

그러나 밖으로 싸움에 능하지 못하고 안으로 스스로 지키는 데 능하지 못하게 되면 비록 요(堯)임금이 군주가 되더라도, 신하가 되지 않고 화해하여 평등한 국가라고 자처하지 못할 것이다.

이러한 것으로 관찰하건대 국가가 중요시되고 군주가 존중되는 요인은 힘에 있다.

국가가 중요시되고 군주가 존중되는 두 가지는 힘이 근본이 되는데 이 세상의 군주들이 힘을 이루려 하지 않는 이유는 무엇인가?

백성이 고통스럽게 여기는 것에는 농사 만한 것이 없고, 위험하게 여기는 것에는 전쟁 만한 것이 없다.

농사짓고 전쟁에 참가하는 두 가지는 효자도 그 부모를 위해 행하기 어렵고, 충신도 그 군주를 위해 행하기 어려운 일이다.

지금 민중들에게 효자나 충신도 하기 어려워하는 일을 부여하여 내몰고자 한다.

나는 이러한 일은 형벌로써 겁박하고 포상으로써 내몰지 않고서는 불가능하다고 본다.

그런데 속세의 다스리는 자들은 법도를 놓아 두고 변론과 지혜에 맡기지 않는 자가 없고, 공로와 힘을 뒤에 하고 인과 의를 앞세운다.

이에 백성은 예전부터 농사짓고 전투에 참가하는 일에 힘쓰지 않은 것이다.

저 백성의 힘을 농사짓는 데로 돌아가도록 하지 않아서 식량은 국내에서도 부족하고, 또 그들의 절개를 전쟁에 돌아가도록 하지 않아서 병력은 외국보다 허약하다.

들어와서는 식량이 국내에 부족하게 되고 출병해서는 병력이 외국보다 허약하게 되었다.

이렇게 되면 비록 만리나 되는 국토를 두고 백만이나 되는 갑옷 입은 군사들이 있더라도 홀로 넓은 평지에 서 있는 것과 같을 뿐이다.

千乘[1]能以守者 自存也 萬乘[2]能以戰者 自完也 雖桀爲主 不肯詘半辭[3]以下其敵 外不能戰 內不能守 雖堯爲主 不能以不臣諸所謂不若之國[4] 自此觀之 國之所以重 主之所以尊者 力也 於此二者力本 而世主莫能致力者 何也 使民之所苦者無耕 危者無戰二者 孝子難以爲其親 忠臣難以爲其君 今欲歐其衆民 與之孝子

忠臣之所難 臣以爲非劫以刑而敺以賞莫可 而今夫世俗治者 莫
不釋法度而任辯慧 後功力而進仁義 民故不務耕戰 彼民不歸其
力於耕 卽食屈⁵⁾於內 不歸其節於戰 則兵弱於外⁶⁾ 入而食屈於內
出而兵弱於外 雖有地萬里 帶甲百萬 與獨立平原一貫⁷⁾也

1) 千乘(천승) : 제후의 국가이며 수레 1천 대를 동원할 수 있는 나라.

2) 萬乘(만승) : 천자의 나라이며 수레 1만 대를 동원할 수 있는 나라.

3) 半辭(반사) : 존경어가 아닌 반 존경어. 일종의 하소

4) 不若之國(불약지국) : 동등한 자격을 갖지 못한 나라. 곧 약소국.

5) 屈(굴) : 부족하다는 뜻.

6) 外(외) : 남의 나라. 타국.

7) 貫(관) : 필요 없는 글자라고 했다. 원본(元本)이나 범본(范本)에는 없다고
했다.

4. 날아오는 화살과 돌을 몸으로 막게 하다

또 앞서 간 성왕(聖王)들은 그 백성에게 번쩍이는 칼날을 밟게
하고 날아오는 화살과 돌을 몸으로 막게 하였다.

그 백성들이 하고자 해서 했겠는가? 배워서 나아가 해로움을
피하려고 한 것이 아니겠는가?

그러므로 내가 가르치고자 하는 명령은, 백성들이 이익을 얻고
자 하는 자라면 농사짓지 않으면 얻지 못하게 하고 해로움을 피
하고자 하는 자라면 전쟁에 참가하지 않고는 면하지 못한다는 것
을 알게 하는 것이다.

그러면 국경 안의 백성은 먼저 농사짓고 전쟁하는 일에 힘쓰지
않을 자가 없을 것이며, 그들은 그런 뒤에 그 즐길 바를 얻게 되
는 것이다.

그러므로 국토는 작아도 곡식은 많아지고 백성은 적어도 군사
력은 강성해질 것이다.

능히 이상의 두 가지를 국경 안에서 시행하게 되면 패자(覇者)
가 되거나 천하에서 왕 노릇 할 수 있는 도(道)가 다 이루어지는

것이다.

　且先王能令其民蹈白刃[1] 被矢石 其民之欲爲之 非如學之 所以避害[2] 故吾敎令 民之欲利者 非耕不得 避害者 非戰不免 境內之民莫不先務耕戰 而後得其所樂 故地少粟多 民少兵彊 能行二者於境內 則覇王之道[3]畢矣

1) 白刃(백인) : 번쩍이는 칼날. 예리한 칼.

2) 避害(피해) : 형벌을 피해 가다.

3) 覇王之道(패왕지도) : 제후의 패자(覇者)가 되거나 천하에서 왕 노릇 할 수 있는 도

제26편 명분을 정하다〔定分第二十六〕

I. 사사로움이 없게 하는 방법

진(秦)나라 효공(孝公)이 공손앙(公孫鞅)에게 물었다.

"법령(法令)이 지금 당장 확립되었다면 내일 아침부터 천하의 관리나 백성이 다 명확히 알게 하고 집행하는데 일사불란하여 사사로움이 없게 하려면 어떻게 해야 합니까?"

공손앙이 대답했다.

"법령을 만들고 관리를 둡니다. 관리에게 달라붙어서 법령의 내용을 숙지하게 하여 천하에 바르게 펼 수 있도록 갖춰지면 천자에게 아룁니다.

천자께서 각각의 법령을 주관하게 하면 모두 계단으로 내려와 부복하여 임명을 받고 임지로 출발하여 각각 법령을 주관하게 됩니다.

백성에게 법령을 시행하는데 있어, 일컫는 내용의 명칭을 망각하는 일이 있으면 각각 그 망각한 법령의 조문 명칭으로 처벌받게 합니다.

법령을 주관하는 관리가 자리를 옮기거나 처벌받거나 죽으면 곧바로 다른 사람에게 법령의 내용을 학습하게 하고 강독하게 하는 규정을 만들어, 수일 내에 법령의 내용을 알도록 하고 법규에 알맞지 않으면 법령을 만들어서 처벌합니다.

감히 법령을 삭제하거나 한 글자 이상을 빼거나 보태는 일이 있으면 사형에 처하고 사면하지 않아야 합니다.

모든 관리와 백성 가운데 법령의 내용을 문의하는 일이 있으면 법령을 주관하는 관리가 질문받은 법령의 내용을 명확하게 알려 줍니다.

법령을 주관하는 관리는 1척(尺) 6촌(寸) 되는 길이의 부신을 만들어서 년·월·일·시를 분명하게 써서 질문받은 법령의 내용을 기록하고 질문한 관리나 백성에게 알려 줍니다.

법령을 주관하는 관리가 질문받은 법령에 대답하지 않은 상태에서 문의한 사람이 죄를 지었을 때는, 관리나 백성들이 물어온 법령 내용에 해당하는 죄이면 각각의 법령을 주관하는 관리에게 물어온 법령 내용의 죄로 담당 관리를 처벌합니다.

법령 내용의 회답에는 부신의 왼쪽 조각〔左券〕을 법령을 질문해 온 자에게 주고, 법령을 주관하는 관리는 조심스레 그 오른쪽 조각〔右券〕을 보관합니다. 나무도장으로 수결하여 관청의 창고에 잘 보관하는데 법령을 관장하는 수장(首長)의 도장을 찍어서 봉인합니다. 뒤에 그 관리가 죽더라도 그 부신의 증서에 쓰여진 것으로 일을 처리합니다.

公問於公孫鞅曰 法令以當時[1]立之者 明旦欲使天下之吏民皆明知 而用之如一而無私 奈何 公孫鞅曰 爲法令 置官吏樸[2]足以知法令之謂者 以爲天下正 則奏天子 天子則各主法令之 皆降[3]受命發官[4] 各主法令之 民敢忘行主法令之所謂之名 各以其所忘之法令名罪之 主法令之吏有遷徒物故[5] 輒使學讀法令所謂爲之程式[6] 使日數而知法令之所謂 不中程 爲法令以罪之 有敢剟定法令損益一字以上 罪死不赦 諸官吏及民有問法令之所謂也於主法令之吏 皆各以其故所欲問之法令明告之 各爲尺六寸之符 明書年月日時 所問法令之名以告吏民 主法令之吏不告 及之罪 而法令之所謂也 皆以吏民之所問法令之罪 各罪主法令之吏 即以左券[7]予吏之問法令者 主法令之吏謹藏其右券 木押[8]以室藏之 封以法令之長印 即後有物故 以券書從事

1) 當時(당시) : 당장. 지금의 뜻.
2) 樸(복) : 달라붙다. 곧 매달리다.

3) 降(강) : 단 아래 내려가서 엎드리다.

4) 受命發官(수명발관) : 임명을 받고 임지로 출발하다.

5) 遷徒物故(천도물고) : 천은 옮기다. 도는 처벌받다. 물고는 죽다.

6) 程式(정식) : 규정(規程)의 뜻.

7) 左券(좌권) : 부신을 쪼갠 왼쪽 조각.

8) 木押(목압) : 나무도장으로 결재하다.

2. 법령은 모두 부본(副本)을 둔다

법령은 다 예비 부본(副本 : 일종의 복사본)을 둔다.

하나의 부본(副本)은 천자의 궁궐 안에 둔다.

법령을 만들면 금실(禁室)을 만들어서 쇠로 된 자물쇠를 채워 금지시키고 봉인한다. 금실 안에 모든 법령의 부본을 보관하여 두는데 금실 안에 있는 하나의 부본(副本)에는 금지하는 도장을 찍어서 봉인하여 둔다.

이 금실(禁室) 안에 있는 법령의 봉인을 마음대로 뜯거나, 금실(禁室)에 들어가 금지된 법령을 살펴보거나, 법령에 글자 한 자 이상을 더하거나 빼거나 하는 자는 모두 사형에 처하고 사면하지 않는다.

한 해마다 법령을 수령하는데는 금지시키는 법령을 내려받는 것이다.

法令皆副置¹⁾ 一副天子之殿中²⁾ 爲法令爲禁室³⁾ 有鋌鑰⁴⁾爲禁而以封之 內藏法令 一副禁室中 封以禁印 有擅發禁室印 及入禁室視禁法令 及禁剟一字以上 罪皆死不赦 一歲受法令 以禁令⁵⁾

1) 副置(부치) : 사본(寫本) 하나를 둔다.

2) 殿中(전중) : 천자의 궁궐 안.

3) 禁室(금실) : 아무나 함부로 들어갈 수 없는 방.

4) 鋌鑰(정약) : 쇠로 만든 자물쇠.

5) 禁令(금령) : 금지시키는 명령.

3. 모든 관리와 백성이 법을 숙지하게 된다

천자(天子)는 세 곳에 법관(法官)을 둔다.

천자가 있는 궁중 안에 하나의 법관을 두고, 어사(御史)가 있는 관청에 하나의 법관과 담당 관리를 두고, 승상(丞相)이 있는 관청에 하나의 법관을 둔다.

제후(諸侯)나 군(郡)이나 현(縣)에도 다 각각 하나의 법관과 담당 관리를 두게 하는데, 다 법관 한 사람을 천자에게 주청(奏請)하게 한다.

군(郡)이나 현(縣)이나 제후국에서는 천자국에서 옥새를 찍어 법령을 보내면 수령하여 법령 전체를 묻고 배우게 한다.

관리나 백성들이 법령을 알고자 하는 자는 모두 법관에게 묻게 한다. 그리하여 천하의 관리와 백성들이 법을 알지 못하는 자가 없게 한다.

관리들은 백성도 법령을 안다는 것을 분명하게 알고 있으므로 관리가 감히 법이 아닌 것으로 백성을 대우하지 못할 것이며, 백성도 감히 법을 범하여서 법관들의 일을 간섭하지 못하게 된다.

관리가 백성을 대우하는데 법규로써 하지 않으면 백성은 법관에게 물어볼 수 있고 이에 법관들은 법에 저촉되는 죄를 알려 준다.

백성은 곧 법관이 말해 준 내용을 올바르게 관리에게 알린다. 관리들은 절차가 이와 같다는 사실을 알기 때문에 관리는 감히 법이 아닌 것으로써 백성을 대우하지 못하고 백성도 감히 법을 범하지 못한다는 것을 알게 되는 것이다.

이와 같은 현실에서는 천하의 관리와 백성들이 비록 현명하고 어질고 말 잘하고 슬기롭다고 하더라도 한 마디 말을 내뱉어서 법을 굽게 하지 못하는 것이다.

또 비록 천금(千金)을 가졌다고 하더라도 한 움큼도 사용하지 못할 것이다.

그러므로 지혜롭고 거짓되며 현명하고 능력이 있는 자가 모두
다 일어나서 좋은 일을 하게 되며, 모두 다 스스로를 다스리고 공
적인 일에 힘쓰게 될 것이다.

백성들이 어리석으면 쉽게 다스려지는데 이러한 것은 법령이
명백하고 알기 쉬워 반드시 시행되는 데에서 생기는 것이다.

天子[1]置三法官 殿中置一法官 御史[2]置一法官及吏 丞相[3]置一
法官 諸侯郡縣[4]皆各爲置一法官及吏 皆此秦[5]一法官 郡縣諸侯
一受寶來[6]之法令 學問幷所謂[7] 吏民知法令者 皆問法官 故天下
之吏民無不知法者 吏明知民知法令也 故吏不敢以非法遇[8]民
不敢犯法以干法官[9]也 遇民不修法 則問法官 法官卽以法之罪
告之 民卽以法官之言正告之吏 吏知其如此 故吏不敢以非法遇
民 民又不敢犯法 如此 天下之吏民雖有賢良辯慧 不能開一言以
枉法 雖有千金 不能以用一銖[10] 故知詐賢能者 皆作而爲善 皆務
自治奉公 民愚則易治也 此所生於法明白易知而必行

1) 天子(천자) : 천하에서 왕(王)이 된 자.
2) 御史(어사) : 주(周)나라 때 기록을 관장한 벼슬. 진(秦)나라와 한(漢)나라
   이후에는 모든 관리들의 규찰을 맡은 벼슬.
3) 丞相(승상) : 천자를 보좌하는 대신. 주(周)나라 때의 총재(冢宰)를 일컫는
   다.
4) 郡縣(군현) : 왕(王)의 아들이나 제후들의 경대부의 영지(領地)이다.
5) 秦(진) : 원본에는 진(秦)자로 되어 있는데 뜻이 통하지 않는다. 주(奏)로 보
   는 것이 타당한 것 같다. 주(奏)는 천자에게 주청(奏請)하다의 뜻이다.
6) 寶來(보래) : 옥새를 찍어서 보내오는 것.
7) 幷所謂(병소위) : 모든 법령이 말하는 법규 전체.
8) 遇民(우민) : 백성을 대접하는 것.
9) 干法官(간법관) : 법관의 일을 간섭하다. 법관의 일을 범하다.
10) 一銖(일수) : 무게의 단위. 수는 1량(一兩)의 24분의 1. 아주 적은 분량을
    말한다.

4. 법령이라는 것은 다스림의 근본이다

법령이라는 것은 백성에 대한 명령이며, 다스림의 근본으로, 백성에게 갖추어 주는 것이다.

국가를 다스리면서 법령을 버리는 것은, 굶주리지 않기를 바라면서 먹을 것을 버리는 것과 같고 춥지 않기를 바라면서 옷을 벗어 버리는 것과 같고 동쪽으로 가고자 하면서 서쪽으로 가는 것과 같아서, 그 바랄 수 없음이 또한 명백하다.

한 마리의 산토끼가 달아나는데 백 명이나 되는 사람이 그 토끼를 쫓아가는 것은 그 토끼를 백 사람이 분배하기 위해서가 아니다.

물건을 파는 사람이 시장에 가득한데도 도둑들이 감히 물건을 가져가지 못하는 것은 명분이 이미 정해져 있기 때문이다.

그러므로 명분이 정해지지 않았을 때에는 요(堯)임금이나 순(舜)임금이나 우(禹)임금이나 탕(湯)임금 같은 성군(聖君)들이라도 또한 다 달려서 토끼를 쫓는 것과 같은 일을 할 것이다.

명분이 이미 정해지면 모자라는 도둑이라도 감히 취하지 않을 것이다.

지금 법령이 분명하지 않고 그 명분이 정해지지 않았으면 천하의 사람들이 얻는 것에 대해 의논할 수가 있는데 그 의논이 사람마다 달라서 정해질 수가 없다.

군주가 위에서 법을 만들었는데도 아래의 백성들이 그 법령을 아래에서 의논하게 되면 이 법령이 정해지지 않을 뿐 아니라 아랫사람들로써 군주를 삼는 것이다.

이러한 것을 이른바 명분이 정해지지 않은 것이라고 한다.

명분이 정해지지 않으면 요(堯)임금이나 순(舜)임금 같은 성군(聖君)이라도 장차 다 절개가 꺾여서 간사하게 될 것이거늘 하물며 보통 사람들이야 어떠하겠는가?

이것이야말로 간악한 것을 크게 일어나게 하고 군주가 권위와

세력을 약탈당하고 국가를 망하게 하고 사직을 멸망시키는 길인
것이다.

　法令者 民之命也 爲治之本也 所以備民也 爲治而去法令 猶欲
無饑而去食也 欲無寒而去衣也 欲東西行也 其不幾¹⁾亦明矣 一
兎走 百人逐之 非以兎也²⁾ 夫賣者滿市 而盜不敢取 由名分已定
也 故名分未定 堯舜禹湯且皆如騖焉而逐之 名分已定 貧盜不取
今法令不明 其名不定 天下之人得議之 其議人異而無定 人主爲
法於上 下民議之於下 是法令不定 以下爲上也 此所謂名分之不
定也 夫名分不定 堯舜猶將皆折而姦之³⁾ 而況衆人乎 此令姦惡
大起 人主奪威勢亡國滅社稷⁴⁾之道也

1) 不幾(불기) : 바라지 못하는 것.
2) 非以兎也(비이토야) : 토끼를 나누려는 것이 아니다. 주인이 없으므로 잡는
　자가 임자이기 때문이라는 뜻이 포함되어 있다.
3) 皆折而姦之(개절이간지) : 다 꺾여서 간사하게 되다.
4) 社稷(사직) : 천자나 제후가 반드시 사직단(社稷壇)을 세우고 토지신과 오
　곡의 신에게 제사를 지내 국가와 존망을 함께 하였으므로 국가라는 개념으로
　도 쓰였다.

5. 성인(聖人)은 다스려질 것만 다스린다

　앞서 간 성인(聖人)들은 글을 만들어서 후세에 전했는데 그것
은 반드시 스승에게서 받게 하였다. 이 때문에 이른바 명칭이라
는 것을 알게 되었다.

　스승에게 전수받지 않고는, 사람들이 마음 속으로 의논해 보았
자 죽음에 이르더라도 그 명칭이나 그 뜻을 알지 못하였다.

　그러므로 성인(聖人)이 반드시 법령을 만들어서 관직을 설치
하고 관리를 두어서 천하 사람들의 스승으로 삼게 하여 명분을 정
하였던 것이다.

　명분이 정해지면 크게 거짓된 자도 곧고 믿음직스럽게 되며, 백

성이 다 신중하고 성실해져서 각자가 스스로 다스려진다.

그러므로 대저 명분이 정해지면 다스려질 형세의 길이고, 명분이 정해지지 않으면 어지러워질 형세의 길인 것이다.

그러므로 시대가 다스려질 형세에서는 가히 어지러워지지 않고, 시대가 어지러워질 세상에서는 다스려지지 않는 것이다.

시대가 어지러워질 세상에서는 다스리면 더욱 어지러워질 뿐이요, 시대가 다스려질 형세에서 다스리면 잘 다스려지는 것이다.

그러므로 성왕(聖王)은 다스려질 것을 다스리고 어지러워질 것은 다스리지 않은 것이다.

今先聖人爲書而傳之後世 必師受之 乃知所謂之名¹⁾ 不師受之
而人以其心意²⁾議之 至死不能知其名與其意³⁾ 故聖人必爲法令
置官也 置吏也 爲天下師 所以定名分也 名分定 則大詐貞信 民
皆愿愨⁴⁾ 而各自治也 故夫名分定 勢治之道也 名分不定 勢亂之
道也 故勢治者不可亂 世亂者不可治 夫世亂而治之 愈亂 勢治
而治之 則治 故聖王治治⁵⁾不治亂⁶⁾

1) 名(명) : 명칭. 글 속에 들어 있는 내용의 뜻도 포함된다.
2) 心意(심의) : 마음.
3) 意(의) : 글 속의 뜻.
4) 愿愨(원각) : 신중하고 성실한 것.
5) 治治(치치) : 다스려질 수 있는 것을 다스리다.
6) 不治亂(불치란) : 어지러워질 것은 다스리지 않는다.

6. 뛰어난 슬기를 가진 이도 어려워하는 것

미묘한 뜻이 있는 말은 가장 뛰어난 슬기를 가진 이도 어렵게 여기는 것이다.

또 법령(法令)이나 먹줄을 사용하지 않고서 행동이 바르게 되는 자는 천만 사람 가운데 한 사람일 뿐이다.

성인(聖人)은 천만 사람을 상대하여 천하를 다스리는 것이다.

그렇기 때문에 슬기로운 자가 된 후에야 능히 알 수 있는 것은 가히 법으로 삼을 수 없으니, 백성이 모두 지혜로운 것은 아니기 때문이다.

어진 이가 된 후에야 알 수 있는 것은 가히 법으로 삼을 수 없으니, 백성이 모두 어진 것은 아니기 때문이다.

성인(聖人)이 법을 만들 때는 반드시 명백하고 알기 쉬우며 명분이 정확하게 하여 어리석은 사람이거나 슬기로운 사람이거나 할 것 없이 두루 다 알게 한다.

이에 법관을 설치하고 법을 주관하는 관리를 두어서 천하의 스승으로 삼아서 천하의 모든 백성이 위험하고 위태한 곳에 빠지지 않게 한다.

그러므로 성인(聖人)이 천하를 다스릴 때 사형시키는 일이 없었던 것은 형벌을 써서 죽이지 않았던 것이 아니다.

법령을 명백하고 알기 쉽게 시행하였을 뿐이다. 또 법관과 담당 관리를 두어서 백성의 스승이 되어 그들을 인도하게 했다. 이에 모든 백성이 알도록 해서 그들이 다 법을 숙지하여 피해 나갈 방도를 알게 하고 재앙을 피하고 행복을 추구하는 방향으로 나아가게 하여 다 스스로 다스려지게 하였던 것이다.

그러므로 명철한 군주는 다스려지는 방법에 기인하여 다스림을 마치므로 천하는 크게 다스려지는 것이다.

夫微妙意志¹⁾之言 上知²⁾之所難也 夫不待法令繩墨 而無不正者 千萬之一也 故聖人以千萬治天下 故夫知者而後能知之 不可以爲法 民不盡知 賢者而後知之 不可以爲法 民不盡賢 故聖人爲法 必使之明白易知 名正愚知徧能知之 爲置法官 置主法之吏以爲天下師 令萬民無陷於險危 故聖人立天下而無刑死者 非不刑殺也 行法令明白易知 爲置法官吏爲之師以道之³⁾ 知萬民皆知所避就 避禍就福 而皆以自治也 故明主因治而終治之 故天下大治也

1) 微妙意志(미묘의지) : 의미심장한 뜻이 들어 있다는 뜻.

2) 上知(상지) : 최상의 슬기. 최고의 지성인.

3) 道之(도지) : 도지(導之)와 같다. 인도하다.

상군서부고(商君書附考)

'사기(史記)' 상군열전(商君列傳)에 태사공(太史公：司馬遷)이 말하기를 "나는 일찍이 상군(商君)의 '개색(開塞)편과 농사짓고 전쟁한다는 내용의 글'을 읽고 그 사람과 함께 사업을 시행하고 그 사람을 나라를 다스리는 데 동참시킨 것을 보고 마침내 진(秦)나라가 천하에서 악명(惡名)을 받을 만한 이유가 있다고 여겨졌다."라고 했다.

'한서예문지(漢書藝文志)'의 법가(法家)편에는 총 29편이라고 했으며 5편이 없어지고 현재는 24편만 전한다고 했다. 아래의 주석에는 상앙의 이름은 앙(鞅)이고 희씨(姬氏)이며 위(衛)나라의 후예다. 진(秦)나라 효공(孝公)의 재상이 되었다. 그의 열전(列傳)이 있다고 했다.

촉한(蜀漢)의 제갈량(諸葛亮) 문집에는 선주(先主：劉備)가 죽기 전에 후주(後主：유비의 아들)에게 조칙을 내려 말하기를 "한서(漢書)와 예기(禮記)를 틈틈이 읽고 제자(諸子)와 육도(六韜)와 상군서(商君書)를 두루 보면 인간의 마음을 아는 데 유익할 것이다."라고 하였다 라고 했다.

'수서(隋書)' 경적지(經籍志)의 법부(法部)에는 '상군서는 5권이며 진(秦)나라 승상 위앙(衛鞅)이 찬(撰)했다.'라고 했다.

'신당서(新唐書)' 예문지(藝文志) 법가(法家)편에는 '상군서는 5권이며 상앙(商鞅)이 지었다. 어떤 이는 상자(商子)라고

도 한다.' 라고 했다.

사마정(司馬貞)의 '사기색은(史記索隱)'에는 '상군서를 검토해보면 개방하여 형벌을 엄준하게 하면 정치가 조화되어 개방된다고 이르고, 막히는 것은 은혜와 상을 널리 펴면 정치의 조화가 막힌다고 말했다. 그의 본의는 형벌을 엄격하게 하고 은혜는 작게 해야 한다는 것이다. 또 논밭의 사잇길을 열어야 한다는 것과 적군의 머리를 베어 와야 작위와 관직을 준다고 언급했는데 이것은 농사짓고 전쟁하는 글일 뿐이다.' 라고 했다.

'통지(通志)' 예문략(藝文略)의 법가(法家)편에는 '상군서 5권은 진(秦)나라 승상 위앙(衛鞅)이 지었다. 한(漢)나라 때에는 29편이었는데 지금은 3편이 없어졌다.' 라고 했다.

'군재(郡齋)' 독서지(讀書志) 법가류(法家類)에는 '상자(商子) 5권이며 진(秦)나라를 도운 공손앙(公孫鞅)의 저작이다. 그는 위(衛)나라의 서얼(庶孼) 출신이었다. 형명학(刑名學)을 좋아했으며 진(秦)나라 효공(孝公)이 정사를 맡겨서 부국강병(富國强兵)을 이루었는데 뒤에 반역죄로 처형당했다. 상앙은 상(商)에 봉해졌다. 그러므로 상으로써 그 책 이름을 삼았다. 본래 29편이었는데 지금은 3편이 분실되었다.

태사공(太史公 : 사마천)이 이미 상앙은 각박하고 조그마한 은혜가 있을 뿐이다 라고 논했다. 또 상앙의 개간하고 방지하는 내용의 책을 읽으면 그와 더불어 업을 함께 하는 부류들이 마침내 악명을 받을 이유가 있다고 했다.' 라고 했다..

'사기색은(史記索隱)'에 씌어 있다. '개방하여 형벌을 엄하게 하면 정사의 변화가 열린다고 이르고 폐쇄하여 은혜를 펴면 정사의 변화가 막힌다.' 라고 했는데 지금 그 책을 고찰해보면 사마정(司馬貞)이 일찍이 보지 못하고 망령되게 설명한 것 같다. '개색(開塞)'은 상군서의 제7편이며 '도가 막힌 것이 오래된 것'을 말했다.

'지금 개방하고자 한다면 반드시 형벌이 90%에 상은 10%로 한다. 형벌은 장차의 과오에 사용하면 크게 간사한 것이 발생하지 않고 상은 간사함을 고하는 데 사용하면 세세한 과오도 빠뜨리지 않는다. 크게 간악한 것이 발생하지 않고 세세한 과오도 빠뜨리지 않게 되면 국가는 다스려진다.'

이러한 내용을 관찰해보면 상앙의 술(術)이 별로 다른 것이 없다. 특별히 간사함을 고변하는 것을 믿을 따름이었다. 그러므로 그의 다스림은 간사함을 고발하지 않는 자와 항복한 적을 같이 보아 죄를 함께 주고, 간사함을 고발한 자와 적군을 죽인 자를 같이 보아 상을 함께 주었는데 이러한 것이 당시 진(秦)나라의 풍속이었다. 그러므로 날마다 무너져 내려서 아버지와 아들이 서로 상처를 입었는데도 상앙이 능히 벗어나지 못했다.

태사공이 상앙을 평한 말이 속임이 없으니, 믿음이 간다.

주씨섭필(周氏涉筆)이 말하기를 '상앙서(商鞅書) 또한 많이 뒤에 일을 부회(附會)하고 다른 말들을 흉내내어 취하였다. 본래 상앙이 논한 저서가 아니다. 그 정확하고 간절한 내용은 사기열전에서 이미 포괄하여 다 말했다. 현재 보존된 것들은 대개가 음란한 말을 범람시킨 것들로 참고할 것이 못 된다. 대개 유지불우빈(有地不憂貧 : 땅이 있으면 가난을 근심하지 않는다.) 유민불우약(有民不憂弱 : 백성이 있으면 약한 것을 근심하지 않는다.) 등등의 내용은 거의 희망할 것들이 없다.' 라고 했다.

이 '상군서'는 전부가 농업을 유도하고 전쟁을 독려하는 것을 근본으로 삼고 있다.

이제 이르기를 '상인으로 하여금 곡식을 사들일 수 없게 하고 농민들은 곡식을 판매할 수 없게 한다. 농민들이 곡식을 판매할 수 없으면 게으른 농사꾼이 농사에 힘쓰고 상인이 곡식을 사들이지 못하게 하면 많은 세월을 즐길 수가 없다.' 라고 했다.

대저 곡식이 쌓이는데 판매할 수가 없으면 농사짓는 자들은 진실로 곤궁해진다. 힘들여 농사짓는 자는 무슨 이익이 있겠는가?

또 관자(管子 : 책 이름. 관중이 지음)가 이르기를 '쌓인 곡식이 많고 먹는 자가 적으면 백성은 노력하지 않는다.'라고 했다. 당시를 알지는 못하지만 무슨 남는 곡식이나 땅이 있었겠는가?

또 술이나 육류의 값을 비싸게 하고 그 세금을 무겁게 징수한다고 했는데 그렇게 되면 장사치들의 이익이 적어지게 되어 농민들도 탐탁치 않게 여길 것이다. 그렇게 되면 술이나 육류의 사용도 폐지되는 것이다.

무릇 '사기'에 기재하지 않는 것은 종종 책을 만든 자와 부합되는 바가 있다 하더라도 일찍부터 통용되지는 않았기 때문이다.

진(秦)나라가 바야흐로 흥성할 때는 조정에서 관직이나 작위를 어찌 재물로써 취했겠는가? 권세를 파는 자는 돈을 요구하게 되고 말단 관리는 승진하기를 바라는 일들이 어찌 효공(孝公)의 앞에서부터 비롯된 일이겠는가?

'직재서록해제(直齋書錄解題)'의 잡가류(雜家類)에는 '상자(商子)'는 5권이며 진(秦)나라 재상 위앙(衛鞅)이 지었다. '한서예문지'에는 29편이라고 했는데 지금은 28편이다. 또 그 1편이 분실되었다고 했다.

'문헌통고(文獻通考 : 원나라 마단림(馬端臨) 지음)'의 경적잡가(經籍雜家)에는 상자(商子) 5권이라 했다.

'송사예문지(宋史藝文志)' 잡가류(雜家類)에는 '상자' 5권이라고 했다.

※ 이상은 여러 저서(著書)나 또는 역사서에 기록된 내용들을 추출해 낸 것들이다.

사기(史記) 상군열전(商君列傳)

상군(商君)이란 자는 위(衛)나라 서얼(庶孼 : 서자) 출신의 공자(公子)이다.

이름은 앙(鞅)이요 성은 공손씨(公孫氏)이다. 그의 선조는 본래 희씨(姬氏)이다.

앙(鞅)은 젊어서부터 형명학(刑名學)을 좋아했으며 위(魏)나라로 가서 위(魏)나라의 재상 공숙좌(公叔痤)를 섬겨 중서자(中庶子)가 되었다.

공숙좌는 일찍부터 공손앙의 현명함을 알고 정계에 진출시키지 않았다.

때마침 공숙좌가 병이 들었는데 위(魏)나라 혜왕(惠王)이 친히 공숙좌를 문병하기 위해 왔다.

위혜왕(魏惠王)이 말하기를

"공숙좌께서 병이 들었으니 가히 숨기지 못할 일입니다. 장차 나의 사직(社稷)은 어떻게 해야 합니까?"

라고 하자, 공숙좌가 말했다.

"나의 중서자(中庶子)인 공손앙(公孫鞅)은 나이가 비록 어리지만 기특한 재주가 있습니다. 원컨대 왕께서 국가의 재목으로 등용하십시오."

위혜왕이 묵묵히 듣고만 있다가 대답하지 않고 돌아갔다.

공숙좌가 둘러앉은 주위 사람에게 말했다.

"공손앙을 등용하지 않으려면 반드시 죽여서 국경 밖으로 나가지 못하도록 하시라고 했는데 왕께서는 허락하고 가셨다."

이에 공숙좌는 공손앙을 불러서 사죄하여 말했다.

"방금 왕께서 나에게 재상으로 등용할 자를 묻기에 나는 이러이러한 이야기를 했는데 왕의 안색을 살펴보니 나의 말을 허락하지 않았다. 나는 선군(先君)의 후신(後臣)으로써 왕께서 공손앙을 등용하지 않으려면 마땅히 죽이라고 했다. 왕께서는 나의 뜻을 허락했다. 그대는 빨리 여기를 떠나라. 그렇지 않으면 사로잡혀 죽임을 당할 것이다."

공손앙이 말하기를

"저 왕께서는 공숙좌님의 말씀을 믿어 저를 신하로 등용하지 않았는데 또 어찌 공숙좌님의 말씀 때문에 저를 죽이겠습니까?"라고 하고는 마침내 떠나지 않았다.

혜왕은 조정으로 돌아와 좌우의 신하들에게 말했다.

"공숙좌가 병이 심하다! 슬프다. 과인(寡人)에게 공손앙(公孫鞅)을 등용하여 국정을 보살피게 하라고 한다. 어찌 잘못된 일이 아니랴!"

공숙좌가 이미 죽었다.

공손앙은, 진(秦)나라 효공(孝公)이 인재를 구하는 명령을 내려 장차 진(秦)나라 목공(穆公)의 공업을 닦고 동쪽으로 침략당한 국토를 회복시키려 한다는 포부를 듣고 이에 드디어 서쪽으로 가서 진(秦)나라에 이르렀다.

진나라에 이르자 진(秦)나라 효공(孝公)의 총신(寵臣)인 경감(景監)에게 가 효공을 알현하게 해 줄 것을 부탁하였다.

경감의 배려로 효공을 알현하게 된 위앙(衛鞅)은 사업에 대한 이야기를 오래도록 하였다. 이 때 듣고 있던 효공은 졸면서 제대로 듣지 않았다.

이야기가 끝나자 효공은 잠에서 깨어 경감에게 화를 내며 말했다.

"그대의 객(客)은 망령된 사람이다. 어찌 족히 등용할 수 있겠는가."

경감이 이로써 위앙을 꾸짖자 위앙이 말했다.

"나는 효공에게 제왕의 도를 설명했는데 그 뜻을 깨닫지 못한 것 같습니다."

그런 뒤 5일이 지난 후 다시 위앙을 보기를 원했다.

위앙이 다시 효공을 면대하여 더욱 여유롭게 속뜻을 보이지 않고 자리를 파하자 효공이 다시 경감을 꾸짖었다.

경감이 또한 위앙을 꾸짖자 위앙이 말했다.

"내가 효공에게 왕도(王道)를 설명했는데 듣지 않았습니다."

다시 위앙을 만나보기를 청하자 위앙이 다시 효공을 대면했다. 효공이 착하다고 여기고 등용하지는 않았다. 대면이 끝나자 돌아갔다.

효공이 경감에게 말했다.

"그대의 식객(食客)은 좋은 사람이며 가히 함께 이야기할 만하다."

경감에게 그 말을 들은 위앙이 말했다.

"내가 효공에게 패도(覇道)를 설명했는데 효공의 뜻이 등용할 것 같았습니다. 진실로 다시 나를 대면하게 되면 나를 알아볼 것입니다."

위앙이 다시 효공을 대면하게 되자 효공이 위왕과 함께 대화를 하는데 무릎이 자리의 앞에 한 것도 알지를 못하고 수일 동안 대화를 나누어도 싫증내지 않았다.

어느 날 경감이 말하기를

"그대는 무엇으로 우리 군주의 마음에 들었는가? 우리 군주는 매우 기뻐하는데 지나칠 정도네."

라고 하자, 위앙이 말했다.

"내가 군주에게 제왕(帝王)의 도(道)를 하은주(夏殷周) 3대에 비교하여 설명하자 군주께서는 너무 요원하다고 하셨으며 주군께서는 오래도록 기다리지 못한다고 하셨습니다. 또 '어진 군주라는 것은 각각 그 자신에게 미쳐서 이름이 천하에 휘날려야지 어찌 조심조심하여 수백 년을 기다린 뒤에 제왕을 성취할 것인가.'라고 하시기에 나는 강력한 나라를 만드는 계책으로 군주를 설득했는데 군주께서는 크게 기뻐하셨습니다. 그러나 또한 어려웠던 것은 은(殷)나라와 주(周)나라의 덕을 비교하는 것이었습니다."

진(秦)나라 효공(孝公)이 위앙을 등용하자 위앙은 법을 변화시켜서 천하의 의논을 두텁게 하고자 하였다.

위앙이 말하기를

"반신반의하면서 행동하면 명예를 얻을 수 없고 할까 말까 의심하면서 일을 하면 성공할 수 없습니다.

대저 고상한 사람의 행동은 진실로 세상에서는 삐딱하게 보이고 독보적인 지혜를 가진 자는 반드시 백성에게 오만하게 보이는 것입니다.

어리석은 자는 사업을 성취시키는 데 어둡고 지혜로운 자는 시작하기 전을 살핍니다. 백성은 사업을 계획하고 시작하는 것은 함께 할 수 없지만 성취된 것을 함께 즐길 수는 있는 것입니다. 지극한 덕을 논하는 자는 풍속에 조화되지 못하고 큰 공로를 성취한 자는 대중과 함께 하지 않는 것입니다.

이로써 성인(聖人)들은 진실로 강력한 국가를 만들 수 있다면 그 옛것을 본받지 않으며 진실로 백성을 이롭게 할 수 있다면 그 옛것을 따르지 않는 것입니다."

라고 하자, 효공이 말했다.

"참 좋은 말씀입니다."

감룡(甘龍)이 말하기를

"그렇지 않습니다. 성인은 백성을 바꾸어서 가르치지 않고 법을 바꾸어서 다스리지 않습니다. 백성을 따라서 교육시키면 수고하지 않아도 공업이 이루어지고, 법을 따라서 다스리는 것은 관리들이 법에 익숙하여 백성들이 편안하게 됩니다."

라고 하자, 위앙이 말했다.

"감룡의 말씀은 속된 세속의 이야기일 뿐입니다. 보통 사람들은 전해 오는 풍속에 편안해 하고 학자들은 듣는 것에 빠져 있습니다.

이상의 두 부류는 관직에 있으면서 법을 지키게 하는 것이 옳을 뿐이요, 법 밖의 일을 함께 논할 상대는 아닌 것입니다.

하나라와 은나라와 주나라의 3대가 예법이 동일하지 않았는데도 천하에 왕 노릇을 하였으며 춘추 시대의 오패(五覇)들은 법이 동일하지 않았는데도 천하의 패자(覇者 : 제후의 으뜸)가 되었습니다. 그러므로 지혜로운 자는 법을 제정하고 어리석은 자는 법의 제약을 받는 것입니다. 어진 이는 법을 바꾸고 불초한 자는 법에 구속되는 것입니다."

두지(杜摯)가 공손앙의 말을 듣고 말하기를

"이익이 백 배가 되지 않으면 법을 바꾸지 않는 것이며 공로가 10배가 되지 않으면 그릇을 바꾸지 않습니다. 옛 법은 과오가 없으며 옛것을 따르는 것은 사특함이 없는 것입니다."

라고 하자, 위앙이 말했다.

"세상을 다스리는 데는 한 방법으로만 하는 것이 아니요, 국가를 편안하게 하는 데에는 반드시 옛 법만 있는 것은 아닙니다. 그러므로 탕왕(湯王)왕이나 무왕(武王)이 옛 법을 따르지 않고도 천하에 왕 노릇을 하였고 하(夏)나라와 은(殷)나라는 옛 법을 바꾸지 않아서 멸망한 것입니다.

옛것을 반대한다고 나쁜 것이 아니요, 옛것을 따른다고 좋은 것은 아닙니다."

진(秦)나라 효공이

"참 좋은 말입니다."

하고는 위앙으로 좌서장(左庶長)을 삼았다.

마침내 변법(變法)의 영(令)을 정하고 백성들로 십(什)과 오(伍)를 만들어서 서로 규찰하게 하고 연좌제(連坐制)를 실시하였다.

간악한 자를 고발하지 않는 자는 허리를 잘라 죽이고, 간악한 자를 고발한 자는 전쟁에 참여해서 적군의 목을 가져온 자와 동일하게 상을 내린다. 간사한 자를 숨겨 준 자는 항복한 포로와 똑같은 형벌을 내린다.

두 남자 이상이 있는 집은 분가하지 않는 자에 대해 세금을 배로 부가한다.

군대에서 공로가 있는 자는 각각 모두에게 높은 작위를 받게 한다. 사사로운 일로 싸움을 하는 자는 가볍거나 무겁거나를 가리지 않고 형벌을 가한다.

어른이나 어린이 할 것 없이 죽을 힘을 다하여 농업에 진력하고 열심히 길쌈하여 곡식과 비단을 많이 생산한 자는 그 자신들에게 혜택이 돌아가게 하고, 상업에 종사하고 게으른 자는 다 노비로 삼게 한다.

종실(宗室)의 사람이라도 전쟁의 공로가 없으면 작위와 봉급을 주지 않는다.

높고 낮은 작위와 등급을 명확하게 하여 차등을 결정하고, 전답과 신하와 첩의 의복을 결정지어서 집안의 순서를 결정한다.

공로가 있는 자는 관직에 나아가게 하고 공로가 없는 자는 비록 부유하더라도 호화롭게 지내지 못하게 한다.

이상의 법령을 이미 갖추고 반포하지 않았을 때, 백성들이 믿지 않을까 근심하였다.

이에 30자(尺)나 되는 큰 나무를 진(秦)나라의 수도 남문(南門)에 세워 놓고 백성에게 공고하기를 '저 나무를 북문(北門)으로 옮겨 심는 자에게 황금 10냥을 준다.'라고 하였다.

이에 백성들은 괴이하게 생각하여 믿으려 하지 않고 감히 옮기는 자가 없었다.

이에 다시 말하기를 '능히 북문으로 옮겨 놓는 자는 황금 50냥을 준다.'라고 방을 붙였다.

그러자 어떤 사람이 심심한데 한번 해 본다고 옮겨 놓았다.

이 사람에게 황금 50냥을 주었다. 이에 속임수가 아니라는 것이 명백해졌다. 이에 법령도 시행되게 되었다.

법령이 백성에게 시행된 지 1년이 되었을 때 진(秦)나라 수도에서는 처음 시행되는 법령 때문에 불편한 것이 이만저만이 아니었다.

그런데 이 때 태자(太子)가 법을 위반했다.

위앙(衛鞅)이 말하기를

"법이 행해지지 않는 것은 위에서부터 지키지 않기 때문이다. 장차 태자를 법대로 할 것이다. 그러나 태자는 군주의 후사를 이을 사람이다. 가히 형을 집행할 수는 없다."

라고 말하고, 태자의 스승인 공자건(公子虔)을 처벌하고 또 한 스승인 공손가(公孫賈)에게 먹물뜨는 형을 가했다.

다음 날부터 진나라 사람들이 다 법령을 따랐다.

법령이 시행된 지 10년 만에 진나라 사람들이 크게 기뻐했다.

길에 떨어진 물건이라도 주워 가는 사람이 없었고 산 속에는 도적들이 없어졌다. 집집마다 사람이 넉넉해지고 사람들이 풍족하게 지냈다. 백성은 국가의 전쟁에 참여하면 용감해졌으며 사사로운 다툼이 있게 되면 겁부터 먹었다.

진나라 각지의 향(鄕)이나 읍(邑)이 크게 다스려졌다.

처음에는 법령이 불편하다고 말하는 자들은 돌아와서, 법령이 편리하다고 말하였다.

위앙이 말하기를

"이들은 다 어지러움에서 변화된 백성이다."

라고 하고, 그들을 다 변방의 성으로 옮기게 하였다.

그 이후에는 백성으로서 법령을 왈가왈부하는 자가 없어졌다.

이 때 위앙이 대량조(大良造)가 되었는데 군사를 이끌고 위(魏)나라의 안읍(安邑)을 포위하여 항복을 받았다.

3년이 지난 후에는 함양에 궁정을 신축하여 법령을 내걸었다. 진나라의 도읍을 옹(雍) 땅에서 함양으로 옮기게 하였다.

이에 영을 내려 아버지와 아들과 형과 아우가 한 집을 쓰고 안에서 휴식하는 것을 금지시켰다. 작은 도(都)와 향(鄕)과 읍(邑)을 모아서 현(縣)으로 만들고 현령(縣令)과 현승(縣丞)을 설치하게 했는데 총 31개 현이었다.

전답은 천막을 열어 경계를 삼게 하고 세금을 공평하게 하고 되와 말과 저울과 자의 길이를 평준화했다.

시행한 지 4년 만에 공자건이 다시 법령을 범했다. 공자건에게 코를 베는 형벌을 적용했다.

위앙이 진나라의 대량조가 된 지 5년 만에 진나라 사람들이 부유해지고 국가는 강성해졌다. 주(周)왕실에서 조(胙 : 복. 제사지낸 고기)를 효공(孝公)에게 내렸고 제후들이 다 하례하였다.

그 명년(明年)에 제(齊)나라가 위(魏)나라 군사들을 마릉(馬陵)에서 패배시켜 위나라의 태자신(太子申)이 포로로 잡히고 장군 방연(龐涓)이 죽었다.

그 명년에 위앙이 효공에게 말했다.

"진(秦)나라와 위(魏)나라는 비유컨대 사람의 뱃속에 질병이 있는 것과 같습니다. 위나라가 진나라를 삼키지 않으면 진나라가 위나라를 합병해야 합니다."

효공이 물었다.

"무슨 까닭입니까?"

위앙이 대답했다.

"위(魏)나라는 험하고 좁은 땅의 서쪽에 있고 안읍(安邑)에 도읍을 하고 있어서 진(秦)나라와 함께 하수(河水)를 경계삼아 홀로 산동(山東)의 이익을 전횡합니다. 이익이 되면 서쪽으로 진나라를 침범하고 괴로우면 동쪽에서 토지를 거두어들입니다. 지금 진나라는 군주의 현명함과 성스러움으로 국가가 힘을 얻어서 왕성하여졌는데, 위나라는 지난날 제나라에 대패하여 제후들의 신의를 잃었습니다. 가히 이러한 때를 따라서 위나라를 정벌한다면 위나라는 진나라에 대항해서 지탱하지 못할 것이며 반드시 동쪽으로 이동할 것입니다. 동쪽으로 이동하게 되면 진나라는 하수(河水)와 산(山)의 견고함에 웅거하여 동쪽으로 향하여 제후들을 제재할 수 있습니다. 이것이 제왕(帝王)의 업(業)입니다."

효공이 그럴듯하다고 여겼으며 위앙으로 장군을 삼아서 위나라를 정벌하였다.

이에 위(魏)나라에서는 공자앙(公子卬)으로 장군을 삼아 공격하였는데 군사들이 서로 떨어져 대치하고 있는 상황에서 위앙이 위(魏)나라 장수 공자앙에게 서신을 보내 말했다.

"나는 처음부터 공자(公子)와 기쁨을 함께 했소. 지금은 함께 양국의 장수가 되어 차마 서로 공격하지 못하고 있소. 그대와 서로 상면하여 함께 맹세하고 싶소. 즐겁게 마시면서 군사들의 대치를 파하고 진나라와 위나라를 편안하게 합시다."

위(魏)나라의 공자앙이 허락하였다. 서로 만나 맹세했는데, 연회가 파하자 위앙이 갑옷 입은 무사들을 숨겨 놓았다가 불의에 습격하여 위나라 공자앙을 사로잡고 공자앙의 군대를 공격하여 다 격파하고 진나라로 돌아왔다.

이 때 위나라 혜왕(惠王)의 병사들이 거의 제(齊)나라와 진(秦)나라의 군사들에게 격파되었으며 국가 안은 텅 비었고 국토는 날마다 삭감되었다. 이에 두려움을 느끼고 하서(河西)의 땅을 떼어서 진나라에 바치며 화해를 청하였다.

이 때 위나라는 안읍(安邑)을 떠나서 도읍을 대량(大梁)으로 옮겼다.〔위(魏)나라는 도읍을 대량으로 옮기면서 국호를 양(梁)나라로 고쳤다.〕

양혜왕(梁惠王)이 이 때 "과인이 공숙좌의 말을 듣지 않은 것이 후회스럽다."라고 하였다.

위앙이 이미 위나라를 격파하고 돌아오자 진(秦)나라에서는 상(商)의 15개 읍(邑)에 봉하여 호를 상군(商君)이라 하였다.

상군이 진나라를 보좌한 지 10년이 되었다. 이 때 진나라 종실의 귀한 친척들이 많이 원망했다.

조량(趙良)이라는 사람이 상군(商君)을 만났는데 상군이 그에게 말했다.

"내가 만나기를 청한 것이 맹란고(孟蘭皋)에서부터인데 이제 교제를 청하여도 가능한가?"

라고 하자, 조량이 말했다.

"저는 감히 사귀기를 원하지 않습니다. 공자께서 말씀하시기를 '어진 이를 추대하여 받드는 자는 진출하게 되고 불초(不肖)한 자를 모아서 천하에 왕을 하는 자는 퇴보한다.' 라고 했습니다. 저는 불초한 사람이므로 감히 명을 받들지 못하겠습니다. 제가 들으니 '그 지위가 아닌데도 앉아 있는 것을 탐위(貪位 : 지위를 탐하다)라 이르고 그 명예가 아닌데도 명성이 있는 것을 탐명(貪名 : 이름을 탐하다)이라 한다.'고 했습니다. 제가 상군(商君)의 의(義)를 들어보건대, 제가 '지위'를 탐하고 '이름'을 탐내는 것이 아닌가 두렵습니다. 그러므로 감히 명령을 받아들이지 못하겠습니다."

상군(商君)이 말하기를

"그대는 내가 진나라를 다스리는 일에 참여하고 있는 것이 기쁘지 아니한가?"

라고 하자, 조량(趙良)이 말했다.

"돌이켜서 듣는 것을 총명하다고 하고 안으로 볼 수 있는 것을 밝다고 하며 스스로 승리한 것을 강하다고 이르는 것입니다. 우(虞)의 순(舜)임금이 이르기를 '스스로 낮추는 것은 높이는 것이다.'라고 했습니다. 상군께서 순임금의 도를 이르는 것이 아니라면 저에게 묻지 마십시오."

상군이 말하기를

"처음에 진(秦)나라는 오랑캐와 다름없었다. 아버지와 아들이 분별 없이 집을 함께 하여 살았다. 이제 나는 그들의 교육제도를 바꾸고 그들에게 남자와 여자의 분별이 있게 하고 크게 집을 짓게 하고 노(魯)나라나 위(衛)나라와 같이 경영하였다. 그대가 나를 관찰하고 진나라를 살펴보았을 때 누가 오고대부(五羖大夫 : 백리해)와 더불어 현명한가?"

라고 하자, 조량이 대답했다.

"천 마리의 양가죽은 한 마리의 여우 겨드랑이 가죽보다 못하고 천 사람이 남의 말을 잘 듣는 것은 한 사람의 선비가 곧은 말을 하는 것보다 못합니다. 무왕은 곧은 말로써 번창하였고 은(殷)나라의 주(紂)왕은 아무 말이 없어서 멸망했습니다. 상군께서는 무왕을 비난하지 않는다면 제가 종일토록 바른 말을 청하여도 꾸짖지 않는다고 장담할 수 있겠습니까?"

상군이 말하기를

"속담에 있는 말로 겉치레만 하는 말은 화려하고 이치에 맞는 말은 진실하며, 쓰디쓴 말은 몸에 약이 되고 달콤한 말은 몸에 병이 된다고 했다. 그대는 종일 바른 말을 즐겨하니 나의 약이다. 나는 그대를 섬길 것이니 그대의 무엇을 꾸짖을 것인가?"
라고 하자, 조량이 말했다.

"오고대부(五羖大夫)는 출신이 비천한 초(楚)나라 사람이었습니다. 진(秦)나라 목공(穆公)이 현명하다는 말을 듣고 만나 보기를 바랐습니다. 이에 진목공을 만나러 가는데 노자가 없어서 스스로 진나라의 객(客)에게 팔려서 미천한 옷을 입고 소를 먹였습니다. 1년 만에 목공이 알았습니다. 우구(牛口)의 아래에서 등용되어 백성의 위에 올려져서 진나라에서는 감히 더 바랄 것이 없었습니다. 진나라에서 재상을 지낸 지 6~7년 만에 동쪽으로 정(鄭)나라를 정벌하고 세 번이나 진(晉)나라의 군주를 세워주고 한 번은 초나라의 화란을 구해 주었습니다. 국경 안에 교육 정책을 펴서 파인(巴人)이 조공하였고, 제후들에게 덕을 베풀어서 여덟 군데의 오랑캐들이 굴복했습니다.

이러한 것을 들어보건대 문을 두드려 청하여 배알하고 싶습니다. 오고대부(五羖大夫)가 진나라의 재상이 되어서는 수고스러워도 수레에 앉지 아니하고 더워도 일산을 펴지 아니하고, 국가 안에 있을 때에는 수레를 타고 가지 아니하고 방패와 창을 잡지 아니하고 이름이나 공로는 창고 속에 보관시키고 덕행만 후세에 베풀었습니다. 오고대부가 죽자 진나라의 남녀 백성이 모두 눈물을 흘리며 슬퍼했습니다.

어린아이는 노래를 부르지 않았고 방아를 찧는 자는 절구질을 하지 않았습니다. 이러한 것이 오고대부의 덕이었습니다.

지금 상군(商君)께서는 진왕(秦王)을 알현할 때 진왕의 총애를 받는 경감(景監)을 주인으로 삼았는데 이것은 명예를 위한 것이 아닙니까? 진나라에 재상으로 있으면서 백성을 위한 사업을 하지 않고 크게 집들을 건축한 것은 공로를 위한 것이 아닙니까? 태자의 스승을 먹물뜨는 형벌에 처하고 백성을 상하게 하여 형벌의 준엄을 나타낸 것은 원망을 쌓고 재앙을 기른 것입니다. 교육으로 백성을 변화시킨 것은 진나라 군주의 명령보다 더 깊고 백성들이 위를 본받는 것은 진나라 군주보다 민첩합니다. 지금 상군께서는 왼쪽으로 권위를 세우고 밖으로는 군주의 명령도 바꾸는 것은 가르침을 삼기 위한 것이 아닙니다. 상군께서는 또 남면(南面)하여 과인(寡人)이라고 칭하고 날마다 진나라의 귀공자를 줄세우고 있습니다.

시(詩)의 상서편에 이르기를

'저 쥐를 보아도 몸체가 있거늘 사람으로써 예의가 없네.

사람으로써 예의가 없으면 어찌하여 일찍 죽지 않는가?'

라고 하였는데 이 시로써 살펴보면 오래 장수할 것 같지는 않습니다. 또 공자건이 두문불출한 지 이미 8년입니다.

상군께서는 또 축환을 죽이시고 공손가를 묵형에 처했습니다.

시에 이르기를

'사람을 얻은 자는 흥성하고 사람을 잃은 자는 무너지네.'

라고 하였습니다. 이러한 여러 가지 일들은 사람을 얻는 것이 아닙니다.

상군이 출타할 때는 뒤에 따르는 수레가 수십 대요, 또 수레에다 갑옷을 실어서 힘을 과시하고 옆으로 호위하는 호위무사를 세워서 긴창을 잡고 작은창을 가지고 호위하며 수레 곁을 따르게 합니다. 이러한 것들이 하나라도 갖추어지지 않으면 상군께서는 출타하지 않습니다.

서(書)에 이르기를 '덕을 믿는 자는 창성하고 힘을 믿는 자는 망한다.' 라고 했습니다. 상군의 위태함이 아침이슬과 같은데 어찌 해를 연장시키고 수명이 더하기를 원하십니까? 어찌 15개 도시를 돌려보내지 않습니까?

시골에 내려가서 밭에 물을 주고 진왕(秦王)에게 권하여 숨어 사는 선비들을 등용하게 하시고 노인을 봉양하고 외로운 이를 돌보고 부모와 형제를 공경하며 공로가 있는 것을 차례대로 하고 덕이 있는 이를 높여서 작은 것에 편안하십시오 상군께서 상 땅의 부를 탐하며 진나라의 교육을 총애하면 백성의 원망만 축적될 것입니다. 그리되면 진왕(秦王)께서는 하루아침에 빈객인 상군을 버리고 조정에 서지 못할 것입니다. 이 때에는 진나라에서 상군의 작위를 거두어들이는 것이 어찌 없겠습니까? 망하는 것은 발돋음하여 기다리는 것과 같습니다."

이 말을 들은 상군(商君)은 조량의 말에 따르지 않았다.

그 뒤 5월에 진나라 효공(孝公)이 죽고 태자가 즉위하였다.

공자건의 무리가 상군이 반역하려 한다고 고하고 관리를 보내서 상군을 체포하려 했다.

상군이 도망하여 관하(關下) 땅에 이르러서 그 곳의 여인숙에서 유숙하려 했다.

여인숙 주인은 그가 상군이라는 것을 알지 못했다.

여인숙 주인이 말했다.

"상군의 법에 여인숙에 묵는 사람은 신분증이 없으면 유숙할 수 없다고 했습니다. 만일 법을 어기면 연좌되어 처벌을 받습니다. 그대를 유숙시킬 수 없습니다."

상군이 위연(喟然)히 탄식하여 말하기를

"슬프다! 법을 만든 피해가 한결같이 여기까지 이르렀구나!"
라고 하고 위(魏)나라로 도망하였다.

위(魏)나라 사람들이 그가 공자앙을 속여서 위나라 군사들을 격파한 것을 알고 원망하여 받아 주지 않았다.

상군이 다른 나라로 가고자 하자 위나라 사람들이 말하기를

"상군은 진나라의 도적이다. 진나라가 강성할 때는 위나라에 들어와서 도적질을 하더니 돌아가지 않는 것은 옳지 않다."
라고 하고 드디어 진나라와 내통하자 상군이 다시 진나라로 들어가서 상읍으로 달아났다.

상군의 부하들이 그 상읍의 병사들을 징발하여 북쪽으로 정나라를 공격하였다.

진나라에서 군사를 동원하여 상군을 공격하고 상군을 정나라 면지(黽池) 땅에서 죽였다.

진나라 혜왕(惠王)이 상군을 수레에 묶어 사지를 찢어 죽이면서 말하기를 "상앙과 같이 반역하지 말라."라고 하고는 드디어 상군의 가족까지 모두 몰살하였다.

사마천(司馬遷 : 太史公)이 말했다.

"상군은 본디 그 자질이 각박한 사람이다. 그가 진나라 효공에게 제왕의 술로써 녹봉을 간구하고자 한 자취를 살펴보면 쓸데없는 말을 가지고 한 것이요, 그의 본질이 아니다.

또 효공의 총애를 받는 신하를 통해서 등용되었고, 등용되어서는 공자건을 처벌하고 위(魏)나라 장수인 공자앙을 기만하고 조량의 충고를 스승으로 삼지 않았다. 또한 상군은 조그마한 은혜를 남겨 놓는데 족했을 뿐이다.

나는 일찍부터 상군의 개색(開塞)편과 경전(耕戰)의 글을 읽고 그와 함께 사업을 행하고 서로 상종하는 자들이 마침내 진나라에서 악명을 받았던 것에 다 이유가 있음을 알았다."

사마천(司馬遷) 쓰다.

원문 자구 색인(原文字句索引)

시간과 공간을 초월하여
영원한 고전으로 남아질 수 있는

자유문고 동양학총서

1. 정관정요
최형주 해역 ●620쪽

당나라 이후 중국의 역대왕실이 모든 제왕의 통치철학으로 삼아 오던 이 저서는 일본으로 건너가 '도꾸가와 이에야스(德川家康)'가 일본 통일의 기틀을 마련하는데 큰 힘이 되었다. 〈완역〉

2. 식경
남상해 해역 ●325쪽

어떤 음식을 어떻게 섭취하면 몸에 좋은가? 어떻게 하면 건강하게 무병장수 할 수 있는가 등등. 옛 중국인들의 음식물 조리와 저장방법 등 예방의학적 관점에서 그 해답을 얻을 수 있다. 〈완역〉

3. 십팔사략
증선지 지음 ●254쪽

고대 중국의 3 황 5 제에서부터 송나라 말기까지 유구한 역사의 노정에서 격랑에 휘말린 인물과 사건을 시대별로 나눈 5 천년 중국사를 한 눈에 볼 수 있는 역사서. 〈완역〉

4. 소학
조형남 해역 ●338쪽

자녀들의 인격 완성을 위하여 성인이 되기 전 한번쯤 읽어야 하는 고전. 아름다운 말, 착한 행동, 교육의 기초 등, 인간이 지켜야 할 예절과 우리 선조들의 예의범절을 되돌아 볼 수 있다. 〈완역〉

5. 대학
정우영 해역 ●156쪽

사회생활에서 지도자가 되거나 조직의 일원이 될 때 행동과 처세, 자신의 수양, 상하의 관계 등에 도움은 물론, 훌륭한 지도자로 성장할 수 있도록하는 조직관리의 길잡이다. 〈완역〉

6. 중용
조강환 해역 ●192쪽

인간의 성(性)·도(道)·교(敎)의 구체적인 사항을 제시하였다. 도(道)와 중화(中和)는 항상 성(誠)을 가지고 살아가야 한다는 것과 귀신에 대한 문제 등이 심도있게 논돼됐다. 〈완역〉

7. 신음어
여곤 지음 ●256쪽

한 국가를 경영하는 요체로써 인간의 마음, 인간의 도리, 도를 논하는 방법, 국가공복의 의무, 세상의 운세 그리고 성인과 현인, 국가를 경영하는 요체 등을 주제로 한 공직자의 필독서이다.

8. 논어
김상배 해역 ●376쪽

공자와 제자들의 사랑방 대화록. 공자(孔子)의 '배우고 때때로 익히면 즐겁지 아니한가.'로 시작되는 논어를 통해 공문 제자의 교육을 알 수 있다. 〈완역〉

9. 맹자
전일환 해역 ●464쪽

난세를 다스리는 정치철학. 백성이란 생활을 유지할 생업이 있어야 변함없는 마음을 가질 수 있고, 생업이 없으면 변함없는 마음을 가질 수 없다. 〈완역〉

10. 시경
이상진·황송홍 역 ● 576쪽

공자는 시(詩) 3 백편을 한마디로 대변한다면 '사무사(思無邪)'라고 했다. 옛 성인들은 시경을 인간의 마음을 정화시키는 중요한 교육서로 삼았다. 각 시에 관련된 그림도 수록되어 있다. 〈완역〉

11. 서경
이상진·강명관 역 ●444쪽

요순(堯舜)시대부터 서주(西周)시대까지의 정사(政事)에 관한 모든 문서(文書)를 공자(孔子)가 수집하여 편찬한 책이다. 유학의 정치에 치중한 경전의 하나. 〈완역〉

12. 주역
양학형·이준영 역 ●496쪽

주역은 신성한 경전도 신비한 기서(奇書)도 아니다. 보는 자의 관점에 따라 판단을 내리도록 하는 것이 역의 기본이치이다. 주역은 하나의 암시로 그 암시를 통해 문제를 해결해 나가는 것이다. 〈완역〉

13. 노자도덕경
노재욱 해역 ●272쪽

난세를 쉽게 사는 생존철학으로 인생은 속절없고 천지는 유구하다. 천지가 유구한 것은 무위 자연의 도를 수행하고 있기 때문이다. 제일 귀중한 것은 자기의 생명이다 라고 했다. 〈완역〉

14. 장자
노재욱 편저 ●260쪽

바람따라 구름따라 정처없이 노닐며 온 천하의 그 무엇에도 속박되는 것이 없이 절대 자유로운 삶을 영위하는 소요유에서부터 제물론, 응제왕편 등 장주(莊周)의 자유무애한 삶의 이야기이다.

15. 묵자
박문현·이준영 역 ●552쪽

묵자(墨子)는 '사랑'을 주창한 철학자이며 실천가이다. 묵자의 이론은 단순하지만 그 이론을 지탱하는 무게는 끝없이 크다. 묵자의 '사랑'은 구체적이고 적극적이다. 〈완역〉

16. 효경
박명용·황송문 역 ●232쪽

효도의 개념을 정립한 것. 공자의 제자인 증자(曾子)는 효도의 마음가짐이 뛰어났다. 이 점을 간파한 공자가 증자에게 효도에 관한 언행을 전하여 기록하게 한 효의 이론서이다. 〈완역〉

17. 한비자 상·하
노재욱·조강환 역 ● 상/536쪽·하/504쪽

약육강식이 횡행하던 춘추전국시대에 순자의 성악설(性惡說)을 사상적 배경으로 받아들여 법의 절대주의를 역설하였다. 법 위주의 냉엄한 철학으로 이루어졌다. 〈완역〉

18. 근사록
정영호 해역 ● 424쪽

내 삶의 지팡이. 송(宋)나라의 논어(論語)라 일컬어진 '근사록' 은 송나라 성리학(性理學)을 집대성한 유학의 진수이다. 높은 차원의 철학적 사상과 학문이 쉽고 짧은 문장으로 다루어졌다. 〈완역〉

19. 포박자
갈홍 저/장영창 역 ● 280쪽

불로장생(不老長生), 이것은 모든 인간의 소망이며 기원의 대상이다. 인간은 죽음을 초월할 수 있는가? 불로불사(不老不死)의 약은 있는가? 등등. 인간들이 궁금해 하는 사연들이 조명되었다. 〈완역〉

20. 여씨춘추 12기 8람 6론
정영호 해역

여불위가 3천여 학자와 이룩한 사론서(史論書)로 유가·도가·묵가·병가·명가 등의 설을 취함. '12기(紀), 8람(覽), 6론(論)'으로 나뉘어 선진(先秦)시대의 학설과 사상을 총망라해 다룬 백과전서. 〈완역〉

21. 고승전
혜교 저/유월탄 역 ● 288쪽

중국대륙에 불교가 들어 오면서 불가(佛家)의 오묘 불가사의한 행적들과 중국으로 전파되는 전도과정에서의 수난과 고통, 수도과정에서 보여주는 고승들의 행적을 기록한 기록문.

22. 한문입문
최형주 해역 ● 232쪽

조선시대의 유치원 교육서라고 하는 천자문, 이천자문, 사자소학, 계몽편, 동몽선습이 수록됨. 또 관혼상제 등과 가족의 호칭법 등이 나열되고 간단한 제상차리는 법 등이 요약되었다. 〈완역〉

23. 열녀전
유향 저/박양숙 역 ● 416쪽

역사에 큰 발자취를 남긴 89명의 여인들을 다룬 여성의 전기이다. 총 7권으로 구성되었으며 옛여성들이 지킨 도덕관을 한 눈에 볼 수 있는 교양서. 〈완역〉

24. 육도삼략
조강환 해역 ● 296쪽

병법학의 최고봉인 무경칠서(武經七書) 가운데 두 가지의 책으로 3군을 지휘하고 국가를 방위하는데 필요한 저서이다. '육도' 와 '삼략' 의 두 권이 하나로 합한 것이다. 〈완역〉

25. 주역참동계
최형주 해역 ● 272쪽

'주역참동계(周易參同契)' 란 주나라의 역(易)이 노자의 도(道)와 연단술(練丹術)과 서로 섞여 통하며 '주역' 과 연단은 음양을 벗어나지 못하며 노자의 도는 음양이 합치된다고 하였다. 〈완역〉

26. 한서예문지
이세열 해역 ● 328쪽

반고(班固)가 찬한 '한서(漢書)' 제30권에 들어 있는 동양고전의 서지학(書誌學)의 대사전이다. 한(漢)나라 이전의 모든 고전을 일목요연하게 볼 수 있는 서지학의 원조이다. 〈완역〉

27. 대대례
박양숙 해역 ● 344쪽

'대대례' 의 정식 명칭은 '대대예기' 이며 한(漢)나라 대덕(戴德)이 편찬한 저서로 공자(孔子)와 그의 제자들이 예에 관한 기록의 131편을 수집하여 집대성한 것이다. 〈완역〉

28. 열자
유평수 해역 ● 304쪽

'열자' 의 학문은 황제(黃帝)와 노자(老子)에 근본을 삼았고 열자 자신을 호칭하여 도가(道家)의 중시조라고 했다. '열자' 는 내용이 재미가 있고 어렵지 않은 것이 특징이다. 〈완역〉

29. 법언
양웅 저/최형주 역 ● 312쪽

전한(前漢)시대 사마상여(司馬相如)의 영향을 받아 대문장가가된 양웅(楊雄)의 문집이다. 양웅은 오로지 저술에 의해 이름을 남기고자 힘써 저술에 전념하였다. 〈완역〉

30. 산해경
최형주 해역 ● 408쪽

'산해경(山海經)' 은 문학·사학·신화학·지리학·민속학·인류학·종교학·생물학·광물학·자원학 등 제반 분야를 총망라한 동양 최고의 기서(奇書)이며 박물지(博物志)이다. 〈완역〉

31. 고사성어
송기섭 지음 ● 304쪽

일상생활에서 많이 쓰이는 중심되는 125개의 고사성어가 생기게 된 유래를 밝히고 1,000여개 고사성어의 유사언어와 반대되는 말, 속어, 준말, 자해(字解) 등을 자세하게 실어 이해를 도왔다.

32. 명심보감·격몽요결
박양숙 해역 ● 280쪽

인간 기본 소양의 명심보감과 공부하는 지침을 가르쳐 주는 격몽요결, 학교의 운영과 학생들의 행동에 대한 모범안을 보여주는 율곡 이이(李珥) 선생의 학교모범으로 이루어졌다. 〈완역〉

33. 이향견문록 상·하
이상진 역 ● 상·하/각 350쪽

일반적으로 많이 알려지지 않은 숨은 이야기 모음이다. 소문으로 알려져 있는 평범한 이야기도 있고, 기이한 이야기도 있고, 유명한 사람의 이야기를 능가하는 이야기도 있다. 〈완역〉

南基顯 先生 略歷

1929年 忠北 淸原 出生. 號는 元峯. 忠南大學校 農業經營學科를 卒業.
成均館大學校 儒學大學院 總同門會長. 高麗大學校 政策大·經營大學院 修了.
延世大學校 言論弘報·行政大學院 修了. 서울大學校 國際大學院·環境大學院 修了.
成均館 進士會長. 참여연대 熟年會長. 成均館 副館長.
成均館大學校 總同門會 副會長. 成均館儒道會 總本部 首席副會長.
宜寧南氏 大宗會 會長. 韓國氏族聯合會 首席副總裁.
韓國環境常綠樹運動 聯合 總裁. 韓國 NGO指導者 總聯合 中央會 總裁.
道德國家 國民運動聯合 總裁.

著譯書: 春秋左傳(上·中·下)

| 인 지 |
| 생 략 |

동양학총서[53]
상군서(商君書)

초판1쇄 인쇄   2004년 8월 10일
초판1쇄 발행   2004년 8월 15일

지은이 : 상 앙
해역자 : 남기현
펴낸이 : 이준영

회장·유태전
주간·이덕일 / 편집·강유련 / 교정·홍유정 / 영업기획·한정주
조판·태광문화 / 인쇄·천광인쇄 / 제본·기성제책 / 유통·문화유통북스

펴낸곳 : 자유문고
서울 영등포구 문래동6가 56-1 미주프라자 B-102호
전화·2637-8988·2676-9759 / FAX·2676-9759
홈페이지 : http://www.jayumungo.com
e-mail : jayumg@hanmail.net
등록·제2-93호(1979. 12. 31)

정가 10,000원

※잘못 만들어진 책은 구입하신 서점에서 바꿔드립니다.

ISBN 89-7030-069-4 04150
ISBN 89-7030-000-7 (세트)